西北工业大学精品学术著作培育项目资助出版

家族企业定向增发中的市场反馈效应研究

高伟伟 著

机械工业出版社

本书面向公司财务和公司治理研究领域的读者，在对家族企业控股股东行为进行分析的基础上，分别从委托代理理论、管家理论、资源基础理论和社会情感财富理论等相关理论的角度出发，对定向增发过程中的市场反馈效应以及公司治理结构和定向增发特征对市场反馈效应的影响进行了研究，并且对市场反馈信息的有效性进行了分析检验。本书不仅对家族企业内部人在定向增发过程中的决策行为特征进行了探索，而且丰富和拓展了定向增发领域的相关研究。研究结果有助于监管部门了解定向增发中公司内部人的增发动机，监管部门可以通过改进和调整相关制度来提高定向增发的效率，使定向增发能够有效地发挥再融资功能和资产重组功能，以达到对投资者利益保护的目的。

图书在版编目（CIP）数据

家族企业定向增发中的市场反馈效应研究 / 高伟伟著. —北京：机械工业出版社，2022.2
ISBN 978-7-111-70231-3

Ⅰ. ①家… Ⅱ. ①高… Ⅲ. ①家族—私营企业—上市公司—企业管理—研究—中国 Ⅳ. ①F279.245

中国版本图书馆 CIP 数据核字（2022）第 031785 号

机械工业出版社（北京市百万庄大街 22 号　邮政编码 100037）
策划编辑：常爱艳　　　　　责任编辑：常爱艳　何　洋
责任校对：史静怡　贾立萍　封面设计：鞠　杨
责任印制：邰　敏
北京盛通商印快线网络科技有限公司印刷
2022 年 5 月第 1 版第 1 次印刷
169mm×239mm・12.5 印张・1 插页・221 千字
标准书号：ISBN 978-7-111-70231-3
定价：59.80 元

电话服务　　　　　　　　　　网络服务
客服电话：010-88361066　　　机　工　官　网：www.cmpbook.com
　　　　　010-88379833　　　机　工　官　博：weibo.com/cmp1952
　　　　　010-68326294　　　金　书　网：www.golden-book.com
封底无防伪标均为盗版　　　　机工教育服务网：www.cmpedu.com

前　言

根据市场反馈假说，与公司内部人相比，外部投资者拥有更多的信息，这部分私人信息可以通过股票交易反映到股票价格中，因此，股票价格包含了对公司决策有用的信息，能够对公司的主要决策起到一定的引导作用。资本市场对上市公司的这一信息传导过程即为市场反馈效应，反映在定向增发过程中，即为定向增发公告后的市场反馈信息对其后续决策过程的影响。研究指出，家族企业在进行再融资选择时偏好通过定向增发来保持家族的绝对控制地位。而根据本书对2007—2019年间定向增发的实施情况统计却发现，家族企业对定向增发预案的撤销比例很大，因此，探究家族企业定向增发过程中预案撤销的原因就显得尤为必要。本书在对家族企业控股股东行为进行分析的基础上，分别从委托代理理论、管家理论、资源基础理论和社会情感财富理论等相关理论的角度出发，对定向增发过程中的市场反馈效应以及公司治理结构和定向增发特征对市场反馈效应的影响进行了研究，并且对市场反馈信息的有效性进行了分析检验。总体来说，在定向增发各阶段的决策过程中，市场反馈效应是存在的，但会因公司治理结构和定向增发特征的不同而有所差异，进一步的检验表明，定向增发公告后的市场反馈信息是有效的。

与以往的研究文献相比，本书的主要创新之处可以归纳为以下几个方面：

第一，创新性地将市场反馈效应纳入定向增发的研究框架中，验证了定向增发公告后的市场反馈信息对其后续决策过程的影响，丰富和拓展了定向增发的相关研究成果。以往的研究仅聚焦于定向增发决策结果所带来的经济后果以及对定向增发决策结果本身进行分析，而忽略了定向增发的决策过程。本书重点关注定向增发决策过程的影响因素，构建了市场反馈效应模型。研究发现，股东大会对定向增发预案的表决结果、证监会等监管部门对定向增发预案的审核结果以及管理层对定向增发的最终决策结果均会受到定向增发预案公告后市场反馈信息的影响。而且，管理层对定向增发的决策过程并非静态的，而是会基于市场条件动态变化，对其最初决策进行调整。一方面，该研究成果从理论上为上市公司定向增发方面的研究提供了新的视角；另一方面，该研究成果为实践中频频出现的定向增发预案的撤销现象提供了理论依据，并且为监管部门加强对定向增发的监管提供了政策依据。

第二，突破了已有文献重视信息流单向性的特点，从信息流双向性的角度探讨了资本市场与家族控股上市公司定向增发决策之间的信息传导机制。研究发现，定向增发公告后的市场反馈信息会影响定向增发后续决策者的决策过程。本书进一步从资本市场是否可以有效识别定向增发公告前的盈余操纵行为以及是否可以有效预见定向增发实施后公司业绩的变化两个角度，对市场反馈信息的有效性进行了检验。研究表明，定向增发公告后的市场反馈信息可以反映公司微观层面的信息内涵，对上市公司定向增发前的盈余操纵行为以及定向增发实施后公司业绩的变化分别具有一定的识别和预见作用。一方面，该研究成果从理论上深化了资本市场与上市公司之间的信息传导机制，证实了定向增发过程中市场反馈效应的存在性，弥补了市场反馈信息对上市公司决策过程影响的研究空白；另一方面，该研究所验证的定向增发公告后市场反馈信息的有效性，为促进资本市场的发展以及家族控股上市公司决策效率的提高提供了操作依据。

第三，探索性地研究了家族企业内部人（家族控股股东和管理层）在定向增发过程中的决策行为特征。本书在委托代理理论和管家理论的基础上，又引入了资源基础理论和社会情感财富理论。研究发现，在家族企业中，家族控股股东控制权与所有权的分离、家族成员在管理层担任要职以及定向增发以购买资产为目的均会降低内部人接受市场反馈信息的概率，而非控股股东的股权制衡以及控股股东参与认购定向增发股份会提升内部人接受市场反馈信息的概率。本书认为，从企业的角度来讲，家族控股股东和管理层既不是以纯粹的代理者身份进行决策，也不是以管家身份进行决策，而更多的是两者的结合。家族股东是家族财富的真正管家，在不影响家族控制权的前提下，他们的决策才会以企业价值最大化为目标。一方面，该研究成果从家族企业内部人定向增发决策行为的角度拓展了传统理论对家族企业现象的解释力度，对理论与实证方面存在的家族控股股东和管理层是代理者身份还是管家身份的争议提供了动态的判断依据；另一方面，该研究成果为优化我国家族企业的控制权配置提供了一定的理论支持。

本书在撰写过程中参考的国内外学者的相关著作和文章，已在参考文献中列示。由于作者水平有限，书中难免存在不足之处，敬请广大读者指正，以便作者在后续研究中改进和完善。

作者

目 录

前 言
第1章 绪论 ··· 1
  1.1 研究背景及意义 ·· 1
    1.1.1 研究背景 ·· 1
    1.1.2 研究意义 ··· 13
  1.2 主要研究问题 ·· 15
  1.3 研究内容、方法和框架 ·· 15

第2章 理论基础与文献综述 ··· 18
  2.1 核心概念的界定 ··· 18
    2.1.1 定向增发 ··· 18
    2.1.2 市场反馈效应 ·· 20
  2.2 理论基础 ··· 22
    2.2.1 委托代理理论 ·· 23
    2.2.2 管家理论 ··· 26
    2.2.3 资源基础理论 ·· 29
    2.2.4 社会情感财富理论 ·· 31
  2.3 文献综述 ··· 33
    2.3.1 国内外对定向增发的研究 ····································· 33
    2.3.2 国内外对市场反馈效应的研究 ································ 47
    2.3.3 国内外对家族企业的研究 ····································· 51
  2.4 文献述评与启示 ··· 56
  2.5 本章小结 ··· 59

第3章 概念模型与研究假设 ··· 61
  3.1 概念模型 ··· 61

3.2 理论分析与研究假设 ································· 63
3.2.1 市场反馈效应的存在性假设 ················· 63
3.2.2 公司治理结构对市场反馈效应的影响假设 ······ 68
3.2.3 定向增发特征对市场反馈效应的影响假设 ······ 72
3.3 本章小结 ··· 75

第4章 实证研究设计 ····································· 78
4.1 样本选取和数据来源 ······························ 78
4.1.1 样本选取 ··································· 78
4.1.2 数据来源 ··································· 81
4.2 研究变量测度 ····································· 83
4.2.1 被解释变量的测度 ···························· 83
4.2.2 解释变量的测度 ······························ 85
4.2.3 定向增发预案公告前盈余操纵的测度 ············ 86
4.2.4 定向增发实施或者终止后公司业绩变化的测度 ···· 87
4.2.5 其他主要变量的选取和测度 ···················· 88
4.2.6 控制变量的选取和测度 ························ 91
4.3 假设检验方法和实证模型构建 ····················· 93
4.3.1 假设检验方法 ································ 93
4.3.2 实证模型构建 ································ 95
4.4 本章小结 ··· 104

第5章 实证检验结果 ····································· 108
5.1 描述性统计与相关性分析 ·························· 108
5.1.1 描述性统计 ·································· 108
5.1.2 相关性分析 ·································· 114
5.2 股东大会决策过程中的市场反馈效应 ·············· 117
5.2.1 股东大会决策过程中市场反馈效应的存在性 ······ 117
5.2.2 公司治理结构对市场反馈效应的影响（股东大会决策）····· 119
5.2.3 定向增发特征对市场反馈效应的影响（股东大会决策）····· 121
5.3 监管部门审核过程中的市场反馈效应 ·············· 123
5.4 管理层最终决策过程中的市场反馈效应 ············ 126

    5.4.1 管理层最终决策过程中市场反馈效应的存在性 …………… 126
    5.4.2 公司治理结构对市场反馈效应的影响（管理层最终决策）………… 128
    5.4.3 定向增发特征对市场反馈效应的影响（管理层最终决策）………… 130
  5.5 定向增发实施过程中的市场反馈效应 …………………………… 132
    5.5.1 定向增发实施过程中市场反馈效应的存在性 ………………… 133
    5.5.2 公司治理结构对市场反馈效应的影响（定向增发的实施结果）…… 134
    5.5.3 定向增发特征对市场反馈效应的影响（定向增发的实施结果）…… 136
  5.6 市场反馈信息的有效性分析与检验 ……………………………… 138
    5.6.1 市场反馈信息与定向增发预案公告前的盈余操纵 ……………… 138
    5.6.2 市场反馈信息与定向增发实施后的公司业绩 …………………… 143
  5.7 稳健性检验 ………………………………………………………… 145
    5.7.1 家族企业的界定范围 …………………………………………… 145
    5.7.2 市场反馈信息的衡量 …………………………………………… 149
    5.7.3 两阶段 Probit 回归模型 ………………………………………… 151
  5.8 本章小结 …………………………………………………………… 155

第 6 章 结果讨论 …………………………………………………………… 157
  6.1 定向增发各阶段决策结果与市场反馈信息之间的关系 ………… 157
  6.2 公司治理结构对市场反馈效应的影响 …………………………… 159
  6.3 定向增发特征对市场反馈效应的影响 …………………………… 160
  6.4 市场反馈信息的有效性 …………………………………………… 162

第 7 章 结论与展望 ………………………………………………………… 163
  7.1 主要研究结论 ……………………………………………………… 163
  7.2 主要创新点 ………………………………………………………… 166
  7.3 政策建议 …………………………………………………………… 167
  7.4 局限性和研究展望 ………………………………………………… 168

参考文献 ……………………………………………………………………… 170

第1章 绪论

定向增发，也可称为非公开发行，是指上市公司采用非公开发行的方式向特定对象发行股票的行为。由于富有弹性和更加灵活等特点，定向增发已经成为我国上市公司股权再融资的主要渠道之一，一直是理论界和实务界的关注热点。近几年的研究发现，由于缺乏严格的法律规范和监管，在实际操作中，定向增发很可能成为大股东进行利益输送的工具。另外，我国经济的快速发展给很多企业带来发展空间的同时，对其资金供应能力也带来了很大挑战。由于信息不对称、会计报表不规范和缺乏抵押品等原因，民营中小企业往往被认为风险大、收益低，多年来一直被融资问题所困扰（Berger 和 Udell，2002；Chakraborty 和 Hu，2006；朱武祥和魏炜，2009；Uchida 和 Udell，2012）。2006年，定向增发首次被认可，为中小企业的融资提供了便利。然而，家族企业一般由一个或者数个具有密切关系的家族控制，它们具有较强的控制权倾向和风险规避倾向，这可能会导致定向增发成为家族股东攫取中小股东利益的工具（Cronqvist 和 Nilsson，2005）。由于其特殊的控制权结构，关于家族企业委托代理问题的研究已经成为主流。我国家族企业尚处于发展的初级阶段，面临的委托代理问题更为严重。本书在家族企业相关理论的基础上进行研究，结合我国特有的定向增发制度背景，考察资本市场在定向增发决策过程中所发挥的作用，寻找中国制度背景下影响家族企业定向增发决策行为的因素。

1.1 研究背景及意义

1.1.1 研究背景

1. 实践背景

自股权分置改革之后，我国上市公司出现了通过定向增发进行股权再融资的热潮。

与配股和公开增发相比，定向增发是一种更为灵活、更富有弹性的融资方式，具有融资成本较低、门槛较低以及更加快捷方便的优势，避开了配股和公开增发所需要满足的众多规定和硬性指标。2006年5月8日，中国证券监督管理委员会（简称证监会）发布《上市公司证券发行管理办法》（简称《管理办法》），对非公开发行股票的条件和发行程序进行了明确规定。自此，定向增发作为上市公司的股权再融资渠道之一，首次得到规范和认可。2007年9月17日，证监会又发布《上市公司非公开发行股票实施细则》（简称《实施细则》），对《管理办法》中关于非公开发行股票的规定进行了详细解读。根据规定，定向增发的发行价格不得低于定价基准日前20个交易日公司股票交易均价的90%。定向增发的特定对象应符合股东大会决议规定的条件，并且不得超过10名，发行对象为境外战略投资者的，应当经国务院相关部门事先批准。针对不同的发行对象，定向增发的股份解禁期也有不同的规定：发行对象为机构投资者等普通投资者的定向增发股份自发行结束之日起，12个月内不得转让；控股股东、实际控制人及其控制的企业认购的定向增发股份，36个月内不得转让。定向增发募集资金用途应该符合国家产业政策和有关法律法规的规定，公司及其高管不得有违规行为。除此之外，无其他限制条件，即定向增发对公司业绩和公司规模并无特殊要求，对所募集资金金额也无特殊规定，即使是亏损公司和小规模公司也可以申请定向增发。这使得越来越多的上市公司，尤其是规模较小的民营企业，通过定向增发进行再融资。

然而，由于定向增发对发行主体的要求比较低、发行主体信息披露透明度不足等原因，其带来的上市公司的套利行为和过度融资等现象也广受诟病。例如，定向增发的定价机制存在较大的套利空间，投资者往往比较看重股票增发价格相比其市场价格的折扣，而容易忽略上市公司的内在投资价值及其成长性；很多公司对其投资项目进行过度粉饰，对投资概念进行过度炒作，使其增发融资规模远远超过其实际需要；很多公司脱离其主业发展，频繁进行增发融资；很多公司进行定向增发融资后，造成大量资金闲置，于是频繁变更资金用途或者直接脱离实体经营，变相投资于理财产品等类金融业务和财务性投资；还有些公司频繁进行定向增发融资，希望通过一笔大额融资来实现"乌鸦变凤凰"的愿望。过度关注股票的价差会造成资本流向以短期逐利为目标，不利于长期资本的形成以及资源的有效配置。当定向增发股票限售期满后，假如套利资金集中减持，则会对资本市场造成较大的冲击，也不利于中小投资者合法权益的保护。表1-1是我国定向增发与IPO融资募集资金总额的历史数据对比。从表中可以看出，2007—2011年，我国上市公司的海量IPO融资严重压制了资本市场的正常发展。因此，2013年证监会全年暂停

IPO 融资，待到 2014 年重启 IPO 后，其规模也只有近 669 亿元，2015 年和 2016 两年间 IPO 也维持了 1600 亿元左右的稳定规模。但是相比之下，截至 2016 年年底，我国上市公司通过定向增发进行再融资的累计规模已经高达 60130 亿元的规模，相当于此期间 IPO 融资规模的近 3 倍。可以说，面对股票市场这块"唐僧肉"，各路机构都争先恐后地参与到定向增发的大军里来。

表 1-1 我国定向增发与 IPO 融资募集资金总额的历史数据对比（2006—2016 年）

年份	定向增发		IPO 融资	
	次数（次）	募集资金总额（亿元）	次数（次）	募集资金总额（亿元）
2006	53	917.90	71	1642.56
2007	149	2744.60	121	4469.96
2008	105	1702.35	78	1040.05
2009	117	2566.35	111	2021.97
2010	160	3136.28	349	4921.30
2011	171	3464.83	277	2720.02
2012	156	3611.30	150	995.05
2013	281	3440.18	0	0.00
2014	485	6808.50	125	668.89
2015	857	13723.10	224	1578.29
2016	795	18014.63	248	1633.56
累计	3329	60130.02	1754	21691.65

注：表中数据为当年实施定向增发或者 IPO 融资的情况；本研究样本数据为定向增发的公告次数。
（资料来源：根据万得资讯金融终端数据库（WIND）《沪深一级市场—增发与配股—定向增发发行资料》数据库整理。）

因此，为了修补定向增发中存在的这些漏洞，证监会对 2007 年发布的《实施细则》的部分条文进行了修订，并且于 2017 年 2 月 17 日发布了《发行监管问答——关于引导规范上市公司融资行为的监管要求》。主要修改内容如下：①在上市公司非公开发行股票的过程中，取消了将董事会决议公告日、股东大会决议公告日和股票发行期的首日作为上市公司非公开发行股票定价基准日的规定，并做出明确规定：定价基准日只能为本次非公开发行股票发行期的首日。②上市公司进行非公开发行股票申请的，其拟发行的股份数量不得超过本次发行前公司总股本的 20%。③上市公司进行公开增发、配股和非公开发行股票申请的，本次发行的董事会决议日距离上次再融资募集资金的到位日原则上不得少于 18 个月（上次募集资金包括首次公开发行股票、公开增发股票、配股和非公开发行股票，但是，对于发行可转换债券、优先股以及创业板小额快速融资的上市公司，不受此期限的限制）。④上市公司进行再融资申请时，除了金融类企业外，原则上最近一期期末不得存在持有金额较大、持有期限较长的交易性金融资产和可供出售的金融资产、借予他人的款项以及委托理财等财务性投资的情形。显然，本次修订后的《实施细则》进一步突出了市场化定价机制的约束作用，使得上市公司的再融资规模和时间都受到一定的限制，会大大减缓上市公司的再融资规模。增发的定价基准日只以非公开发行股票发行期的首日为准，意味着此前几年的定向增发模式不再可行，这样的股票定价不再具有吸引力，而且，投资者（大股东）也不愿意所购股票被锁定3年时间。因此，此次修订按照依法监管、从严监管和全面监管的要求，强化了上市公司在再融资过程中所面临的监管，规范了上市公司再融资募集资金的投向，强化了证监会对上市公司再融资募集资金使用的现场检查。

上市公司进行定向增发的详细流程如图1-1所示。定向增发的流程可以分为三个阶段：预备阶段、审议阶段和实施阶段。

首先，定向增发的预备阶段。定向增发的预备阶段一般发生在董事会决议公告日的前50天至前20天。在此阶段，上市公司会聘请证券公司等外部中介机构，根据上市公司所处的行业、生命周期阶段以及公司的发展战略和股权结构等几个方面的因素，制定详细的定向增发方案，并对其进行可行性论证，出具可行性分析报告。然后，上市公司将可行性分析报告提交相关监管部门进行预审核，双方进行初步沟通。接下来，上市公司获得监管部门的大致认可后，为防止可能存在的信息泄露对二级股票交易市场所产生的影响，证券交易所会暂停上市公司的股票在交易市场的交易，即上市公司的股票会停牌。

其次，定向增发的审议阶段。审议阶段主要包括董事会的召开阶段、股东大会的召开阶段和监管部门的审核阶段。在董事会的召开阶段，董事会决议确定具体定向增发对象的，上市公司应该在董事会召开的当日或者前一日与相应对象签订股份认购合同。在董事会召开日，上市公司董事会就定向增发的定价基准日、增发对象及其认购价格和认购数量、股份的限售期、募集资金数量以及资金用途等相关事项做出决议。决议经董事会投票表决通过后，上市公司应该在两个股票交易日内进行相关信息的披露。披露的内容包括上市公司符合定向增发条件的议案、非公开发行股票预案、募集资金使用的可行性报告以及公司大股东或者机构投资者等的认购函；若决议经董事会投票表决后未通过，则上市公司应该重新回到定向增发的预备阶段，进行定向增发的可行性分析等工作，重新制定定向增发的具体方案。另外，如果上市公司的定向增发涉及资产审计、资产评估、盈利预测或者关联交易等事项，则资产审计结果、资产评估结果、盈利预测报告以及关

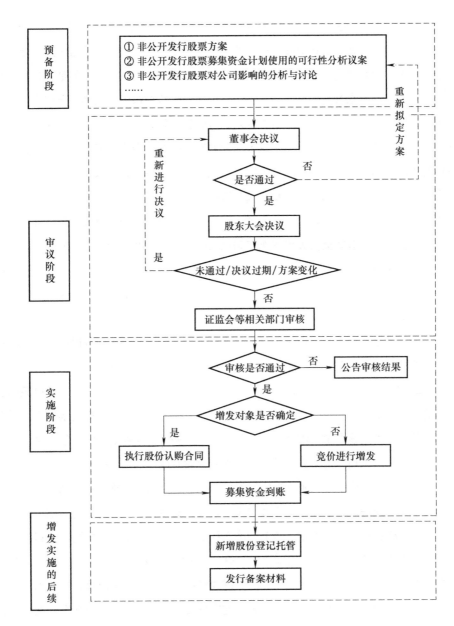

图 1-1 定向增发的详细流程

联交易报告等材料应该在上市公司公布召开股东大会的通知当日或者之前进行相关信息的披露。接下来是公司股东大会的召开阶段,《公司法》规定,上市公司应该在董事会决议公告日后的 20 天内召开股东大会或者 15 天内召开临时股东大会。股东大会应当对定向增发的相关事宜进行决议。决议的内容包括本次定向增发股份的种类和数量、股份的发行方式、增发对象和向公司原股东配售的安排、增发的定价方式和价格区间、增发募集资金的用途、股东大会决议的有效期以及其他必须明确的相关事项。但是，公司董事会确定的"特定的股东及其关联人"在股东大会决议阶段应该予以回避。上市公司应该在股东大会决议日的次一工作日对表决结果进行公告。如果定向增发的股东大会决议有效期已过、定向增发的方案发生变化或者增发方案经股东大会投票表决后未通过，董事会应该对本次定向增发的定价基准日等相关事项重新进行决议；如果定向增发方案经股东大会投票表决后通过，则定向增发进入监管部门的审核阶段。在审核阶段，证监会按照《管理办法》的相关规定，对上市公司的定向增发股票申请进行审核，上市公司应该在收到证监会发行审核委员会关于本次定向增发申请予以核准或者不予核准的决定后，在次一交易日对审核结果进行公告。

最后，定向增发的实施阶段。上市公司获得证监会的核准批文后，应该在批文的有效期内，按照《证券发行与承销管理办法》（证监会令第37号）的相关规定进行股票的增发。如果董事会决议已经确定具体的增发对象，那么，上市公司在取得证监会核准批文后，应该按照股份认购合同的约定以及相关规定进行股票的增发；如果董事会决议未确定具体的增发对象，那么，上市公司在取得证监会核准批文后，应该按照竞价原则进行股票的定向增发，由上市公司及其保荐人在核准批文的有效期内选择股票的定向增发时间，并且保荐人应该在定向增发起始日的前一日，向符合条件的特定对象提供认购邀请书。申购报价结束后，上市公司及其保荐人应该对有效申购按照报价由高到低的原则进行统计，按照价格优先的原则确定定向增发对象、定向增发价格和定向增发数量。定向增发的结果一经确定，上市公司应该与股票增发对象签订股份认购合同，增发对象应该按照合同的相关约定进行缴款。验资完成后的次一交易日，上市公司及其保荐人应该向证监会提交《证券发行与承销管理办法》第五十条规定的相关材料，进行备案。㊀

简而言之，上市公司进行定向增发时，需要经历以下几个主要流程，也是本研究主要关注的几个时间节点，即本研究重点关注定向增发的审议阶段和定向增发预案的实施结果。定向增发的简要流程如图1-2所示。

㊀ 2006年9月17日，中国证监会发布了《证券发行与承销管理办法》（证监会令第37号）。其中，第五十条规定：上市公司非公开发行股票的，发行人及其主承销商应当在发行完成后向中国证监会报送下列文件：（一）发行情况报告书；（二）主承销商关于本次发行过程和认购对象合规性的报告；（三）发行人律师关于本次发行过程和认购对象合规性的见证意见；（四）会计师事务所验资报告；（五）中国证监会要求的其他文件。

图 1-2 定向增发的简要流程

2．理论背景

（1）定向增发：利益输送还是利益支持？

研究表明，上市公司进行再融资时之所以选择定向增发而非公开增发或者配股等其他再融资方式，主要基于以下几个方面的原因：资本市场整体表现不佳、公司股票价格表现低迷、定向增发成本相对较低（Chen，Shu 和 Chiang，2011）等。由于定向增发主要面向公司主要股东和机构投资者，因此，从理论上讲，定向增发可以避免资本市场对上市公司"圈钱"动机的担忧，还可以增强资本市场的信心。而且，大股东可以通过向上市公司注入优质资产等方式来提升上市公司的质量，从根本上实现公司大股东和中小股东的"双赢"。然而，由于实践中的政策规定并未对定向增发设置较高门槛，导致上市公司很容易利用定向增发进行套利以及过度融资，对于定向增发到底是公司大股东进行利益输送的工具还是对上市公司进行利益支持的渠道，学术界也是莫衷一是。

很多研究指出，在定向增发过程中，大股东可以通过多种途径来实现由上市公司到自身的财富转移，如高比例折价、高额分红派现、进行关联交易和进行低效率投资等机会主义行为。Wu（2004）对定向增发对象的类型进行了研究，发现当管理层参与认购增发股份时，定向增发的折价率远远大于其不参与认购时的折价率，并且折价幅度随着其持股比例的降低而增大。这说明管理层存在一定的自利行为。当大股东对公司的经营决策具有很大的影响力时，管理层可能会以大股东利益的最大化而非公司价值的最大化为决策导向（Woidtke，2002）。这说明管理层有可能与大股东合谋，做出有损于公司中小股东利益的行为。Baek、Kang 和 Lee（2006）也认为，在定向增发过程中，控股股东会利用金字塔结构进行利益输送，而压低发行价格以获得更高折价的方式恰恰反映了公司大股东的利益输送程度。章卫东和李德忠（2008），郑琦（2008），徐寿福和徐龙炳（2011），以及王俊飚、刘明和王志诚（2012）的研究均认为，由于定向增发面向有限的投资者，股份的低价发行会对中小股东的利益造成一定程度的损害，而大股东参与认购时的发行折价率要显著高于机构投资者参与认购时的发行折价率。王志强、张玮婷和林丽芳（2010）认为，当仅面向大股东和关联股东进行定向增发时，上市公司存在刻意打压基准日股票价格以及提高增发的折价幅度等行为，以达到降低定向增发价格和向大股东及其关联方进行利益输送的目的。吴育辉、魏志华和吴世农（2013）对定向增发中控股股东的掏空行为进行了研究分析，发现与面向机构投资者的定向增发相比，面向控股股东的定向增发具有更高的价格折扣率。谢琳、唐松莲和尹宇明（2011）认为，我国上市公司在定向增发预案公告前存在严重的内部交易和股价操纵行为。吴育辉、魏志华和吴世农（2013）通过对定向增发中控股股东掏空行为的研究，发现不同类型的增发对象享有不同的价格折扣率。他们将这种折价率差异归因于控股股东对定向增发的时机选择以及预案公告前的停牌操控。

上市公司定向增发过程中的盈余管理问题也一直是学术界的关注热点。Dechow 和 Skinne（2000）指出，在上市公司发行新股前后，管理层有很强的动机进行向上的盈余管理，以勾画出公司未来发展前景的蓝图。He、Yang 和 Guan（2010）的研究发现，进行定向增发的日本上市公司在增发前倾向于调高利润，而且这种向上的盈余管理行为会导致定向增发后公司业绩的下滑。国内关于定向增发与盈余管理方面的研究发现，我国上市公司在定向增发过程中往往存在盈余管理的动机，比如朱红军、何贤杰和陈信元（2008），王志强、张玮婷和林丽芳（2010），章卫东（2010），邹斌和廖义刚（2011），王晓亮和俞静（2016），以及李文兴和张梦媛（2012）等的研究。

股利侵占理论认为，上市公司的高额派现行为是公司控股股东对中小股东进行利益侵占，并且实现控股股东控制权私人收益的重要手段（周县华和吕长江，2008；Chen, Jian 和 Xu, 2009；刘孟晖，2011；Huang, Shen 和 Sun, 2011）。刘峰、贺建刚和魏明海（2004）的研究发现，大股东倾向于通过高额分红派现来达到其利益输送的目的，对中小股东的利益是一种直接损害。强国令（2014）的研究也指出，上市公司进行大比例现金分红的目的是满足公司控股股东进行资金套现以及融资圈钱动机的需要。因此，在定向增发实施之后，上市公司的高额分红派现行为成为控股股东进行利益输送的另一方式。国内很多研究表明，我国上市公司在股权再融资后的高额派现行为成为大股东侵占中小股东利益的工具，比如于静、陈工孟和孙彬（2010），赵玉芳、余志勇和夏新平等（2011），以及赵玉芳、夏新平和刘小元（2012）等的研究。朱红军、何贤杰和陈信元（2008）对上市公司驰宏锌锗定向增发案例进行了讨论分析，发现公司控股股东通过较高的价格折扣率以及定向增发实施后进行高额的分红派现等手段向自身进行利益输送。

大股东通过定向增发向上市公司注入劣质资产以及进行大量的关联交易成为其进行利益输送的又一方式。黄建中（2006）指出，上市公司通过定向增发购买控股股东的资产是一种关联交易，中小股东的利益很可能会受到损害。柳建华、魏明海和郑国坚（2008），黄建欢和尹筑嘉（2008），以及张祥建和郭岚（2008）也得出了类似的结论。尹筑嘉、文凤华和杨晓光（2010）的研究发现，大股东通过定向增发向上市公司注入的资产大部分为非优质资产，在资产注入的过程中，公司股东的利益并不均衡，存在大股东对中小股东利益的侵占现象。章卫东和李海川（2010）的研究也发现，控股股东可能存在向上市公司注入劣质资产以进行利益输送的行为。王志强、张玮婷和林丽芳（2010）通过对比不同类型认购者的样本公司在定向增发前后的关联交易量，发现上市公司在定向增发实施之后存在通过关联交易进行财富转移的可能性。

也有很多研究指出，控股股东并不总是对公司进行掏空（Tunneling），他们对公司也有很多支持（Propping）。Friedman、Johnson 和 Mitton（2003）的研究认为，控股股东对公司的掏空和支持行为存在对称性，尤其是在投资者保护比较薄弱的新兴市场。当上市公司陷入财务困境时，控股股东往往会对公司进行支持。李增泉、余谦和王晓坤（2005），以及 Peng、Wei 和 Yang（2011）基于中国上市公司的经验证据，对 Friedman、Johnson 和 Mitton（2003）的观点进行了验证。章卫东（2008）的研究发现，上市公司通过定向增发来实现集团公司整体上市的决策行为，具有正向的财富效应，而且可以为上市公司带来一系列优势。王志彬和周子剑（2008），以及佟岩和何凡（2015）也得出了类似的结论。姜来、罗党论和赖媚媚（2010）的研究认为，在我国的定向增发制度下，大股东对上市公司的支持是定向增发折价存在的原因。与其他股份认购方相比，大股东参与认购时有着更高的折价率，而且以非现金资产认购的定向增发折价率更高，这说明增发折价是对大股东支持上市公司的一种补偿。王浩和刘碧波（2011），以及李彬、杨洋和潘爱玲（2015）也认为，在市场化机制下，定向增发折价可以反映大股东对上市公司的支持力度。唐宗明、徐晋和张祥建（2012）的研究发现，在后股权分置时代，公司控股股东倾向于通过向上市公司注入优质资产来提升公司的财富协同效应，但是在股票锁定期结束后，控股股东可能表现出利益侵占行为。

（2）家族企业：有效的组织形态还是损害企业价值的存在？

企业的家族形态受到国内外上市公司的普遍青睐（La Porta, Lopez-de-Silanes 和 Shleifer, 1999；Claessens, Djankov 和 Lang, 2000；Burkart, Panunzi 和 Shleifer, 2003；高伟伟，李婉丽和黄珍, 2015）。在欧洲大陆，大部分上市公司都由家族所控制（Faccio 和 Lang, 2002）；在美国，大约 1/3 S&P 500 的上市公司是家族企业（Anderson 和 Reeb, 2003）；在我国，受政府促进中小企业发展的产业政策的影响，近几年来，家族企业蓬勃发展。虽然家族企业由同一家族控制，但是其行为却备受争议。争议主要围绕家族企业是有效的组织形态还是会损害企业价值的文化规范的产物（Bertrand 和 Schoar，2006）。一派观点认为，家族参与企业管理会降低公司股东与管理者之间的利益冲突。与非家族企业相比，家族企业普遍具有更强的业绩优势（Anderson 和 Reeb，2003；Maury，2006；Villalonga 和 Amit，2006；Andres，2008），而且由于家族成员与企业的利益绑定更加密切，他们不太可能存在盈余管理行为（Wang，2006；Ali，Chen 和 Radhakrishnan，2007）。此时，由于受到家族成员的监督，管理者表现出更强的管家身份。另一派观点则认为，家族企业是一种低效率的存在，家族参与企业管理会引发更为严重的委托代理问题。家族企业股权的高度集中与两权合一的结构增加了管理者的"自我控制"风险，会给家族与企业带来损失，而且家族治理模式会导致经理人市场失灵，从而引发家族股东与外部中小股东之间的利益冲突（Burkart，Panunzi 和 Shleifer，2003），尤其是在投资者保护比较薄弱的新兴资本市场（Faccio，Lang 和 Young，2001；Bertrand，Mehta 和 Mullainathan，2002）。

理论与实证层面的争议使得国内外研究者试图通过对家族企业不同的衡量方式与其制度环境等因素来判断家族企业的组织有效性，但是依然众说纷纭。在这个过程中，一些理论观点开始浮现，虽然有些理论还未成为主流，但是它们都从不同的角度对家族企业的与众不同之处提供了不同程度的解释。这些理论主要包括委托代理理论（Agency Theory）、管家理论（Stewardship Theory）、资源基础理论（Resource Based View，RBV）和社会情感财富理论（Socioemotional Wealth Theory）。

由信息不对称引发的委托代理问题主要分为两类：一类是由于所有权与控制权分离而导致的企业股东与管理层之间的代理问题，也被称为第一类代理问题（Type I Agency Problems）（Jensen 和 Meckling，1976）；另一类是公司大股东与中小股东之间的代理问题，也被称为第二类代理问题（Type II Agency Problems）（Morck 和 Yeung，2003）。

很多研究表明，与非家族企业相比，家族参与企业管理会降低公司股东与管理层之间的利益冲突（Jiang 和 Peng，2011；Cai，Luo 和 Wan，2012；Liu，Yang 和 Zhang，2012）。首先，家族股东倾向于对企业持有相对集中的股份所有权，因此，他们有强烈的动机对管理层的行为实施监督，可以比较容易发现管理层的机会主义行为（许静静和吕长江，2011）。其次，与非家族股东相比，家族股东拥有更加长远的投资眼光。创始人家族一般都会将企业作为可传承资产的载体，向其后代传递企业的所有权和管理权，这是家族企业区别于非家族企业的根本所在（Chua，Chrisman 和 Sharma，1999；何轩，宋丽红和朱沆等，2014）。家族股东对企业经营的长期介入说明他们更加有意愿对长期项目进行投资，从而可以在一定程度上缓解管理层的短视问题（Stein，1988，1989）。再次，在家族企业的创始人阶段，很多家族企业存在着家族成员同时担任管理层要职的情形。目前，我国大部分家族企业还很年轻，仍然处于第一代创始人掌管阶段（刘学方，王重鸣，唐宁玉等，2006；许静静和吕长江，2011；Cheng，2014），家族成员持有企业较多股份的同时参与企业日常经营管理的现象非常普遍（连燕玲，贺小刚和张远飞，2011；Cheng，2014；Gao，Li 和 Huang，2017）。此时，其决策会更多地专注于企业的长期价值（高伟伟，李婉丽和郭宏，2017），高管的利益与股东的利益趋于一致，他们之间的第一类委托代理成本就会比较低。

第二类委托代理冲突主要存在于公司大股东与外部中小股东之间（Shleifer 和 Vishny，1986）。由于家族所有者一般持有公司较多的股份所有权，而且会参与企业管理，因此，家族企业满足第二类委托代理冲突存在的先决条件。在这种情况下，家族企业中可能会存在更为严重的第二类委托代理冲突（Cheng，2014）。Villalonga 和 Amit（2009）指出，创始人家族是企业的首要大股东，他们以较低的所有权享有对企业的绝对控制，这种控制权与现金流权的分离便是第二类委托代理冲突存在的根本原因之一。公司的两权分离一般来自金字塔式持股结构、交叉持股以及发行双重投票权的股票等间接控制方式（Villalonga 和 Amit，2006），这往往会使家族大股东轻易地实现以较少的投入获得对公司更大的控制权，而且他们无须为自己的决策承担相应比例的责任。因此，两权分离往往意味着公司大股东与外部中小股东之间的委托代理成本（Claessens，Djankov 和 Fan 等，2002）。Anderson 和 Reeb（2004）认为，当创始人家族的所有权比例较高、独立董事的比例较低时，与非家族企业相比，家族企业的业绩会更差。Chen，Cheng 和 Dai（2013）的研究结果表明，家族企业的控制权结构是一把双刃剑：当两权分离度较低时，虽然股东与管理层之间的第一类委托代理冲突会有所降低，但是家族大股东与外部中小股东之间的第二类委托代理冲突却会有所加重。

除了委托代理理论之外，管家理论也是家族企业研究中最常用的理论之一。该理论从委托代理理论的对立角度解释了委托人与代理人之间存在的另外一种关系。管家理论又称为当家理论或者乘务员理论，最早由 Davis、Schoorman 和 Donaldson（1997）提出。委托代理理论与管家理论都是以家族企业中经理人在企业目标实现过程中的行为为分析对象的（Wasserman，2006；Chrisman，Chua 和 Kellermanns 等，2007）。委托代理理论假设经理人是自利主义者和机会主义者，他们总是遵循成本收益原则，尽可能谋取个人私利的最大化，并且尽可能地避免接受惩罚。与委托代理理论以理性经济人为基础假设的先决条件不同，管家理论的中心概念包括集体主义、自我实现、组织贡献以及忠诚和信任等。该理论认为，公司经理人不再是简单的代理人或者机会主义的偷懒者，而是公司资产的好的管家。他们通过承担责任、完成挑战性工作以及树立权威等方式来获得激励，达到内心的满足，这是一种非物质性激励（Davis，Schoorman 和 Donaldson，1997；Corbetta 和 Salvato，2004）。经理人表现出管家行为的条件是，家族企业的所有者和其经理人必须把对方的利益和其自身利益放在同等重要的位置（Chrisman，Chua 和 Sharma，2005）。根据管家理论，管理层具有自我实现的非经济性需求，他们时刻把企业价值和股东财富最大化作为决策标杆，因此，企业绩效的差别主要由管理层能力的差别所致。这种观点可以解释企业的部分行为，但是更多的企业行为却无法纳入这个分析框架中。在现实中，企业管理层不仅在能力上会表现出差异化，而且还具有与其他利益相关者之间的利益冲突以及不同阶段个人意愿的差异，这些差异化因素使得企业所采取的战略决策也会有所不同。因此，管家理论所推崇的经理人的自我实现假设更多的是一种规范性假设，而非实证性假设（Davis，Schoorman 和 Donaldson，1997）。

资源基础理论（RBV）主要聚焦于企业内部组织，而非其外部环境。资源基础理论的基本假设是：企业具有不同的资源，这些资源可以是有形的，也可以是无形的。这些资源可以转变成企业独特的能力和禀赋，并且这些资源在企业之间是难以流动且不可复制的。这些独特的资源与能力是企业保持长期竞争优势的源泉。从 RBV 的角度出发，当家族企业面对人力或者财务资本紧缺时，由于可以以相对较低的成本从家族成员中获得支持，因此，企业可以通过家族成员来弥补这些客观条件的不足（Sirmon 和 Hitt，2003；Berrone，Cruz 和 Gómez-Mejía 等，2011）。而且，家族成员参与企业管理可以为企业带来其自身所拥有的社会资本和社会关系等资源（Carney，2005；Zellweger，Kellermanns 和 Chrisman 等，2012），从而有助于家族企业社会关系网络的形成。RBV 将企业之间的竞争视为动态的（Conner，1991），并且将长期利润最大化视为企业的主要经营目标。根据 RBV，企业资源的异质性允许企业在自身的战略方向上推动竞争，由于经济替代品的出现以及资源的不断复制，企业已具有的竞争优势很容易被侵蚀（Coates 和 Mcdermott，2002；Teece，Pisano 和 Shuen，2015）。在此点上，RBV 将企业有效的配置其特定资源作为实现其长期持续竞争优势的手段（Conner，1991；Schmidt，Kai 和 Schaltenbrand，2017）。与非家族企业相比，家族企业拥有的社会资本、人力资本、生存能力资本、耐心资本以及治理结构等家族资本都是其独特的能力和禀赋（Sirmon 和 Hitt，2003），并且这些资源在企业之间是难以流动且不可复制的。家族企业拥有的这些独特资源是其绩效提升的主要驱动力以及保持竞争优势的主要原动力（Bharadwaj，Varadarajan 和 Fahy，1993；Morgan，Kaleka 和 Katsikeas，2013）。

很多研究者认为，家族企业对社会情感财富（Socioemotional Wealth，SEW）的保护是家族企业最大的本质属性，也是家族企业区别于非家族企业的最大特点（Gómez-Mejía，Haynes 和 Núñez-Nickel 等，2007；Gómez-Mejía，Cruz 和 Berrone 等，2011；Chrisman 和 Patel，2012；吴炳德和陈凌，2014）。SEW 具有家族特色并且扎根于家族内部，反映了整个家族共同的价值观追求、家族股东的归属感需求、家族股东的影响力及其社会身份、家族声望和权威的建立实施以及家族的传承等方面的非经济效用目标的集合（Gómez-Mejía，Haynes 和 Núñez-Nickel 等，2007；许永斌和惠男男，2013）。SEW 理论来自 Gómez-Mejía、Haynes 和 Núñez-Nickel 等（2007）的研究，他们的主要观点为公司的决策依赖于占控制地位的决策者的个人偏好，该决策者进行决策时主要依据其在公司的累计利益，与追求未来财富最大化相比，他们更加追求现有财富损失的最小化。也就是说，对 SEW 的保护意愿会导致家族企业的行为具有很多的独特性，厌恶损失而非厌恶风险的态度成为家族企业在 SEW 理论假设之下的主要表现。许永斌和惠男男（2013）指出，对 SEW 的追求以及对财务利益的获取是家族企业生存的两个重要目标，它们共同构成了家族企业完整的目标体系。当两个目标存在冲突时，家族企业往往更加注重 SEW 不受损失（Berrone，Cruz 和 Gomez-Mejia，2012），即使这种行为有可能会对企业财务目标的实现产生不利影响。

1.1.2　研究意义

本研究以定向增发这一再融资方式为研究载体，分析家族上市公司定向增发决策过程中的市场反馈效应。首先，基于我国证券发行的相关制度背景，对定向增发所面临的监管约束和市场环境进行论述，分析家族企业定向增发过程中市场反馈效应的存在性。然后，通过对定向增发各阶段终止概率的实证分析，检验公司治理结构和定向增发特征对市场反馈效应的影响，进而对定向增发预案公告后市场反馈信息的有效性进行检验。本研究拓展了市场反馈效应在我国资本市场的应用研究，对理解上市公司和资本市场的再融资活动具有重要意义，对监管层制定和完善相关政策具有一定的参考价值。

本研究的意义主要体现在以下几个方面：

第一，拓展了市场反馈效应的研究范围。已有对市场反馈效应的研究大多集中在公司并购等公司投资决策领域，而本研究通过对定向增发过程中市场反馈信息对不同阶段决策者决策影响的研究，将定向增发纳入市场反馈效应的研究视野，在理论上丰富了市场反馈效应的研究。同时，本研究结合我国的再融资制度背景，考察了外部监管机构对待市场反馈信息的态度，在一定程度上丰富了市场反馈效应的应用和内涵。

第二，在实证上丰富和拓展了定向增发的相关研究。现存关于定向增发的研究主要基于委托代理理论、信息不对称理论和控股股东的利益输送行为，而本研究则从市场反馈效应这一新的视角来探讨上市公司定向增发的相关决策。一方面，通过对预案公告后的市场反馈信息与定向增发各阶段的决策结果之间关系的分析，本研究首次涉及上市公司定向增发决策的动态过程，为实践中频频出现的定向增发的终止现象提供了新的有力解释；另一方面，从定向增发预案公告前上市公司可能存在的盈余操纵行为和定向增发实施后带来的经济后果两个方面着手，对市场反馈信息的有效性进行了分析，在一定程度上丰富了资本市场的有效性在公司再融资行为中的应用。

第三，丰富和拓展了家族企业的相关研究。首先，本研究提供了符合我国国情的家族企业的衡量方法。国外现存文献大部分用控制权的固定临界值来判断企业是否由家族控制，但在我国的经济体中，股权相对集中，因此本研究通过追溯企业的控制链，根据其实际控制人的性质来识别家族企业，而且本研究还利用固定和浮动控制权临界值的方法对家族企业进行了判断，增强了结果的稳健性。其次，由于不完善的市场制度（樊纲，王小鲁和朱恒鹏，2011）、较低的社会信任水平（蔡地，罗进辉和唐贵瑶，2016）以及我国特有的"家文化"传统和"家长制"原则（Gao，Li和Huang，2017），在我国家族企业中，家族成员参与企业管理的现象比较普遍和突出，但对于在我国情境下，家族成员参与企业管理如何影响企业的定向增发过程，在现有研究中还鲜有涉及，本研究在一定程度上填补了这一研究空白。

第四，本研究的研究结果对投资者和监管层理解上市公司的定向增发行为具有一定的启示作用和较强的现实意义。首先，本研究发现上市公司内部人和监管部门都会基于定向增发公告后的市场反馈信息来决定是否对定向增发预案予以肯定，而且公司治理结构和定向增发特征对两者之间的关系都会产生一定影响。这一发现对投资者具有重要意义，有利于外部投资者对上市公司的定向增发后果和未来发展做出全面的判断。其次，本研究的研究结果有助于监管部门了解定向增发中公司内部人的增发动机，因此监管部门可以通过改进和调整相关制度来提高定向增发的效率，使定向增发能够有效地发挥再融资功能和资产重组功能，以达到对投资者利益的保护。

1.2 主要研究问题

在我国现有监管制度以及法律保护相对落后的背景下，定向增发在理论上可以为大股东提供通过支付较低价格以达到稀释中小股东的股权而最终实现利益输送的便利和途径。但是，在研究我国上市公司的定向增发问题时，仅仅停留在增发定价问题上可能尚显不足。一个比较恰当的途径是以定向增发的实施结果作为研究切入点，对上市公司的定向增发过程进行综合考察。由于提供了很多便利，定向增发受到上市公司的追捧，但同时由于定向增发对发行主体的要求比较低、发行主体信息披露透明度不足等原因，其带来的上市公司的套利行为与过度融资等现象也广受诟病。既然上市公司如此热衷于通过定向增发进行再融资，那么为何仍然有如此多的定向增发预案会被撤销？本书的研究重点是通过理论与实证分析，对上市公司撤销定向增发预案的行为进行解释，寻找中国背景下影响家族企业定向增发决策行为的因素，进一步验证资本市场对定向增发公告反馈信息的有效性。因此，本书着重探讨以下几个问题：

第一，资本市场在上市公司定向增发各阶段的决策过程中发挥着何种作用？企业的家族治理模式又会对此过程产生何种影响？也就是说，在家族企业的定向增发过程中，市场反馈效应是否存在？

第二，如果资本市场对预案公告的反馈信息对定向增发的决策结果存在影响，那么，两者之间的关系是否会由于公司治理结构和增发特征的不同而有所差异？也就是说，公司治理结构和增发特征对市场反馈效应存在何种影响？

第三，如果定向增发的相关决策者未接受市场的反馈信息，是由于决策者存在机会主义行为或者利益输送动机，还是市场反馈信息不能反映公司的经营状况？也就是说，资本市场对定向增发公告的反馈信息是否有效。

1.3 研究内容、方法和框架

1. 研究内容

针对本研究所要解决的问题和目标，通过以下内容组织全文：

第 1 章为绪论。本章主要阐述研究背景和研究意义，进而总结研究所要解决的主要问题，并提出本研究的内容、方法与框架，最后列示了本研究的主要创新点。

第 2 章为理论基础与文献综述。本章首先对研究设计的核心概念进行了界定，随后阐述了研究的理论基础，接下来梳理了与本研究紧密相关的国内外文献，在此基础上，对相关研究成果进行了述评。

第 3 章为概念模型与研究假设。本章首先构建了定向增发过程中市场反馈效应存在性的概念模型，其次论述了企业的家族治理模式对市场反馈效应的影响，并且对家族企业定向增发过程中的市场反馈效应是否会因公司治理结构和增发特点的不同而有所差异进行了阐述。在此基础上，结合理论分析提出模型所涉及的具体假设。

第 4 章为实证研究设计。本章对样本选取和数据收集进行了详细说明，对各变量的测度进行了详细阐述，并对研究所使用的模型和方法进行了详细介绍。

第 5 章为实证检验结果。本章综合运用事件研究法、均值差异 t 检验、相关性分析和 Logistic 回归分析等研究方法，对模型进行检验，并采用均值差异 t 检验、零值 t 检验、中位数 Z 检验和 Logistic 回归分析等方法对市场反馈信息的有效性进行检验，最后采用事件研究法、Logistic 回归分析和两阶段 Probit 回归模型进行稳健性检验。

第 6 章为结果讨论。本章分别从定向增发各阶段决策结果与市场反馈信息之间的关系、公司治理结构对市场反馈效应的影响、定向增发特征对市场反馈效应的影响以及市场反馈信息的有效性四个方面对研究结果进行了详细的讨论。

第 7 章为结论与展望。本章对主要研究结论进行总结归纳，详细阐述本研究可能存在的主要创新点，进而提出相关政策建议，并对本研究的局限性进行说明，对未来的可能研究进行了展望。

2. 研究方法

本研究综合运用管理学、经济学、金融学与财务学的基本知识，并结合委托代理理论、管家理论、资源基础理论和社会情感财富理论等家族企业研究的相关理论成果，通过分析市场反馈信息与家族企业定向增发各阶段决策之间的关系，考察我国家族上市公司通过定向增发进行利益支持或者利益输送的现象及其动机。在研究过程中，本研究采用规范研究与实证研究并重，定性分析与定量分析相结合的研究方法。

通过规范研究和定性分析，本研究对目前国内外学术界关于定向增发、市场反馈效应和家族企业的研究成果进行了系统回顾，并分别从定向增发是控股股东对上市公司进行利益输送的工具还是利益支持的渠道、市场反馈效应的研究历程、家族企业是有效的组织形态还是有损企业价值的文化规范的产物三个方面展开论述。在此基础上,通过市场反馈信息与定向增发各阶段决策之间的逻辑关系以及企业的家族治理模式对两者之间关系的影响进行了阐述,提出本研究的假设,并选取我国资本市场沪深两市上市公司定向增发的公开数据,使用相关性分析、均值 t 检验、Logistic 回归分析、事件研究法和两阶段 Probit 回归模型等多种统计方法进行实证检验,最后对实证结果进行定性和规范分析,形成相关的政策建议。

3. 研究框架

本研究的研究框架如图 1-3 所示。

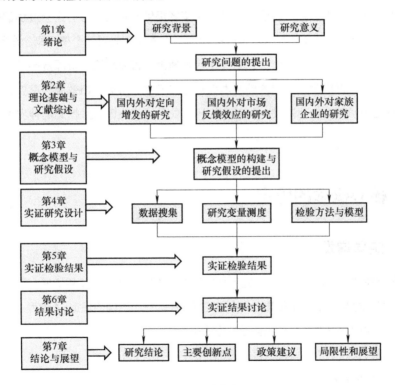

图 1-3　研究框架

第 2 章
理论基础与文献综述

除了资源配置的功能之外，资本市场的另一个基本功能便是通过股票价格的变化进行信息的汇集和传递。公司的股票价格不仅反映了内部人所掌握的特定私有信息，也包含了外部投资者的观点，这些信息可以为决策者提供一定的参考。这一过程就是资本市场对实体经济的反馈效应（The Feedback Effect）。本章首先对几个核心概念进行界定；其次介绍家族企业的相关理论，包括委托代理理论、管家理论、资源基础理论和社会情感财富理论；再次对当前国内外学术界对定向增发、市场反馈效应和家族企业的研究展开梳理和回顾。在此基础上，对相关研究成果进行述评，并据此延伸出本书的研究起点。

2.1 核心概念的界定

2.1.1 定向增发

本研究在"非公开发行"与"定向增发"之间不做区分。2006 年 5 月，证监会发布《管理办法》，对非公开发行股票的条件和发行程序进行了明确的规定。《管理办法》的颁布与实施是定向增发作为合法的再融资方式登上资本市场舞台的标志。自此以后，定向增发逐步成为我国上市公司股权再融资的主流，并且同公开增发和配股一起，成为我国上市公司股权再融资的主要渠道。

定向增发，也可称为非公开发行，是指上市公司面向符合特定条件的少数特定投资者进行非公开发行股份的行为。从法律角度讲，定向增发是一种具有私募性质的股权再融资方式。2007 年 9 月，证监会又发布《实施细则》，对《管理办法》中关于非公开发行股票的规定进行了详细解读。根据《管理办法》和《实施细则》，公开增发与定向增发的定价机制存在很大区别。尽管监管法规对以募集资金为目的的定向增发引入了询价和竞价机制，但其发行价格仍然受到监管约束而不得低于"定价基准日前20个交易日股票交易均价的90%"。在实践中，定向增发的定价基准日通常采用增发预案的公告日，即董事会公告日，也是定向增发的首次公告日。在获得证监会等监管部门的批准后，上市公司就可以向有认购意愿的投资者进行询价并确定最终增发价格，从而实施定向增发。可见，定向增发发行底价的确定距离定向增发的最终实施存在较长的时间间隔，而且实践证明，这种定价机制不利于发挥资本市场的价格发现功能，导致新股定价的非市场化。这就给公司控股股东在定价基准日前进行向下的股价操纵以及向下的盈余操纵行为提供了动机，为公司内部人利用定向增发进行利益输送提供了契机。

与定向增发相比，《管理办法》要求公开增发的发行价格"不低于公告招股意向书前20个交易日公司股票均价或前一个交易日的均价"，上市公司在公开增发的首次公告中还要说明"具体发行价格授权公司董事会与主承销商协商确定"。在获得监管部门的批准后，上市公司通常会在新股申购日的前两天进行招股意向书的公告。如果将公开增发的申购日设为 T 日，则 $T-2$ 日就是招股意向书的公告日，$T-1$ 日就是股权登记日，$T+3$ 日就是发行结果的公告日。假如公司以招股意向书公告日的前一日（即 $T-3$ 日）的股票均价作为发行价格，那么，此交易日距离最终发行结果的公告日（$T+3$）只有 6 个交易日。由此可见，公开增发价格的确定时间距离发行日的时间间隔要远远短于定向增发。

另外，与定向增发相比，公开增发和配股的监管法规更为严格，主要体现在公司利润、融资总额和分红要求等方面，《管理办法》规定，进行公开增发或者配股申请的上市公司，其"最近三个会计年度连续盈利""最近三年以现金或股票方式累计分配的利润不少于最近三年实现的年均可分配利润的百分之二十"；进行公开增发申请的上市公司，其"最近三个会计年度加权平均净资产收益率平均不低于百分之六"；进行配股申请的上市公司，其"拟配售股份数量不超过本次配售股份前股本总额的百分之三十"。但《管理办法》和《实施细则》并未对进行定向增发申请上市公司的盈利性和融资总额提出特殊的限制要求。也就是说，与公开增发和配股相比，定向增发申请的条件比较宽松，甚至亏损企业也可以申请定向增发。而公开增发却有着严格的盈利要求，其较高的门槛可能会导致一部分不达标的上市公司选择定向增发。

总之，公开增发和配股与定向增发在定价机制和申请门槛等方面均存在较大差异。在定价机制方面，定向增发在首次公告预案时就被限定了发行底价，无论市场环境状况如何，最终增发价格都不得低于此底价，因此，定向增发价格的确定缺乏市场化机制；

而公开增发虽然也有定价基准日，但此日期距离新股发行日时间很短，发行价格能够反映发行期周围的市场状况，因此，公开增发的定价机制更加"随行就市"。定价机制上的差异使得定向增发预案公告前更可能存在控股股东向下操纵股价的行为，以满足控股股东降低认购成本从而实现利益输送的目的。在申请门槛方面，《管理办法》和《实施细则》并未对定向增发的融资规模有特殊的限制要求，只要股份认购方同意认购，上市公司就可以根据自身的融资需求进行股份增发，但是配股却对融资规模有着比较高的限制要求。

2.1.2 市场反馈效应

资本市场的基本功能之一是通过股票价格的变化来进行信息的汇集和传递。公司股票价格的变化不仅可以反映公司内部人所掌握的关于公司经营及其发展前景等公司微观方面的信息，也包含了外部投资者对公司决策的观点及其私人信息，这些信息可以为相关决策者提供有效的参考，对公司资源的有效配置起到一定的引导作用。资本市场的这一功能被称为对实体经济的反馈效应。

市场反馈假说（The Market Feedback Hypothesis）由 Jegadeesh 和 Titman（1993）首次提出，他们认为，与公司内部人相比，外部投资者拥有更多的信息，上市公司会根据资本市场的反应来决定或者调整自己的投资决策。Dow 和 Gorton（1997），Subrahmanyam 和 Titman（2001），以及 Dow 和 Rahi（2003）提出了市场反馈效应的理论模型，他们认为，在很多情况下，外部投资者拥有公司决策者拥有信息之外的很多私人信息，这部分私人信息可以通过股票交易反映到股票价格之中，因此，股票价格可以起到资本配置的作用，因为股票价格包含了对投资决策有用的信息，能够对公司的主要决策起到一定的引导作用。市场反馈效应的提出对于研究资本市场在经济发展中所发挥的作用具有深远的影响，资本市场作为实体经济的影子，不仅可以反映实体经济的微观变化，而且还可以通过资产的价格变化对实体经济中的资源配置进行有效的引导（Baker，Stein 和 Wurgler，2003）。

图 2-1 给出了定向增发预案公告发布后，上市公司内部人和外部投资者所持有的信息分布。传统观念认为，上市公司和资本市场之间的信息流是单向的，即上市公司公开决策的相关信息，同时，内部人会保留部分私人信息（Insider Information），资本市场在获得公开的信息后会做出反应，两者之间只存在由公司内部人到外部投资者的信息流（反映在图 2-1 中即 X_0 是空集），即外部投资者所掌握的信息是公司内部人所掌握信息的子

集。Dye 和 Sridhar（2002）指出，上市公司和资本市场之间不只存在由上市公司到资本市场的信息流，信息流也可以从资本市场到上市公司。正如 Dye 和 Sridhar（2002）所描述的，传统观念忽视了资本市场对信息的分析和处理能力。当资本市场获得上市公司公开的信息（如上市公司决定进行定向增发、募集资金的预期规模以及用途和可行性报告等）后，会通过对公开信息（图 2-1 中，公开信息即为公司内部人和外部投资者共同掌握的信息，即 X_C 部分）的分析，生产出新信息，从而掌握内部人所持有信息之外的信息（反映在图 2-1 中即 X_O 不是空集）。在图 2-1 中，公司内部人所持有信息 X_I 即为决策者的私人信息。因此，在公司决策的公告信息发布之后，公司内部人和外部投资者除了所掌握的公开信息之外，都拥有彼此所未掌握的特定信息。资本市场的反馈效应，即为相关决策者接受部分或者全部资本市场所掌握的特定信息 X_O。Luo（2005）在研究上市公司的并购行为时，指出公司进行并购公告后，股票价格的变化会反映外部投资者的态度及其所掌握的信息，因此，公司内部人会将该信息作为决策的重要参考因素之一。

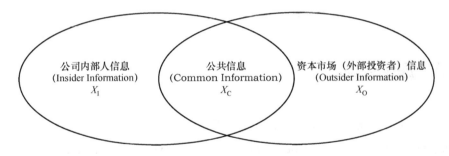

图 2-1　定向增发预案公告发布后的信息分布

图 2-2 描述了定向增发过程中的市场反馈效应。在定向增发流程中，资本市场扮演着上市公司外部治理机制的角色，与公司内部治理机制相互呼应，对管理层和大股东的行为形成重要的约束。董事会对定向增发预案进行公告之后，资本市场会对相关公开信息进行充分的处理和分析，并将其态度反映在公司的股票价格中。因此，定向增发预案公告后股票价格的波动可以反映外部投资者对上市公司进行定向增发决策的未来预期，能够为相关决策者提供定向增发的额外信息（章卫东，2008）。如果定向增发预案公告之后，公司的股票价格上涨，则说明外部投资者对其定向增发决策持看好态度，预期定向增发实施后公司的未来业绩会增长；如果定向增发预案公告之后公司的股票价格下跌，则说明外部投资者对公司的定向增发决策持怀疑态度，认为此决策并不是一个好的交易，有可能会对他们的利益产生潜在的侵害。利益侵害存在的可能性越大，外部投资者对公

司定向增发决策的反对态度就越强烈。在市场反馈效应的作用下，越强烈的市场反对声音说明更多的中小投资者会"用脚投票"，从而最终导致公司股票价格下跌。因此，如果资本市场不看好公司的定向增发决策，就会通过抛售公司股票以引起股价下跌的方式，将反对信号传达给相关决策者。即此时，公司的定向增发决策触发了资本市场对公司的惩戒（沈艺峰、杨晶和李培功，2013）。简而言之，在定向增发过程中，定向增发预案公告之后，资本市场会通过公司股票价格的波动将其反馈信息传达给相关决策者，进而对定向增发的后续决策产生影响，这一过程即为市场反馈效应。在图 2-2 中，路径①、②和③分别表示市场反馈信息对股东大会决策过程、监管部门决策过程和管理层最终决策过程的影响，即为定向增发过程中的市场反馈效应。

图 2-2 定向增发过程中的市场反馈效应

2.2 理论基础

作为一种主要的企业治理形式，企业的家族形态受到国内外很多上市公司的青睐（La Porta，Lopez-de-Silanes 和 Shleifer，1999；Claessens，Djankov 和 Lang，2000；Burkart，Panunzi 和 Shleifer，2003；高伟伟、李婉丽和黄珍，2015）。家族力量的涉入对企业的决策行为产生了独特的影响，这正是家族企业区别于非家族企业的独特之处所在。家族涉入对企业的影响通过股权结构、公司战略和企业日常经营等途径，把家族规范、家族目标以及家族的价值观深入到企业的战略决策和执行过程中，这就使得企业不再以经济目标为其唯一的决策目标，与家族行为相关联的非经济目标成为影响企业决策的另一个主导性因素（Davis，Allen 和 Hayes，2010）。为了解释家族企业与非家族企业在行为方面的差异，研究者从成本与收益、企业目标、战略管理以及家族行为等诸多方面进行了不同程度的尝试性探讨与分析。在这个过程中，一些理论观点开始浮现，有些理论虽然还尚未成为主流，但是它们都从不同角度对家族企业的与众不同之处提供了不同程度的解释。这些理论主要包括委托代理理论、管家理论、资源基础理论以及社会情感财富理论。本节主要围绕家族企业相关理论的研究发展进程展开介绍。

2.2.1 委托代理理论

在国内外研究者的笔下,家族企业可谓一个长盛不衰的话题。大部分关于家族企业的研究都是基于委托代理理论框架的。家族企业自身的一些特点决定了委托代理冲突的本质和程度,委托代理冲突会随着家族企业特点的变化而有所不同。根据国内外的相关研究,由信息不对称引发的委托代理问题主要可以分为两类:一类是由于所有权与控制权分离而导致的企业股东与管理层之间的代理问题,也被称为第一类代理问题(Type Ⅰ Agency Problems)(Jensen 和 Meckling,1976);另一类是公司大股东与外部中小股东之间的代理问题,也被称为第二类代理问题(Type Ⅱ Agency Problems)(Morck 和 Yeung,2003)。本节主要从两类代理问题出发,对家族企业区别于非家族企业的一些特点进行介绍。

1. 公司股东与管理者之间的委托代理冲突

正如 Jensen 和 Meckling(1976)所描述的,公司所有权与控制权的分离使得公司股东与公司管理层之间形成了一种委托代理关系。在这一委托代理的框架下,作为委托人的股东总是希望作为代理人的管理层能够按照股东的意愿行事,从而实现股东利益的最大化。然而,由于股东和管理层之间存在着信息不对称,加之管理层本身的道德风险和逆向选择等问题,引发了公司股东与管理层之间利益的不一致,使得管理层倾向于以自身利益而非股东利益最大化为决策目标,不利于公司价值的提升。国内外很多研究表明,与非家族企业相比,企业的家族治理模式会减少公司股东与管理层之间的利益冲突(Jiang 和 Peng,2011;Cai,Luo 和 Wan,2012;Liu,Yang 和 Zhang,2012)。

首先,家族所有者倾向于对企业持有相对集中的股份所有权,因此,与非家族企业中普遍存在的股东"搭便车"⊖的行为不同,家族股东有强烈的动机对管理层的行为实施监督,因此,可以比较容易地发现管理层的机会主义行为(许静静和吕长江,2011)。在这种情况下,由于家族股东的所有权集中度比较高,因此,在享受企业日常经营所带来的收益的同时,他们需要与企业共担相应的风险,这就使得家族股东更加关注企业经营所带来的现金流收益(Li,Gao 和 Sun,2015)。对于仍然处于创始人阶段的家族企业而言,创始人家族在企业内部的长期任职及其对企业日常经营的长期介入说明家族成员有

⊖ Shleifer 和 Vishny(1986)在研究公司股东的行为时指出,当公司股东对管理层实施监督带来的收益小于其实施监督所付出的成本时,公司股东便会存在搭公司其他对管理层实施监督的股东的便车的行为倾向。

足够的能力、精力和动力关注企业的日常经营活动，因此，管理层会受到来自家族股东更为严密的监督。

其次，与非家族股东相比，家族股东拥有更加长远的投资眼光。在家族企业中，家族成员同时在董事会等高层担任要职的情形普遍存在，因此，家族股东对企业日常经营的长期介入说明他们更加有意愿对长期项目进行投资，可以在一定程度上缓解管理层的短视问题（Stein，1988，1989）。而且，创始人家族一般都会把家族企业看作可以代代相传的资产，而非可以在其有生之年进行不断消费的财产（James，1999），他们将企业作为家族可传承资产的载体，向其后代接班人传递企业的所有权与管理权，这也正是家族企业区别于非家族企业的根本所在（Chua，Chrisman和Sharma，1999；何轩，宋丽红和朱沆等，2014）。创始人对公司有很强的心理归属感，其存在的企业家精神往往使其渴望成就一番事业，他们更加愿意追求长期回报而避免过于看重短期利益（蔡地，罗进辉和唐贵瑶，2016）。因此，企业的生存和长期可持续发展是创始人家族比较关注的重要问题，这就使得创始人家族拥有比其他股东更加强烈的动机对企业管理进行监督。

再次，与非家族股东相比，家族参与企业管理会使得家族股东更加关注家族的声誉（陈德球，杨佳欣和董志勇，2013；陈建林，2013）。企业声誉与家族声誉的关系绑定越密切，家族成员就越容易被经常提醒他们的家族成员身份。家族与企业形象之间的相互依赖会对家族股东产生一种激励，使其努力在利益相关者的眼中树立良好的形象（Zellweger，Nason和Nordqvist等，2013；陈凌和陈华丽，2014）。而且，家族的声誉直接关系着企业的发展，这种身份的高度重叠使得企业的生存发展与家族声誉相关联。进一步讲，对自身和企业声誉的关注对家族股东而言也是一种道德和文化层面的约束，因此，家族注重自身的声誉可以向外部投资者传递一种信号，即家族企业更加关注品牌、声誉及其与第三方（包括供应商、银行以及客户等）之间的关系（陈凌和王昊，2013）。这种对家族自身乃至企业声誉的关注也使得家族股东有比其他股东更加强烈的动机对企业管理实施监督。

最后，在家族企业的创始人阶段，很多家族企业存在着家族成员同时担任管理层要职的两权合一的情形。目前，我国大部分家族企业还很年轻，仍然处于第一代创始人掌管阶段（刘学方，王重鸣和唐宁玉等，2006；许静静和吕长江，2011；Cheng，2014）。家族成员持有企业较多股份的同时参与企业日常经营管理的现象非常普遍（连燕玲，贺小刚和张远飞，2011；Cheng，2014；Gao，Li和Huang，2017）。而第一类委托代理冲突主要源于公司股东与管理层之间利益的不一致，因此，家族成员担任管理层要职时，作为家族企业的创始人或者可能的继承者，高管团队代表整个家族的利益，其经济利益主要体现为家族财富的最大化（高伟伟，李婉丽和郭宏，2017）。此时，其决策会更多地以企业的长期可持续发展为出发点，更加专注企业的长期价值。在这种情况下，股东的利益与管理层的利益趋于一致，他们之间的第一类委托代理成本就会比较低。

综上所述，与非家族企业相比，家族企业中股东与管理层之间的利益冲突，即第一类委托代理冲突比较小。

2. 公司大股东与外部中小股东之间的委托代理冲突

La Porta、Lopez-de-Silanes 和 Shleifer（1999）的研究发现，现代公司内部治理结构以及股权结构与 Berle 和 Means（1931）时代所有权与控制权出现不匹配的治理结构已经有了很大的不同。公司内部普遍存在控股股东持股的股权结构，从而把公司治理的研究重心从"所有权与控制权的分离"转移到"控制权与现金流权的分离"上来。于是，公司治理领域的研究重心就从关注公司股东与管理层之间代理冲突的第一类委托代理理论，逐渐转移到关注公司大股东与外部中小股东之间代理冲突的第二类委托代理理论上来。

第二类委托代理冲突主要存在于公司大股东与外部中小股东之间。由于大股东一般持有公司大量的股权，加之在公司的重大财务决策中享有很大的话语权，因此，公司大股东可能存在以外部中小股东的利益为代价实现其自身利益的行为（Shleifer 和 Vishny，1986）。在家族企业中，由于家族所有者一般持有公司较多的股份所有权，并且会参与企业的日常经营管理，因此，家族企业满足第二类委托代理冲突存在的先决条件。在这种情况下，家族企业中可能会存在更为严重的第二类委托代理冲突（Cheng，2014）。

随着公司治理重心的转移，一个被讨论更多的话题得到了学术界的广泛关注，即公司控股股东的控制权私人收益。Johnson、La Porta 和 Lopez-de-Silanes 等（2000）的研究指出，公司控股股东往往会采用利益侵占（Tunneling）的方式来获取其控制权私人收益。而且，控股股东的这种获取控制权私人收益的方式不仅存在于新兴资本市场中，即便在发达国家的资本市场，这种利益侵占现象仍然存在。例如，转移公司的资产与投资机会至控股股东自己的公司、用公司资产为控股股东所有的公司债务进行担保以及以低于市场的价格购买公司资产等。Dyck 和 Zingales（2004）对控制权私人收益做了国际比较，他们选取了39个国家的样本数据进行分析研究，发现控股股东平均的控制权私人收益为14%，而对于那些资本市场发现水平比较低、公司股权结构相对比较集中以及私有化水平比较低的国家，控股股东所获取的控制权私人收益水平更高。因此，家族企业的股权结构满足了公司大股东获取其控制权私人收益的客观条件。Villalonga 和 Amit（2009）的研究指出，创始人家族是家族企业的首要大股东，他们以较低的所有权享有对企业的绝对控制，这种控制权与现金流权的分离便是家族大股东与外部中小股东之间利益冲突存在的根本原因之一。通过对 1994—2000 年间来自 515 家美国企业的 3006 个观测值的分析，他们发现创始人家族对企业持有的现金流权平均为 15.3%，但是却拥有企业平均 18.8% 的投票权。公司控制权与现金流权的分离一般来自大股东的金字塔式持股结构、交叉持股以及发行双重投票权的股票等间接控制方式（Villalonga 和 Amit，2006），这些间接控制方式往往会使家族大股东轻易地实现以较少的投入（即比较低的所有权）获得对公司更大的控制权（即比较高的投票权），而且他们无须为自己的决策承担相应比例的责任。因此，公司控制权与现金流权的分离往往意味着公司大股东与外部中小股东之间的委托代理成本（Claessens，Djankov 和 Fan 等，2002）。

Anderson 和 Reeb（2004）的研究发现，当创始人家族的所有权比例较高、独立董事的比例较低时，与非家族企业相比，家族企业的业绩会更差。Chen、Cheng 和 Dai（2013）对家族企业中 CEO 的解雇现象进行了研究，他们发现家族成员担任 CEO 时的 CEO 的解雇-业绩敏感性要大大低于外部职业经理人担任 CEO 时的 CEO 的解雇-业绩敏感性。也就是说，当家族成员担任企业 CEO 时，即使企业的业绩很差，CEO 也不太可能被解雇；并且，当家族持有的所有权比例越高时，家族成员 CEO 的解雇-业绩敏感性会越低。但是，当外部职业经理人担任家族企业 CEO 时，CEO 的解雇-业绩敏感性却要高于非家族企业。他们的研究结果说明，家族企业的控制权结构是一把双刃剑：家族大股东控制权与所有权的分离程度比较低时，虽然公司股东与管理层之间的第一类委托代理冲突会有所减少，但是家族大股东与外部中小股东之间的第二类委托代理冲突却会有所加重。以上这些研究结果都说明，与公司股东与管理层之间的第一类委托代理冲突相比，家族大股东与外部中小股东之间的第二类委托代理冲突更为严重。

2.2.2 管家理论

除了委托代理理论之外，管家理论也是有关家族企业研究中最常用到的理论之一。20 世纪 90 年代以来，管家理论得到迅猛发展。该理论从委托代理理论的对立角度解释了企业委托人与代理人之间存在的另外一种关系，在一定程度上弥补了委托代理理论的不足，为解决现代公司的治理问题提供了一个新的思路。管家理论又可称为当家理论或者乘务员理论，最早由Davis、Schoorman和Donaldson（1997）提出。委托代理理论与管家理论都是以家族企业经理人在企业目标实现过程中的行为为分析对象的（Wasserman，2006；Chrisman、Chua和Kellermanns等，2007）。委托代理理论假设经理人是自利主义者和机会主义者，他们总是遵循成本收益原则并尽可能地谋取个人私利的最大化，并且尽可能地避免接受惩罚。与委托代理理论以理性经济人为基础假设的先决条件不同，管家理论的理论渊源主要来源于组织社会学与组织心理学等学科，其中心概念包括集体主义、自我实现、组织贡献以及忠诚和信任等。在家族企业的相关研究中，管家理论假设经理人把组织利益最大化而非个人私利最大化作为其行为目标，并且经理人对于企业是忠诚的。该理论认为，公司经理人不再是一个简单的代理人或者机会主义的偷懒者，而是公司委托人与公司资产的一个好的管家，他们通过承担责任、完成挑战性工作以及树立权威等方式来获得激励，达到内心的满足，这是一种非物质性的激励（Davis，Schoorman和Donaldson，1997；Corbetta和Salvato，2004）。Chrisman、Chua和Sharma（2005）的研究指出，经理人表现出管家行为的条件是，家族企业的所有者和其经理人必须把对方的利益和其自身利益放在同等重要的位置。

很多研究者指出，管家理论的理论渊源来自经理人将个人目标从属于企业目标，经理人比较看重非财务利益目标以及家族企业所有者与其经理人之间的关系契约等（Davis，Schoorman和Donaldson，1997；Tosi，Brownlee和Silva等，2003）。当家族成员担任管理层时，由于"血浓于水"，这种特殊的亲情纽带会使家族成员在管家感知、忠诚和信任以及价值承诺等方面获得特殊的竞争优势，所以，家族企业的业绩要优于非家族企业（Eddleston和Kellermanns，2007）。此时，家族企业经理人表现出较强的管家行为（Davis，Allen和Hayes，2010），他们不太看重个人利益的获取（Corbetta和Salvato，2004；Eddleston，Kellermanns和Sarathy，2008）。在此种情况下，只要家族企业的主要所有者来自同一血脉，那么其他的家族成员就会表现出较强的管家倾向。此时，委托代理理论所预测的企业所有权的分配情况就不十分重要（Corbetta和Salvato，2004；Eddleston和Kellermanns，2007；Davis，Allen和Hayes，2010）。

家族企业中管家文化环境的出现有很多方式。例如，Miller、Breton-Miller和Scholnick（2008）指出，企业的长期生存目标、对有才华员工的培养以及与外部利益相关者之间的良好关系等方式都有利于企业管家文化的发展。Zahra、Hayton和Neubaum等（2008）则从企业的长期愿景、家族价值观与企业发展之间绑定的密切程度以及家族成员对企业的认知感等方面对家族企业中的管家文化进行了阐述。Eddleston和Kellermanns（2007）

认为，家族企业中的互利主义、家族成员在企业重大决策中的参与程度以及对企业控制权的分享等有利于企业管家文化氛围的发展。Eddleston、Kellermanns 和 Zellweger（2012）在考察家族企业的企业家行为时，则将企业整体的战略决策、家族成员在公司治理中的参与程度、企业的长期愿景、企业员工的人力资本以及家族成员对企业的归属感等几个方面的因素纳入企业管家文化的分析范畴。这些关于管家文化的研究之间虽然有所差异，但是它们考虑的每一个因素都与 Davis、Schoorman 和 Donaldson（1997）对管家理论的描述相一致，即管家理论强调对企业业绩有利的决策、家族成员参与导向的公司治理结构、企业的长期目标、企业员工的质量和培训以及员工对企业的归属感和忠诚度。

然而，家族企业经理人的行为更多地表现出代理者特征还是管家特征并没有形成定论。Corbetta 和 Salvato（2004）认为，家族企业中的管家哲学非常常见，外在的财务性激励促进了企业所有者与经理人之间的代理关系，而内在的非财务性激励则促进了企业经理人的管家行为。Karra、Tracey 和 Phillips（2006）对利他主义和委托代理成本之间的关系进行了探讨，他们发现，在相互利他主义的假设下，企业的管家概念也存在一定的局限性。在企业的初创期，利他主义的存在会降低企业的委托代理成本，但是随着企业规模的日益发展或者企业日渐步入继承期，利他主义又会产生新的代理问题，使得企业的代理成本增加。基于以往的研究，Bretonmiller、Miller 和 Lester（2011）提出了一个企业经理人代理行为与管家行为的权变模型，他们认为，经理人的管家行为与代理行为都会存在于企业的日常经营决策中，但是它们存在于不同的公司治理结构之下。他们还发现，家族对企业的嵌入程度越大，家族就会表现出越强的自利行为，反之，家族则表现出越强的管家行为；而家族嵌入企业高管的程度越大，则说明高管受家族的影响越大，那么他们会以家族自身的利益最大化为决策目标，而不会表现出更强的管家行为。也就是说，家族对企业的嵌入程度和家族对企业高管的嵌入程度调节着企业所有者与管理者之间的关系性质，家族力量涉入越深，企业行为就越靠近委托代理模式。

根据管家理论，企业管理层具有自我实现的高层需要，这与委托代理理论中理性经济人的自利假说截然不同。管家理论认为，由于管理者具有自我实现的非经济性需求，他们具有更强的利他主义倾向，时刻把企业价值和股东财富最大化作为其决策标杆，因此，企业绩效的差别主要由管理层能力的差别所致。这种观点可以解释企业的部分行为，但是更多的企业行为无法纳入这个分析框架。在现实中，企业管理层不仅在能力上会表现出差异，而且具有与其他利益相关者之间的利益冲突以及不同阶段个人意愿的差异，这些差异化的因素会使得企业所采取的战略决策也有所不同。因此，管家理论所推崇的经理人的自我实现假设更多的是一种规范性假设，而非实证性假设（Davis，Schoorman 和 Donaldson，1997）。

2.2.3 资源基础理论

企业的资源基础理论（RBV）主要聚焦于企业的内部组织，而非其外部环境。资源基础理论的基本假设是：企业具有不同的资源，这些资源可以是有形的，也可以是无形的；它们可以转变成企业独特的能力和禀赋，并且在企业之间是难以流动且不可复制的，这些独特的资源与能力是企业保持长期竞争优势的源泉。

资源基础理论主要从企业的资源禀赋与配置角度对企业的竞争优势及其长期目标的获得进行了研究（Conner，1991；Collis 和 Montgomery，1995），该理论主要应用于企业的战略管理之中。例如，帮助企业获得长期贷款的政治资源（Belghitar 等，2019）是企业的资源禀赋之一。Conner（1991）指出，资源基础理论的核心是发掘企业的价值创造潜力，而非避免机会主义行为给其带来的负面影响；企业的成功是其所处环境与企业对环境重构能力的综合影响的结果。在家族企业的相关研究中，基于资源基础理论，一些研究者认为，由于家族参与企业管理是家族企业竞争优势及其独特资源的重要来源，是家族企业区别于非家族企业的根本所在，因此，他们将"家族"因素纳入家族企业的公司治理中，提出了"家族性"（Familiness）的概念（Habbershon 和 Williams，1999）。"家族性"概念从本质上涵盖了家族的整体概念，因为它来自家族企业中家族控股股东及其成员与企业之间的相互作用，以及他们所带来的独特的协同资源与能力。资源基础理论将企业看作是具有相互联系的资源转换活动与资源束（Conner，1991），每个企业都具有其独特性，这种独特性源自企业所拥有的独特的资源及其对资源的运用方法。

从 RBV 的角度出发，当家族企业面对人力资本缺乏或者财务资本紧缺的情境时，由于可以以相对较低的成本从家族成员中获得人力与资金方面的支持，因此，企业可以通过家族成员来弥补这些客观条件的不足（Sirmon 和 Hitt，2003；Berrone，Cruz 和 Gómez-Mejía 等，2011）。而且，家族成员参与企业管理可以为企业带来其自身所拥有的社会资本与社会关系等资源（Carney，2005；Zellweger，Kellermanns 和 Chrisman 等，2012），从而有助于家族企业社会关系网络的形成。家族成员参与企业管理带来的家族资本（Family Capital）引起了广大研究者的关注。Carney（2005）指出，家族参与企业治理的三个独特性质——节俭主义（Parsimony）、人格主义（Personalism）和特殊主义（Particularism）——可以缓解企业所面临的资本约束，帮助家族企业增加和利用社会资本，有助于企业的发展壮大。Hoffman、Hoelscher 和 Sorenson（2006）以及 Pearson、Carr 和 Shaw（2008）的研究均认为家族企业的家族资本来自结构（Structural）、认知（Cognitive）和关系（Relational）三个维度。还有很多研究者认为，家族参与企业管理带来的社会资本会对企业的各种行为活动产生影响，比如企业的创新活动（Tsai 和 Ghoshal，1998；Perry-Smith 和 Shalley，2003）、企业的成长及其业绩的提升（Maurer 和 Ebers，2006）、企业的风险融资行为（Gopalakrishnan，Scillitoe 和 Santoro，2008）以及企业的决策倾向（Liao 和 Welsch，2005）等。Payne、Moore 和 Griffis 等（2011）指出，家族企业的关系网络是个体、集体、组织与关系交织的结果，因此，在对社会资本进行研究时，应当将其划分成不同层面的因素（Gedajlovic，Honig 和 Moore 等，2013）。还有些研究者对家族企业的社会资本进行了分类，例如，Hoffman、Hoelscher 和 Sorenson（2006）将家族企业的社会资本划分为非正式渠道和家族规范两大类；Sharma（2008）和 Bagwell（2008）分别将家族企业的社会资本区分成存量资本与流量资本以及内部资本与外部资本。可见，国内外研究者对家族资本的研究及对其分类方法不尽相同，但都有一个共同的特点，即家族资本是家族企业的特有禀赋。

另外，一些研究者还发现，当家族参与企业管理时，家族股东更加关注家族声誉（陈德球、杨佳欣和董志勇，2013；陈建林，2013），家族企业在品牌和声誉等方面具有显著优势。这主要因为企业声誉与家族声誉密切绑定，家族成员容易被经常提醒他们的家族成员身份，这种家族声誉与企业形象之间的相互依赖会对家族股东产生一种激励，使其努力在利益相关者眼中树立良好形象（Zellweger，Nason 和 Nordqvist 等，2013；陈凌和陈华丽，2014）。同时，家族成员在家族与企业之间身份的高度重叠使其更加关注自身的声誉，这对家族股东来说也是一种道德和文化层面的约束。因此，外部投资者可以获得一种信号，即家族企业更加关注品牌、声誉及其与第三方（包括供应商、银行以及客户等）的关系（陈凌和王昊，2013）。同时，在家族成员凝聚力比较高的情况下，家族成员之间具有高度的默契与信任，容易形成共同的行为规范与价值观（陈士慧、吴炳德和巩键等，2016），此时，信息在企业内部的传递比较迅速并且直接（陈柳和刘志彪，2009），因此，家族参与企业管理往往会给企业带来较低的交易成本和较高的效率优势（陈凌和王昊，2013）。

资源基础理论将企业之间的竞争视为动态的（Conner，1991），并且将长期利润最大化视为企业的主要经营目标。根据资源基础理论，企业资源的异质性允许企业在自身的战略方向上推动竞争，由于经济替代品的出现和资源的不断复制，企业已经具有的竞争优势很容易被侵蚀（Coates 和 Mcdermott，2002；Teece，Pisano 和 Shuen，2015）。在此点上，RBV 将企业有效地配置其特定资源作为实现其长期持续竞争优势的手段（Conner，1991；Schmidt，Kai 和 Schaltenbrand，2017），并且提出构建和维持自身的资源壁垒作为保持竞争优势的机制。与非家族企业相比，家族企业拥有的社会资本、人力资本、生存能力资本、耐心资本与治理结构等家族资本都是其独特的能力和禀赋（Sirmon 和 Hitt，2003），并且这些资源在企业之间是难以流动且不可复制的。家族企业拥有的这些独特资源是其绩效提升的主要驱动力以及保持竞争优势的主要原动力（Bharadwaj，Varadarajan 和 Fahy，1993；Morgan，Kaleka 和 Katsikeas，2013）。

2.2.4 社会情感财富理论

虽然目前国内外学术界对家族企业的定义标准还未达成一致，但越来越多的研究者认为，家族企业对社会情感财富（SEW）的保护是家族企业最大的本质属性，也是家族企业区别于非家族企业的最大特点（Gómez-Mejía，Haynes 和 Núñez-Nickel 等，2007；Gómez-Mejía，Cruz 和 Berrone 等，2011；Chrisman 和 Patel，2012；吴炳德和陈凌，2014）。社会情感财富具有家族特色并且扎根于家族内部，反映了整个家族共同的价值观追求、家族股东的归属感需求、家族股东的影响力及其社会身份、家族声望和权威的建立实施、家族王朝的传承等方面的非经济效用目标的集合（Gómez-Mejía，Haynes 和 Núñez-Nickel 等，2007；许永斌和惠男男，2013）。社会情感财富理论来自 Gómez-Mejía、Haynes 和 Núñez-Nickel 等（2007）的研究，他们引入了行为理论，对现有家族企业的相关理论提出了挑战，开辟了家族企业中委托代理问题的新维度。他们的主要观点为，公司的决策依赖于占控制地位的决策者的个人偏好，该决策者进行决策时主要依据其在公司的累计利益，与追求未来财富最大化相比，他们更加追求现有财富损失的最小化。与可能会使预期绩效提升但同时也可能会给家族的社会情感财富造成损失的决策相比，家族企业更加愿意选择可能会增加企业绩效的波动风险但会给家族的社会情感财富带来保护的决策。也就是说，对社会情感财富的保护意愿会导致家族企业的行为具有很多独特性，厌恶损失而非厌恶风险的态度成为家族企业在社会情感财富理论假设之下的主要表现。例如，如果企业的某个决策会损害家族企业的社会情感财富，那么，即使该决策会给家族企业带来很大的经济收益，家族企业仍然有可能会放弃此决策；相反，如果企业的某个决策会保护家族企业的社会情感财富，那么，即使该决策会给家族企业的经济利益带来一定程度的损失，家族企业仍然有可能会实施此决策（Gómez-Mejía，Haynes 和

Núñez-Nickel 等，2007；Gómez-Mejía，Cruz 和 Berrone 等，2011；吴炳德和陈凌，2014）。因此，由于家族股东与企业经理人的目标可能会存在不一致的情况，这就使得作为委托人的家族股东与作为代理人的企业经理人之间的关系变得更为复杂。

驱动对社会情感财富保护意愿的其中一个重要的原因来自对企业保持家族持续控制的情感禀赋。由于家族企业往往是创始人多年努力打拼的成果，企业发展壮大的过程饱含创始人家族拼搏奋斗的辛勤汗水，因此，对企业保持家族持续控制的情感禀赋往往会随着时间的推移和企业的成长发展而变得越发深厚，从而使得家族股东形成对企业深厚的情感壁垒（吴炳德和陈凌，2014）。这种情感壁垒越强，那么，失去后带来的痛苦也就越大，因此，家族股东也就不愿意失去对企业的这种情感禀赋（Kellermanns 和 Chrisman 等，2012；吴炳德和陈凌，2014）。当家族企业面临生存的威胁时，由于家族企业对于家族股东而言往往是其唯一资产，而对于家族企业的中小股东或者非家族企业的股东而言，家族企业可能只是其投资的冰山一角，因此，这种生存威胁给家族股东带来的不仅是经济利益的损失，而且包括对其情感财富的损害，而非家族企业的股东可以通过分散化投资将企业的生存威胁带来的损害进行一定程度的抵消（Patel 和 Chrisman，2014）。而且，家族企业的生存威胁会使得社会情感财富陷入"皮之不存，毛将焉附"的处境。因此，当家族企业面临生存的威胁时，与其说是出于对经济利益的保护，不如说是出于对社会情感财富的保护，家族股东在做决策时，其角色有可能会从风险厌恶者转变为风险偏好者（Chrisman 和 Patel，2012），而且，决策带来的风险越大，其往往越容易受到家族股东的偏好（吴炳德和陈凌，2014）。

许永斌和惠男男（2013）指出，对社会情感财富的追求与对财务利益的获取是家族企业生存的两个重要目标，它们共同构成了家族企业完整的目标体系。当两个目标存在冲突时，家族企业往往更加注重保护社会情感财富不受损失（Berrone，Cruz 和 Gomez-Mejia，2012），即使这种行为有可能会对企业财务目标的实现产生不利影响。例如，Gómez-Mejía、Haynes 和 Núñez-Nickel 等（2007）的研究发现，家族企业往往不愿意进行较大范围的多元化战略决策，即使经营的相对单一化可能会使家族企业陷入较大的风险之中。因为企业在进行多元化经营的过程中，往往会有外部投资者（如风险投资者或者战略投资者等）的加入，这会在一定程度上削弱家族股东对企业的控制，从而削弱企业的股权集中度。Berrone、Cruz 和 Gómez-Mejía 等（2010）的研究发现，在环境保护方面，与非家族企业相比，家族企业会尽量减少对环境的污染以树立家族良好的社会公众形象，即使这样的决策可能会影响公司的经济回报。许永斌和惠男男（2013）的研究还发现，在家族企业中，社会情感财富具有代际递减效应，即创始人一代往往会表现出比其后代更深更强的社会情感，因此，对社会情感财富的保护成为保持家业长青的重要保障。

2.3 文献综述

本节分别对国内外对定向增发、市场反馈效应和家族企业的相关研究成果分别进行总结。

2.3.1 国内外对定向增发的研究

我国对定向增发的概念界定类似于国外的私募发行，由于国外对私募发行的相关研究起步比较早，而我国对定向增发的推行时间则比较晚，因此，与国外定向增发方面的海量研究成果相比，我国关于定向增发的研究自2006年5月《管理办法》的正式颁布后才如雨后春笋般增长。自《管理办法》颁布后，定向增发首次得到了正式认可，在《管理办法》颁布当年，上市公司通过定向增发进行再融资的募集资金总额就迅速达到了917.90亿元⊖。定向增发如此大的优势引起了理论界和实务界的广泛关注，研究者对我国资本市场环境下上市公司的定向增发行为的兴趣持续升温，研究成果也是层出不穷。

纵观现存国内外相关研究，对目前国内外定向增发的相关文献进行归纳总结如下：①从信息不对称的视角与委托代理理论的角度出发，对定向增发的定价机制及其经济后果进行分析探讨，并且用监督假说（The Monitor Hypothesis）、管理防御假说（The Entrenchment Hypothesis）、信息不对称假说（The Information Asymmetry Hypothesis）、流动性补偿假说（The Liquidity Hypothesis）或者风险补偿假说（The Risk Compensation Hypothesis）等理论假说对定向增发过程中的低价发行行为进行理论方面的解释；②从定向增发股份认购方的角度出发，对机构投资者在定向增发过程中所发挥的作用（与公司大股东合谋或者对公司大股东形成监督）进行分析，并且对上市公司大股东的行为（对上市公司进行利益输送或者利益支持）进行探讨；③用信息不对称假说、监督假说、流动性补偿假说和品质鉴证假说（The Certification Hypothesis）等理论假说对定向增发行为带来的短期与长期市场反应进行理论方面的解释。

⊖ 根据万得资讯金融终端数据库（WIND）《沪深一级市场——增发与配股——定向增发发行资料》数据库整理而来。

1. 定向增发的定价问题

国外研究者对定向增发问题的研究始于 Wruck（1989）。Wruck（1989）的研究认为，由于定向增发仅仅面向有限的投资者，因此，引入外部投资者可以改善公司的治理水平，从而带来正向的短期市场反应。Wu（2004）对定向增发对象的性质进行了研究，发现当管理者参与认购增发股份时，增发的折价远远大于其不参与认购时的增发折价，并且折价的幅度随着其持股比例的降低而增大，这说明公司管理者存在一定程度的自利行为。但是，当大股东对公司的决策具有很大的影响力时，管理者可能会以大股东利益的最大化作为决策导向（Woidtke，2002）。陈信元、朱红军和何贤杰（2007）以截至 2007 年 8 月完成定向增发实施并且发布《非公开发行情况报告书》的上市公司为研究样本，对我国与美国资本市场的定向增发价格折扣率进行了对比分析，发现我国的增发折价水平平均为 34.9%，总体要高于美国。而在 Wruck（1989）的研究中，定向增发价格平均折价率为 34%，Barclay、Holderness 和 Sheehan（2007）根据其研究样本测算出来的定向增发折价率则为 18.7%。可以看出，定向增发的折价率水平会随着不同地区的资本市场环境和制度背景的不同而表现出很大的差异。因此，对定向增发发行价格折扣率的探讨与分析应该置于特定的资本市场环境下才较具有研究价值。

定向增发受到上市公司的如此追捧，加之理论界对定向增发定价问题的关注度持续升温，错综复杂的定价背后必有其更加深层次的原因。国外研究者从多个视角对定向增发的折价原因进行了分析论述，比较有影响力的理论假说包括 Wruck（1989）的监督假说，Barclay、Holderness 和 Sheehan（2007）的管理防御假说，Myers 和 Majluf（1984）以及 Hertzel 和 Smith（1993）的信息不对称假说，Silber（1991）以及 Maynes 和 Pandes（2011）的流动性补偿假说或者称为 Hertzel、Lemmon 和 Linck 等（2002）的风险补偿假说等。由于西方研究者对私募发行的研究成果积累较多，而我国对定向增发的研究起步较晚，自 2006 年定向增发获得首次认可后，我国研究者对定向增发的研究成果才获得了较大的积累。我国研究者主要是从我国资本市场制度环境的角度出发，结合我国上市公司进行定向增发的实际情况，对国外形成的较为成熟的理论观点进行了验证。

（1）监督假说

Wruck（1989）的研究认为，上市公司向大股东进行定向增发后，大股东的所有权比例会有所增加，由于此时大股东对中小股东进行利益侵占所付出的成本会成比例增加，因此，大股东做出利益输送行为的可能性会有所降低；而且，由于此时大股东的利益与公司的利益绑定更加紧密，因此，他们有更强的动力去监督管理者的行为。当机构投资者参与认购定向增发的股份时，由于引入了具有监督能力的积极投资者，上市公司受到来自外部的监督力度也会增大，从而可以减少委托代理成本，这与 Jensen 和 Meckling（1976）的观点保持一致。虽然大股东与机构投资者可以对管理者的行为形成有效的监督，但这种监督需要付出大量的时间和精力等成本，因此，Wruck（1989）将定向增发的发行折价看作是上市公司事先对这些积极投资者监督成本的一种补偿。章卫东和李德忠（2008）对我国上市公司定向增发的价格折扣率进行了研究，发现定向增发折价率的高低与股份认购者的身份密切相关。郑琦（2008），张鸣和郭思永（2009），徐寿福和徐龙炳（2011），以及王俊飚、刘明和王志诚（2012）等的研究也得出了类似的结论。他们均认为，由于定向增发仅仅面向有限的投资者，股份的低价发行会对中小股东的利益造成一定程度的损害，而大股东参与认购时的发行折价率要显著高于机构投资者参与认购时的发行折价率。但是，机构投资者的引入可以对公司大股东形成一定的约束与监督，使公司大股东受到一定的股权制衡。可以看出，监督假说的理论渊源来自委托代理理论中的利益协同效应（朱红军，何贤杰和陈信元，2008）。根据监督假说，参与认购定向增发股份的投资者（包括公司大股东和机构投资者）比外部中小股东具有更大的信息获取优势和资本支付能力，他们有动力和能力对管理层的行为实施监督。由于要付出一定的监督成本，因此，增发折价就是对他们的一种补偿。

（2）管理防御假说

Barclay、Holderness 和 Sheehan（2007）的研究发现，管理层存在自利行为，他们为了实现对企业较好的控制，以便于其实施增加其个人私利的决策，在选择定向增发的发行对象时，他们比较倾向于选择消极的投资者。因为消极投资者不会过多地干涉管理层的行为，不会对其形成实质性的监督。而定向增发的发行折价就是对这些消极投资者放弃对企业进行监督的一种补偿。这一观点在 Wu（2004），Krishnamurthy、Spindt 和 Subramaniam 等（2005）的研究中也得到了证实。而且，Barclay、Holderness 和 Sheehan（2007）的研究还发现，上市公司向消极投资者提供的发行折价幅度远远大于向积极投资者提供的折价幅度，这在一定程度上损害了上市公司原有股东的利益。而且，积极的投资者在认购定向增发股份时也不会对发行折价幅度提出过多的要求（Chen，Cheng 和 Cheng 等，2010）。Barclay、Holderness 和 Sheehan（2007）将管理层的这种增发动机定义为管理防御，也有些研究者将这种增发动机定义为管理层的机会主义（朱红军，何贤杰和陈信元，2008）。很显然，管理防御假说与监督假说在解释定向增发的折价方面形成了相反的立场。在 Barclay、Holderness 和 Sheehan（2007）的研究基础上，Gomes 和 Phillips（2012）的研究指出，是否可以用管理防御假说解释定向增发的发行折价问题取决于公司管理层在股份发行决策上是否有很大的自由裁量权。

（3）信息不对称假说

Hertzel 和 Smith（1993）对 Myers 和 Majluf（1984）提出的管理层的逆向选择假说进行了扩展。他们认为，信息不对称程度越高，上市公司就越倾向于通过定向增发进行融资。因为对新的投资者而言，越高的信息不对称程度意味着越高的信息搜寻成本，投资者需要花费大量的时间和精力对上市公司真实的经营业绩、募集资金的用途以及公司的发展前景等相关信息进行甄别，所以，定向增发的发行折价是对这些投资者高额信息搜寻成本与信息甄别成本的一种补偿。信息不对称假说在后来的很多研究中也得到了证实，比如 Krishnamurthy、Spindt 和 Subramaniam 等（2005）以及 Wruck 和 Wu（2008）等的研究。Hertzel 和 Smith（1993）的研究还指出，信息不对称程度越高，代表公司的未来发展面对的不确定性越高，因此，股份认购者获得的发行价格的折扣率也应该越大。在我国，很多研究者基于我国的资本市场环境对定向增发的折价率进行了研究。大部分研究者认为，完全面向公司大股东的定向增发，其增发价格会比较低；而机构投资者的参与认购可以显著提高定向增发的发行价格（郑琦，2008；曾劲松，2009；张力上和黄冕，2009），他们用信息不对称假说对这种现象进行了解释。

（4）流动性补偿假说

Silber（1991）从股票流动性限制的视角出发，较早地将定向增发的发行折价与股票禁售期联系起来。Silber（1991）的研究认为，由于定向增发只面向有限的特定投资者，那么公司其他原有股东的股份所有权就会受到一定程度的稀释，因此，投资者所认购的定向增发股份往往在一定时期内不能在市场上自由流通，具有一定的禁售期限制。虽然不同认购者的股份禁售期长短不同⊖，但是股份禁售期的存在使得股份认购者的持股风险

⊖ 《实施细则》第九条规定，发行对象属于下列情形之一的，具体发行对象及其定价原则应当由上市公司董事会的非公开发行股票决议确定，并经股东大会批准；认购的股份自发行结束之日起36个月内不得转让：

（一）上市公司的控股股东、实际控制人或其控制的关联人；

（二）通过认购本次发行的股份取得上市公司实际控制权的投资者；

（三）董事会拟引入的境内外战略投资者。

第十条规定，发行对象属于本细则第九条规定以外的情形的，上市公司应当在取得发行核准批文后，按照本细则的规定以竞价方式确定发行价格和发行对象。发行对象认购的股份自发行结束之日起12个月内不得转让。

大大增加。因此，定向增发的发行折价是对认购者流动性限制约束的一种补偿。而且，股份禁售期越长，认购者获得的折价幅度就应该越大。这就是 Silber（1991）所提出的"流动性补偿假说"。在后来的很多研究中，流动性补偿假说也得到了验证，比如 Hertzel、Lemmon 和 Linck 等（2002），Barclay、Holderness 和 Sheehan（2007），姜来、罗党论和赖媚媚（2010），徐斌和俞静（2010），Maynes 和 Pandes（2011），以及卢闯和李志华（2011）等。可以看出，流动性补偿假说认为上市公司通过定向增发的发行折价对股份认购者所承担的持股风险及其未来所获得收益的不确定性进行了充分的补偿。

2．定向增发：利益输送还是利益支持？

正如上文所述，关于定向增发定价方面的研究，研究者们已经获得了丰硕的成果，研究主要集中于增发定价现象本身及其可能的理论解释。那么，上市公司进行折价增发的动机是什么？折价发行又会对公司的原有股东、新进股东以及股东之间的利益分配产生何种影响？基于定向增发过程中存在的低价发行现象，本部分对大股东的行为进行了分析。定向增发是大股东进行利益输送的工具，还是大股东对上市公司进行利益支持的途径？

（1）定向增发中的利益输送

公司大股东的利益输送行为已经成为学术界的研究热点。很多研究指出，大股东的机会主义行为是定向增发高比例折价存在的一个重要原因。大股东很可能通过定向增发前的股票停牌以锁定较低的发行价格来进行增发时机的选择；大股东也有可能在定向增发前进行盈余管理来锁定较低的发行价格。另外，在上市公司实施定向增发后，大股东也可能通过高额分红派现、进行关联交易或者进行低效率投资等机会主义行为来实现由上市公司到自身的财富转移。下面对大股东进行利益输送的不同行为方式分别进行分析。

1）定向增发的高比例折价。Wu（2004）对定向增发对象的类型进行了研究，发现当管理层参与认购增发股份时，定向增发的折价率远远大于其不参与认购时的折价率，并且折价幅度随着其持股比例的降低而增大，这说明管理层存在一定的自利行为。而当大股东对公司的经营决策具有很大的影响力时，管理层可能会以大股东利益的最大化而非公司价值的最大化为决策导向（Woidtke，2002），这说明管理层有可能与大股东合谋，做出有损于公司中小股东利益的行为。Baek、Kang 和 Lee（2006）通过对韩国集团企业的研究发现，在定向增发过程中，控股股东会利用金字塔结构进行利益输送，而压低发行价格以获得更高折价的方式恰恰反映了大股东的利益输送程度。

章卫东和李德忠（2008）对我国上市公司定向增发的价格折扣率进行了研究，发现定向增发折价率的高低与股份认购者的身份密切相关。郑琦（2008），徐寿福和徐龙炳（2011），以及王俊飚、刘明和王志诚（2012）等的研究也得出了类似的结论。他们均认为，由于定向增发仅仅面向有限的投资者，股份的低价发行会对中小股东的利益造成一定程度的损害，而大股东参与认购时的发行折价率要显著高于机构投资者参与认购时的发行折价率。陈政（2008）的研究也认为，定向增发的发行折价与大股东的利益输送动机关系密切：大股东进行财富转移的动机越强，发行折价就越高，这说明在定向增发过程中存在壕沟效应以及大股东与中小股东之间的利益冲突。张鸣和郭思永（2009）的研究认为，上市公司定向增发的折价水平和大股东的认购比例决定了大股东进行财富转移的多寡，定向增发的折价率是后股权时代大股东进行利益输送的主要手段。王志强、张玮婷和林丽芳（2010）的研究认为，当仅面向大股东和关联股东进行定向增发时，上市公司存在刻意打压基准日股票价格以及提高增发的折价幅度等行为，以达到降低增发价格和向大股东及其关联方进行利益输送的目的。吴育辉、魏志华和吴世农（2013）对定向增发中控股股东的掏空行为进行了研究分析，发现与面向机构投资者的定向增发相比，面向控股股东的定向增发具有更高的价格折扣率。

2）定向增发前的停牌操控。谢琳、唐松莲和尹宇明（2011）的研究发现，我国上市公司在定向增发预案公告前存在严重的内部交易与股价操纵行为。吴育辉、魏志华和吴世农（2013）通过对定向增发中控股股东掏空行为的研究，发现不同类型的增发对象享有不同的价格折扣率，他们将这种折价率差异归因于控股股东对定向增发的时机选择以及定向增发预案公告前的停牌操控。朱红军、何贤杰和陈信元（2008）通过对上市公司驰宏锌锗定向增发案例进行分析，发现上市公司可能会通过定向增发前的长期停牌（通过停牌，上市公司可以自由设定定向增发的定价基准日，以此方式来获得较低的基准价）来达到对大股东进行利益输送的目的。吴育辉、魏志华和吴世农（2013）的研究也发现，公司大股东通过定向增发前的长期停牌操控，可以获得较低的定向增发价格，从而可以以较高的折价率认购公司的增发股份。

3）定向增发前后的盈余管理。上市公司定向增发过程中的盈余管理问题一直是学术界的关注热点。Dechow和Skinne（2000）指出，在上市公司发行新股前后，管理层有很强的动机进行向上的盈余管理，以勾画出公司未来发展前景的蓝图。但是，Chou、Gombola和Liu（2010）基于进行定向增发的美国上市公司的研究样本，并未发现上市公司在定向增发前后的盈余管理行为，而且定向增发中的盈余管理并不能解释增发实施后股票价格的下降。与 Chou、Gombola 和 Liu（2010）的结论相反，He、Yang 和 Guan（2010）的研究发现，进行定向增发的日本上市公司在增发前倾向于调高利润，而且这种向上的盈余管理行为会导致增发后公司业绩的下滑。Kooli（2009）对进行定向增发的加拿大上市公司进行了研究，发现在股份发行期周围，与公开增发相比，定向增发上市公司进行盈余管理的可能性比较小，而且与稳健型上市公司相比，进行盈余管理的上市公司倾向于增发更多的股份。

国内关于定向增发与盈余管理方面的研究发现，我国上市公司在定向增发过程中往往存在盈余管理的动机。郑琦（2009）对定向增发对象的类型与盈余管理之间的关系进行了研究，发现当定向增发只面向公司大股东时，上市公司在定向增发前并不存在盈余操纵，但是在定向增发实施后存在比较强的盈余管理行为；而当定向增发面向机构投资者时，上市公司在定向增发前后都存在比较明显的盈余管理行为。与郑琦（2009）的研究稍有不同，大部分研究者发现上市公司在对大股东进行股份定向增发前，普遍存在盈余管理的行为。例如，王志强、张玮婷和林丽芳（2010）发现，大股东在定向增发预案公告前可能会通过打压基准日股票价格或者提高折价幅度等手段来达到向自身进行利益输送的目的。章卫东（2010）的研究发现，我国上市公司在定向增发预案公告的前一年内存在盈余管理的行为，并且进行盈余管理的方式与定向增发新股的类型有关。当面向控股股东及其子公司收购其资产时，上市公司会进行负向的盈余管理；而当面向机构投资者进行募集资金时，上市公司会进行正向的盈余管理。并且，控股股东持股比例越高，上市公司进行盈余管理的程度就越强。章卫东、邹斌和廖义刚（2011）的研究发现，上市公司在股份解禁前存在正向的盈余管理行为，但是减持前的盈余管理程度却在不同类型的认购者之间存在较大差异：在关联股东减持认购股份之前，上市公司存在程度更高的正向盈余管理行为。王晓亮和俞静（2016）的研究表明，与非定向增发的公司相比，进行定向增发的公司在其增发的前一年以及当年存在向上的盈余管理且力度更大，这种盈余管理行为会导致定向增发后股票的流动性下降。朱红军、何贤杰和陈信元（2008），以及李文兴和张梦媛（2012）分别通过对驰宏锌锗和北京银行定向增发的案例进行分析，得出了上市公司通过定向增发前后的盈余管理来达到向控股股东进行利益输送目的的结论。

4）定向增发后的高额分红派现。股利侵占理论认为，上市公司的高额派现行为是公司控股股东对中小股东进行利益侵占，并且实现控股股东控制权私人收益的重要手段（周县华和吕长江，2008；Chen、Jian 和 Xu，2009；刘孟晖，2011；Huang、Shen 和 Sun，

2011）。肖作平和苏忠秦（2012）的研究发现，我国上市公司的现金股利并非控股股东进行利益侵占的工具，而是控股股东掩饰其利益侵占行为的面具。刘峰、贺建刚和魏明海（2004）的研究发现，大股东倾向于通过高额分红派现来达到其利益输送的目的，对中小股东的利益是一种直接损害。强国令（2014）的研究也指出，上市公司进行大比例现金分红的目的是为了满足公司控股股东进行资金套现和融资圈钱动机的需要。因此，在定向增发实施之后，上市公司的高额分红派现行为成为控股股东进行利益输送的另一方式。

  国内很多研究表明，我国上市公司股权再融资后的高额派现行为成为公司控股股东侵占中小股东利益的工具（于静，陈工孟和孙彬，2010）。赵玉芳、余志勇和夏新平等（2011）的研究结果表明，与没有实施任何再融资方式的上市公司相比，进行定向增发的上市公司倾向于在定向增发实施后派发更多的现金股利；而与没有大股东参与认购的上市公司相比，大股东参与认购的上市公司在定向增发实施后会派发更多的现金股利。赵玉芳、夏新平和刘小元（2012）认为，大股东参与认购定向增发股份时，在定向增发之后，大股东会通过占用上市公司的资金来达到实施有利于自身利益的行为的目的。朱红军、何贤杰和陈信元（2008）对驰宏锌锗定向增发案例进行了讨论分析，发现控股股东通过较高的价格折扣率以及定向增发实施后进行高额的分红派现等手段向自身进行利益输送。Chen、Jian和Xu（2009）的研究认为，我国上市公司的高股利政策是由于它们在IPO的过程中对流通股和非流通股的差别定价所引起的，在公司进行IPO或者股票增发之后，它们往往又通过分红派现的方式把公司的资源转移到公司控股股东的口袋中。吴辉（2009）的研究却发现，定向增发后的高额分红派现只是少数上市公司存在的行为，并不具有普遍性。

  5）注入劣质资产以及关联交易。自2006年定向增发被正式认可以来，公司治理问题不断出现。例如，控股股东通过关联交易或者资产注入对上市公司进行利益侵占的行为，以及控股股东与上市公司之间的同业竞争问题等。这些问题成为资本市场的矛盾焦点，也成为学术界的主要关注点。图2-3描述了上市公司与投资者在定向增发购买资产过程中的交易关系。上市公司通过向控股股东定向增发股份来购买控股股东的资产时，这些资产可以是控股股东的经营性资产，也可以是权益类资产。在资产注入过程中，控股股东可以是定向增发股份的唯一认购者，也可以和机构投资者共同认购，但是机构投资者需要以现金认购股份。由于具有信息优势与主动权，这个过程就为控股股东进行利益侵占提供了可能。定向增发的目的又可以分为项目融资和购买资产，为了与购买资产的目的相区分,图2-4描述了上市公司与投资者在定向增发项目融资过程中的交易关系。

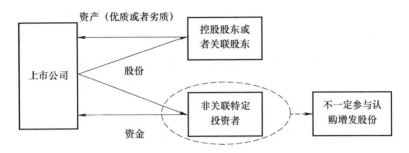

图2-3 定向增发购买资产过程中上市公司与投资者的交易关系

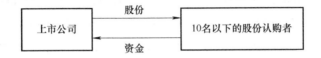

图2-4 定向增发项目融资过程中上市公司与投资者的交易关系

黄建中(2006)指出,上市公司向控股股东定向增发以收购大股东资产的行为是一种关联交易,中小股东的利益很可能会在这种"买与卖"的过程中受到损害。柳建华、魏明海和郑国坚(2008)的研究表明,上市公司的关联交易是控股股东进行资源转移的一种方式,控股股东会根据上市公司自有资源的多寡,通过关联交易将其转出,以实现其自身利益的最大化。黄建欢和尹筑嘉(2008)发现,大股东向上市公司注入资产的动因主要是谋求资产市值的增加,注入资产是否优质有待检验,但大股东对中小股东进行利益侵占的可能性很大。张祥建和郭岚(2008)也得出了类似结论。尹筑嘉、文凤华和杨晓光(2010)的研究发现,大股东通过定向增发向上市公司注入的资产大部分为非优质资产,在资产注入的过程中,公司股东的利益并不均衡,存在大股东对中小股东利益的侵占现象。章卫东和李海川(2010)的研究也发现,控股股东可能存在向上市公司注入劣质资产以进行利益输送的行为。王志强、张玮婷和林丽芳(2010)通过对比不同类型认购者的样本公司在定向增发前后的关联交易量,发现上市公司在定向增发实施之后存在通过关联交易进行财富转移的可能性。

(2)定向增发中的利益支持

也有很多研究指出,控股股东并不总是对公司进行掏空(Tunneling),他们对公司也有很多支持(Propping)。Friedman、Johnson和Mitton(2003)的研究认为,控股股东对公司的掏空和支持行为存在对称性，尤其是在投资者保护比较薄弱的新兴市场。当上市公司陷入财务困境时，控股股东往往会对公司进行支持。Peng、Wei 和 Yang（2011）基于中国上市公司的经验证据，对 Friedman、Johnson 和 Mitton（2003）的观点进行了验证。李增泉、余谦和王晓坤（2005）的研究结果也表明，当上市公司具有避亏或者配股动机时，进行的并购活动能够提升公司的会计业绩。在某些条件下，大股东会对上市公司存在支持行为。那么，在上市公司的定向增发过程中，大股东对公司的支持行为会不会与其掏空行为并存呢？

有一些研究确实对大股东的支持行为进行了验证。Bae、Kang 和 Kim（2002）以及 Joh（2003）的研究发现，韩国资本市场存在控股股东向上市公司注入资产对其提供支持的行为。Cheung、Rau 和 Stouraitis（2006）以中国香港上市公司为研究样本，也发现了控股股东利用关联交易对上市公司进行支持的证据。章卫东（2008）的研究发现，上市公司通过定向增发来实现集团公司整体上市的决策行为，具有正向的财富效应，而且与其他类型的公告效应相比，这种正向的公告效应比较强。王志彬和周子剑（2008）认为，集团企业通过定向增发实现整体上市可以为上市公司带来一系列优势，比如降低与关联企业之间的关联交易量、减少集团内部的同业竞争与巩固控股股东的地位等，从而提高上市公司的整体业绩。佟岩和何凡（2015）也得出了类似的结论。姜来、罗党论和赖媚媚（2010）对我国资本市场定向增发折价的形成原因进行了分析探讨，其研究结果表明，在我国特殊的定向增发制度下，大股东对上市公司的支持是定向增发折价存在的原因所在。与其他股份认购方相比，大股东参与认购时有着更高的折价率，而且以非现金资产为认购方式的定向增发折价率更高，这说明定向增发的折价是对大股东支持上市公司的一种补偿。王浩和刘碧波（2011）认为，在市场化机制下，大股东会根据其向上市公司提供的支持力度与中小股东对折价进行商议，因此，定向增发折价可以反映大股东对上市公司的支持力度。唐宗明、徐晋和张祥建（2012）的研究发现，在后股权分置时代，大股东倾向于通过向上市公司注入优质资产来提升公司的财富协同效应，但是在股票的锁定期结束后，大股东可能表现出利益侵占行为。李文兴和张梦媛（2012）通过对北京银行定向增发案例进行分析，认为定向增发对上市公司的作用存在两面性：公司大股东在存在利益输送行为的同时也存在利益协同效应。李彬、杨洋和潘爱玲（2015）认为，定向增发中的价格偏离并非大股东进行利益侵占的绝对证据，定向增发的折价率在一定程度上可以反映大股东对上市公司的支持力度。

3. 定向增发的经济后果

关于上市公司进行定向增发带来的经济后果，大部分研究者都是从定向增发的公告效应与长期效应两个方面来进行研究的。一方面，关于定向增发的公告效应，大部分研究者都认为，定向增发公告之后，市场会对此表现出正向的反应；另一方面，关于定向增发的长期效应，大部分研究者是从增发之后公司的长期股价走势及其与发行对象之间关系的角度出发，进行分析研究。本部分将从定向增发的公告效应和长期效应两个方面，对定向增发经济后果的相关文献进行梳理。

（1）定向增发的公告效应

国外研究者对定向增发的研究起步比较早，从所积累的大量文献来看，来自多个国家的经验证据都支持了类似的结论：与其他再融资方式相比，上市公司的定向增发具有比较积极、正向的公告效应。Wruck（1989）基于对美国上市公司样本的分析研究，发现与公开增发公告的负价格效应不同，定向增发公告后的公司股票平均有4.5%的累计超额收益。Wruck（1989）将这种积极的公告效应归因于积极投资者的参与认购：积极投资者参与认购股份可以对管理层的行为形成有效的监督，从而有利于公司价值的提升。Hertzel和Smith（1993）也得出了类似的研究结论。此外，Kato和Schallheim（1993），Tan、Chng和Tong（2002），以及Eckbo和Norli（2005）分别基于日本、新加坡和挪威的上市公司样本，也得出了类似的研究结论。刘力、王汀汀和王震（2003）[189]通过分析公开增发的市场反应，证实增发公告具有负的价格效应。增发公告发布时，市场并不能确定增发最终是否可以完成，但是在增发公告日，增发失败公司的负价格效应更加强烈，这说明市场能够通过对已有信息的分析，对公司的不利影响事先做出预测和反应，即市场具有超强的信息发现与处理能力。同公开增发一样，市场对定向增发的影响也能事先做出预测，但两者的市场反应截然相反：定向增发的公告效应为正，但公告日后股票价格会有所下跌；而公开增发的公告效应为负（Hertzel，Lemmon和Linck等，2002；刘力、王汀汀和王震，2003）。但是，此结论是建立在投资者过度乐观的假设基础之上的，即投资者倾向于以长期绩效为代价，过度看好公司的近期绩效（Kahneman和Tversky，1979）。章卫东（2008），徐寿福（2010），耿建新、吕跃金和邹小平（2011），邓路、王化成和李思飞（2011），以及章卫东和赵安琪（2012）等的研究也均表明，上市公司进行定向增发公告后具有显著正向的市场反应。

也有些研究发现，外部投资者对定向增发的公告反应不足。Chen、Ho和Lee等（2002）

家族企业定向增发中的市场反馈效应研究

通过对新加坡实施定向增发上市公司公告效应的研究，发现在一定的股权集中度内，定向增发的公告效应为负。魏立江和纳超红（2008）基于我国上市公司的样本数据，也发现在2006—2007年间实施定向增发的上市公司，其定价基准日前20个交易日内公司的股票价格弱于市场总体，存在负的超额收益。吴刘杰和姜源（2013）的研究也发现，我国的定向增发具有显著为负的公告效应。陈阳（2007）则发现定向增发事件期内的超额收益很高，可能存在一定的信息泄露情况，并且定向增发公告后，公司的股票价格有所下跌，说明市场对高估的股票价格做出了调整，这些结果都说明定向增发公告后又有新的信息出现，并且市场能够对出现的新信息及时做出反应，这与Tan、Chng和Tong(2002)的研究结论一致。

另外，一些研究还认为，定向增发公告效应的大小与发行对象的类型以及投资者情绪有关。章卫东和李德忠（2008）的研究认为，当关联股东愿意以更低的发行折价认购股份时，表明上市公司通过定向增发募集的资金会有比较好的盈利前景，这会向资本市场传递一个积极信号，因此公告效应会更大；而当定向增发的折价率较高时，会被资本市场理解为负面信号，因此公告效应会更小。徐寿福（2010）的研究认为，大股东参与认购定向增发股份，可以对管理层起到一定的监督作用，因此，可以向市场传递公司经营效率比较高的信号，所以定向增发的公告效应为正。郭思永（2015）通过考察公司大股东参与认购定向增发股份的动机及其市场影响，发现资本市场能够对大股东参与认购定向增发股份的行为做出解读，大股东的认购比例越高，市场的正向反应就越大。俞静和徐斌（2009）则从投资者情绪的角度对定向增发的公告效应进行了分析研究，发现牛市期间定向增发会有比较大的公告效应，而熊市期间定向增发的公告效应较小。李子白和余鹏（2009）也发现，在牛市期间，定向增发的公告效应非负居多，并且波动比较小，而在熊市期间，定向增发的公告效应为负的较多，并且波动也比较大。他们将这种现象归因于投资者情绪：投资者情绪比较高（牛市）时，后市看涨，可以抵消定向增发的部分负面影响；而在投资者情绪比较低（熊市）时，后市看跌，则加剧定向增发的负面影响。沈艺峰、杨晶和李培功（2013）在对网络舆论与定向增发实施结果之间的关系进行研究时，指出如果上市公司在定向增发公告后遭到网络舆论的反对，那么定向增发公告后的股票超额收益率就会显著为负。

从上述对国内外现存文献的梳理结果来看，上市公司进行定向增发的公告效应随着资本市场制度背景的不同、公告效应计算时所选时间区间的不同以及公告效应计算方法的不同而不同，研究结论也略有差异。国内外研究者在委托代理理论与信息不对称理论等的基础上对定向增发的公告效应给出了不同的解释,主要有监督假说和品质鉴证假说:①监督假说由 Wruck(1989)提出,他认为,上市公司向大股东进行定向增发后,大股东的所有权比例会有所增加,由于此时大股东的利益与公司的利益绑定更加紧密,因此,他们有更强的动力去监督管理者的行为。当机构投资者参与认购定向增发的股份时,由于引入了具有监督能力的积极投资者,上市公司受到来自外部的监督力度也会增强,从而可以减少委托代理成本。这些都可以向外部投资者传递一种积极信号,因此,定向增发会有比较积极的公告效应。②品质鉴证假说由 Alli 和 Thompson(1993)提出,他们认为,具有较多投资经验和专业知识的机构投资者参与认购定向增发股份可以被认为是对公司经营质量及其未来发展前景的认可,可以向外部投资者传递一种积极信号。Hertzel 和 Smith(1993)的研究也认为,定向增发规模与累积超额收益率具有显著的正相关关系,发行规模的增大预示着未来风险的增大,投资者对公司投资机会的甄别难度也会增大。此时,如果定向增发还能顺利实施,则说明股份认购者对上市公司的未来发展抱有很大的信心,这也可以向外部投资者传递一种积极信号。因此,定向增发会有比较积极的公告效应。

(2)定向增发的长期市场表现

国内外研究者对定向增发的长期市场表现也积累了很多的研究成果。Loughran 和 Ritter(1997)提出了新股发行之谜:与未发行新股的上市公司相比,首次发行新股(IPO)的上市公司在之后的五年内平均收益率为5%,而进行股票增发的上市公司,其增发后五年内的平均收益率为7%,无论首次发行新股还是增发新股,其平均收益率均要偏低。也就是说,进行股权融资公司的回报率要低于未进行股权融资公司的回报率。他们指出,在上市公司进行公开增发前,公司的经营业绩会有所上升,但在其进行股权再融资之后的五年内,长期收益率会下滑。这是由于管理层会择机发行新股,即投资者情绪高涨时进行新股的发行,因此,长期市场表现应该为负。市场择时假说在很多研究中也得到了证实,比如 Graham 和 Harvey(2001),Zou 和 Xiao(2006),Kim 和 Weisbach(2008),Bo、Huang 和 Wang(2011),以及董珊珊、杜威和张天西(2015)等。那么,按照这一推论,定向增发应该也会有类似的长期市场表现。Hertzel、Lemmon 和 Linck 等(2002)的研究验证了这一点,他们发现,上市公司在进行定向增发公告后,具有正向的超额收益率,但在定向增发后的三年内,其经营业绩却相对较差。因此,Hertzel、Lemmon 和 Linck 等(2002)认为,投资者对定向增发上市公司的发展前景过于乐观,因而长期市场表现会向上市公司的真实情况靠拢,这与 Kahneman 和 Tversky(1979)的投资者过度乐观假说相一致，即投资者倾向于以公司的长期绩效为代价，而过度看好公司的近期绩效。Baker和Wurgler（2000），Henderson、Jegadeesh和Weisbach（2006）也得出了类似的结论。Marciukaityte、Szewczyk和Varma（2005）的研究也认为，相对于定向增发的短期公告效应而言，定向增发后的两年或者更长的时间内，公司的股票价格会有所下跌。

  研究者们对定向增发后的长期市场表现进行了一定的解释，除了市场择时假说和投资者过度乐观假说之外，有些研究者还将定向增发后公司股票价格的走低归因于增发前公司进行向上盈余管理的反转。例如，Chen、Cheng和Cheng等（2010）对定向增发前的盈余管理、发行折价与增发后的公司业绩之间的关系进行了研究，发现上市公司在定向增发前往往会做出向上的盈余管理行为，这正是增发后公司长期股票价格走低的原因所在。

  我国研究者在定向增发长期市场表现方面的研究也取得了丰硕的成果。耿建新、吕跃金和邹小平（2011）考察了上市公司进行定向增发后的长期回报率和长期经营业绩，研究发现两者均呈现下滑态势。他们指出，长期回报率的下滑并非市场对定向增发公告时过度反应的修正，而是投资者对公司不确定性的投资机会过分乐观，在定向增发后对公司盈利能力失望的结果。何丽梅和蔡宁（2009）的研究结果却表明，融资的非理性和股权融资的偏好使定向增发上市公司的长期回报率出现了长期恶化的趋势，这在一定程度上反映了公司大股东的利益输送动机。田昆儒和王晓亮（2014）通过研究定向增发过程中上市公司的盈余管理行为与长期股票收益之间的关系，指出上市公司往往会在定向增发当年及其上一年进行盈余管理，这会导致上市公司长期股票收益的下降，与Chen、Cheng和Cheng等（2010）的研究结论一致。有些研究者的研究结论却相反。例如，邓路、王化成和李思飞（2011）的研究发现，上市公司在实施定向增发后的两年内总体上表现比较强势，与美国上市公司进行定向增发后长期业绩表现不佳的结论相反，这说明在我国的资本市场环境下，投资者对上市公司的定向增发公告反应不足。邹斌、章卫东和周冬华等（2011）的研究也发现，我国上市公司定向增发实施后的两年内，公司股东可以获得正向的长期超额收益。章卫东和赵安琪（2012）的研究也认为，由于我国的资本市场环境与公司治理结构与国外相比存在比较大的差异，因此我国上市公司定向增发新股后，股东的长期财富效应为正，并且关联股东参与认购定向增发股份所获得的财富效应要优于非关联股东，这与国外的研究结论存在很大的不同。

  定向增发有比较积极正向的公告效应，说明上市公司进行定向增发的决策可以向资本市场传递公司未来发展前景比较好的信号，因此，资本市场予以积极正向的反应。而对于上市公司实施定向增发后的长期市场表现，一方面，资本市场可能会对定向增发公告时的过度反应逐渐予以调整，使公司的股票价格逐渐回归真实价值，因此，会导致公司股票价格在定向增发后的几年之内有所下滑；另一方面，由于定向增发主要面向有限的投资者，那么，定向增发价格就直接决定着股份认购者所付出的成本，因此，很多上市公司在定向增发前会存在一定的盈余管理行为，而定向增发后公司股票价格的下滑很可能是资本市场对公司的盈余管理行为进行的惩罚。另外，研究者对定向增发后的长期市场表现的研究，时间跨度比较长，一般为两年左右，而在这个时间跨度内，公司的股票价格也可能会受到上市公司其他决策的影响。

2.3.2 国内外对市场反馈效应的研究

1. 国外学者对市场反馈效应的研究

市场反馈假说（The Market Feedback Hypothesis）由 Jegadeesh 和 Titman（1993）首次提出，他们认为，与公司内部人相比，外部投资者拥有更多的信息，上市公司会根据资本市场的反应来制定或者调整自己的投资决策。后来的很多研究者也指出，资本市场拥有优于公司本身或者其他机构的信息挖掘能力，并且具备强有力的信息处理能力，这种独特的信息处理能力会使资本市场在获得公司的相关公告信息后，生产出大量不为公司所有的新信息，并且将这些新信息反映在公司的股票价格中，传达给相关决策者（Dye 和 Sridhar，2002；Luo，2005；Kau，Linck 和 Rubin，2008；Aktas，de Bodt 和 Roll，2009，2011）。信息传递的这个过程即为市场反馈假说的精华所在。也就是说，传统观念认为，上市公司和资本市场之间的信息流是单向的，即上市公司发布公告，对决策的部分相关信息进行公开，与此同时，公司内部人会保留一些私人信息，资本市场在获得相关公开信息后会及时做出反应，即信息的传递方向是由公司内部人传到外部投资者。Dye 和 Sridhar（2000）的研究指出，上市公司和资本市场之间的信息流传递方向不仅只是由上市公司到资本市场，也可以是从资本市场返回到上市公司，而现存大部分文献都忽视了这一点。正如 Dye 和 Sridhar（2000）所描述的一样，传统观念忽视了资本市场对信息的处理和分析能力，当外部投资者获得公告的相关信息（如上市公司决定进行定向增发的决策、增发募集资金的预期规模及其用途和可行性分析报告等）后，资本市场会通过对公开信息的处理分析，产生除公司内部人拥有信息之外的信息。公司股票价格所包含的信息可以起到一定的公司治理作用，对公司内部人的决策具有一定的指导性与监督性，在一定程度上与公司的独立董事互为替代关系（Ferreira，Ferreira 和 Raposo，2011）。Yu（2011）以及 He、Li 和 Shen 等（2013）的研究也认为，公司股票价格的波动蕴含着很多信息，在一定程度上可以起到公司治理作用，但这种作用与资本市场的发达程度相关，在投资者保护比较强的国家和地区，这种公司治理作用会得到加强。

Foucault 和 Gehrig（2006）认为，由于交叉上市能够使上市公司从资本市场获得有关公司自身成长性更加准确的信息，因此，交叉上市公司的投资决策往往更加符合公司自身的成长性，有利于公司价值的提升。Bai、Philippon 和 Savov（2016）指出，股票价格对上市公司未来发展的 3~5 年具有预见性，并且对公司的投资决策有很强的指导性。市场反馈效应就存在于公司内部人做决策时向公司股票价格的学习（Durnev，Morck 和 Yeung，2004；Luo，2005；Chen，Goldstein 和 Jiang，2007；Goldstein 和 Guembel，2010）。Andres、Cumming 和 Karabiber 等（2014）的研究也指出，资本市场可以预见公司的决策，管理者会根据市场预期来调整公司的资本结构。Luo（2005）在对上市公司的并购行为进行研究时，将公司内部人接受市场反馈信息的行为称为"学习行为"，Luo（2005）的研究指出，管理者会通过改变其最初决策或者实施新决策等行为向资本市场学习。Kau、Linck 和 Rubin（2008），Aktas、de Bodt 和 Roll（2009，2011），Li、Gao 和 Sun（2015，2016）的研究都得出了类似的结论。

然而，Jennings 和 Mazzeo（1991）在研究上市公司并购公告的市场反馈信息与并购方案的实施结果时却发现，两者之间并不存在密切的关联关系。Jennings 和 Mazzeo（1991）将此现象归因于管理层等相关决策者的过度自信、以自身利益最大化为导向的自利行为以及管理层等公司内部人拥有的信息远远大于外部投资者所获得的信息等方面的原因。因此，资本市场在公司的主要决策中只能发挥有限的作用，Jennings 和 Mazzeo（1991）的观点在 Blanchard、Rhee 和 Summers（1993）的研究中也得到了验证。Luo（2005）以及 Edmans、Jayaraman 和 Schneemeier（2017）通过对公司投资决策的研究，也都认为管理者是否向资本市场学习，主要取决于他们所掌握的私人信息的多少，即资本市场是否掌握除管理层拥有信息之外的其他有用信息。Paul（2007）指出，在公司的并购决策中，公司内部人是否会接受市场的反馈信息取决于公司董事会的独立性：具有独立董事的上市公司倾向于取消市场反馈不佳的并购决策。而且，上市公司并购决策的质量还会受到管理层自身近期经历的影响（Kolasinski 和 Li，2013）。Foucault 和 Fresard（2014）的研究表明，上市公司的投资决策与市场反馈信息之间的关系还会受到同行业中其他公司股票价格的影响。Betton、Eckbo 和 Thompson 等（2014）的研究指出，上市公司进行并购公告后，被并购公司股票价格的提升会使得并购公司的并购成本有所增加，这是资本市场对并购交易的反馈信息。不仅在公司的投资决策，在公司其他的主要决策中，市场反馈信息也会对管理层的决策结果产生影响，比如上市公司的股票回购决策（Stephens 和 Weisbach，1998）、公开增发决策（Giammarino，Heinkel 和 Hollifield，2004）、股利政策（Cesari 和 Huang-Meier，2015）以及公司的产品生产计划（Sun，2017）等。

国外早期的一些研究表明，股票价格可以起到资本配置的作用，因为股票价格包含了对投资决策有用的信息（Leland，1992；Dow 和 Gorton，1997；Subrahmanyam 和 Titman，2001；Dow 和 Rahi，2003）。Goldstein 和 Guembel（2010）的研究却指出，股票价格的资本配置功能只能起到有限作用，股票价格传递给公司的反馈信息可以促使不知情的股票交易者抛售公司股票，引起股票价格的下跌。Edmans、Goldstein 和 Wei（2012）的研究结果表明，资本市场会通过并购交易的市场价格对管理层的自利行为施加公司被并购风险的惩戒。资本市场虽然会存在错误定价，但这种错误定价并不会影响公司管理层，尤其是大规模公司管理层的投资决策，相反，他们在做投资决策时会参考资本市场的反馈信息（Bakke 和 Whited，2010）。Bond、Goldstein 和 Prescott（2010）认为，资本市场所拥有的信息与公司内部人所拥有的信息具有互补性，当公司管理层根据市场的反馈信息对之前所做的决策进行调整时，公司的股票价格又会对管理层的这种调整行为及时做出反应。

2. 国内学者对市场反馈效应的研究

在对市场反馈效应的研究中，国内研究者们重点考察了西方理论成果在我国资本市场存在性的验证性工作。白彦壮和杜俊涛（2005）对我国 IPO 初始报酬率的变化趋势进行了实证考察，验证了市场反馈假说在我国资本市场的环境下是成立的。游家兴、张俊生和江伟（2007）对股票价格的信息含量随着我国制度变迁的时间变化轨迹进行了研究，结果表明，随着我国制度建设的不断完善，股票价格所反映出的公司的特质信息越来越丰富。邓可斌和丁重（2011）通过考察资本市场对企业技术创新投入的反馈效应，发现企业的创新投入能够在股票价格的波动中反映为公司的特质信息，研究结果证明了我国资本市场对企业创新投入的正面的信息反馈。正如 Beck、Levine 和 Loayza（2000）所认为的，一个发展程度良好的资本市场应该具备利用上市公司股票价格的信息传递功能进行资源配置的优化功能，而股票价格要发挥这种引导作用，就必须能够有效地反映公司层面的真实信息（袁知柱和鞠晓峰，2009）。

家族企业定向增发中的市场反馈效应研究

侯永建(2006)在国内最早分析了股票价格所包含的市场反馈信息对公司投资决策的引导作用,研究结果表明,股票价格的信息含量与公司的投资支出显著正相关。杨继伟和聂顺江(2010)的研究表明,股票价格信息含量的提高可以有效抑制上市公司的非效率投资。杨继伟(2011)从投资现金流敏感性的角度出发,对公司股票价格所传递的信息与公司投资效率之间的关系进行了研究,发现富含信息的股票价格能够影响公司的投资决策,进而可以有效降低代理冲突和融资约束所导致的投资现金流敏感度,这与杨继伟和聂顺江(2010)的研究结论保持一致。沈艺峰、杨晶和李培功(2013)在对网络舆论与定向增发实施结果之间的关系进行研究时指出,如果上市公司在定向增发公告后遭到网络舆论的反对,那么定向增发公告后的股票超额收益率就会显著为负,那么,定向增发预案通过相关部门审核的概率也会随之显著下降。于丽峰、唐涯和徐建国(2014)指出,市场反馈效应的存在应该具备以下两个条件:①外部投资者有能力和动力对私人信息进行搜集,并将其进行传递,通过交易将各种信息准确及时地反映在公司的股票价格之中;②公司相关决策者能够积极采用市场反馈信息以追求企业价值的最大化。他们的研究发现,自我国股权分置改革以来,A股市场股票价格所包含的信息对公司的投资-股价敏感性的影响显著为正,但上市公司所面临的融资约束会制约公司内部人对股票价格所包含的反馈信息做出反应。高伟伟、李婉丽和黄珍(2015)通过对定向增发中市场反馈信息与管理层最终定向增发决策之间关系的研究发现,管理层最终的定向增发决策会受到市场反馈信息的影响,但是家族参与企业管理可以弱化两者之间的关系。顾乃康和陈辉(2010)的研究却发现,股票价格信息含量的大小并不会对公司投资决策与股票价格之间的敏感性产生影响。他们对此现象给出了解释:外部投资者更多的是挖掘公司内部人已有但并未进行披露的私有信息,而不是公司内部人没有的私有信息,因此,公司管理层并不需要根据股价信息来进行投资决策。

与国外相关研究相比,我国学术界对市场反馈效应的研究起步比较晚。2005年开始的股权分置改革为市场反馈效应的形成和传递提供了良好的条件。股权分置改革之前,我国上市公司的股份中,流通股与非流通股并存,其中约占总股份2/3的国有股与法人股都无法在资本市场上自由流通。这种股权分置在一定程度上使得股票价格的形成机制变得扭曲,造成流通股与非流通股价值不一致,资本市场的定价效率低下,因此,市场反馈效应也会在一定程度上受到弱化。而且,由于持有的非流通股无法自由流通,公司大股东与外部中小股东之间的利益就会存在不一致,这种公司治理结构的缺陷也会在一定程度上抑制市场反馈效应的传递。股权分置改革之后,公司大股东与外部中小股东的利益趋于一致,因此,公司决策者有动力利用相关有用信息,包括市场反馈信息来优化决策;而且,股权分置改革以来,上市公司信息披露的监管程度也得到了加强,外部投资者搜集信息的动力和能力也有所提高,公司股票价格的信息效率也得以优化。因此,股权分置改革为市场反馈效应的实现和传递提供了制度前提。正如顾乃康和陈辉(2010)的研究结论所言,在股权分置改革以前,市场反馈效应在我国资本市场是不成立的。

2.3.3 国内外对家族企业的研究

企业的家族治理模式在国内外市场都比较普遍（La Porta, Lopez-de-Silanes 和 Shleifer, 1999; Claessens, Djankov 和 Lang, 2000; Burkart, Panunzi 和 Shleifer, 2003; 高伟伟、李婉丽和黄珍, 2015）。虽然家族企业由同一家族控制,但是其行为却备受争议。争议主要围绕家族企业是有效的组织形态还是会损害企业价值的文化规范的产物（Bertrand 和 Schoar, 2006）。理论与实证层面的争议使得国内外研究者试图通过对家族企业的不同衡量方式与其制度环境等因素来判断家族企业的组织有效性,但是依然众说纷纭。本部分从家族企业的定义出发,对国内外研究者关于家族企业行为的争议进行了梳理。

1. 家族企业的界定

家族企业（Family Business 或 Family Firm）是一种非常古老的组织形式,是世界范围内组织形式的最广泛存在（Astrachan 和 Shanker, 2003; Morck 和 Yeung, 2004; Bertrand 和 Schoar, 2006; Chen, Chen 和 Cheng, 2008; 陈凌和王昊, 2013; Jaskiewicz, Block 和 Combs 等, 2015）,同时也一直是国内外管理学和经济学研究者所关注的研究热点。但是,从家族企业的相关话题开始进入研究者的视野起,关于家族企业的研究就面临着一个一直存在的挑战:家族企业的界定标准问题。Lansberg、Perrow 和 Rogolsky（1988）于 1988 年《家族企业评论》（*Family Business Review*）期刊的创立伊始,就向广大研究者提出了家族企业应该如何进行定义的问题。Chrisman、Chua 和 Sharma（2005）也提出过呼吁,希望所有研究者都能够从家族企业共同的标准定义出发,然后根据不同特点和环境,对家族企业的类型再进行详细区分。但是,直至目前,关于家族企业定义的可以测量的权威标准仍然缺乏,国内外学术界对于一个企业应该达到怎样的标准才能算作家族企业仍是众说纷纭（Siebels 和 Knyphausen-Aufsesβ, 2012）。在国内外学术界中,各位研究者从不同视角出发,对家族企业不同方式的定义层出不穷,在实证研究中对家族企业的定义方法也是千差万别。国内外一些研究者根据家族成员在企业日常经营中的构成要素对家族企业进行了界定，比如家族所有者对公司的所有权比例达到多大份额，才可以算对公司拥有绝对的控制权。但是，这个所有权比例至今仍然没有一个明确的界定标准。在国内外现有的研究中，应用比较广泛的界定标准是 5%（Villalonga 和 Amit，2006；Anderson，Reeb 和 Zhao，2012；McGuire，Dow 和 Ibrahim，2012）、10%（La Porta，Lopez-de-Silanes 和 Shleifer，1999；Maury，2006；徐鹏和宁向东，2011；刘白璐和吕长江，2016）和 20%（La Porta，Lopez-de-Silanes 和 Shleifer，1999；Faccio 和 Lang，2002；King and Santor，2008）。

虽然关于家族企业的定义标准仍未达成共识，但是，有两类定义方法已经逐步在研究中占据主流地位：成分涉入法（The Components of Involvement Approach）和本质法（The Essence Approach）。这两类方法来自 Chrisman、Chua 和 Sharma（2005）对学术界中家族企业定义方法的归纳和分类。成分涉入法主要包括以下几个界定标准：家族对企业的所有权（Ownership）、企业的公司治理结构（Governance）、企业的内部管理（Management）以及企业的代际传承等（Transgenerational Succession）（Chua，Chrisman 和 Sharma，1999）。本质法的主要界定标准则包括：家族对企业整体战略方向的影响（Davis 和 Tagiuri，1989；Carney，2005）、家族对企业保持控制权的目的（Litz，1995；Mahto，Davis 和 Pearce 等，2010）、家族企业的行为特征（Chua，Chrisman 和 Sharma，1999）、由于家族涉入管理而为企业带来的独特协同资源以及对社会情感财富价值的保存等（Habbershon，Williams 和 MacMillan，2003）。这两种界定方法的区别在于其对家族企业判断的充分条件不同。成分涉入法认为，家族涉入企业管理是企业成为家族企业的充分条件；而本质法则认为，家族涉入企业管理仅仅是企业成为家族企业的必要条件，家族涉入管理而引发的企业能够区别于非家族企业的独特的行为特点才是企业成为家族企业的充分条件（Chrisman，Chua 和 Sharma，2005）。

成分涉入法在实证研究中居于主流地位。例如，Peng 和 Jiang（2010）认为，当家族是企业的最大股东，并且家族股东拥有企业至少 5%的控制权比例时，企业才能被认定为家族企业。Berrone、Cruz 和 Gómez-Mejía 等（2010）也把 5%的控制权阈值作为判断家族企业的界定标准。但是，以此为基础的研究产生了一个问题，即这样的操作性定义没有一个明确的阈值界定标准，研究者往往会根据自身的研究需要而主观地选定某个阈值以上的企业，将其确定为家族企业（Siebels 和 Knyphausen-Aufsesβ，2012）。而将家族对企业的战略具有影响、家族具有将控制权保留在家族内部的意愿等标准作为家族企业的判定标准的本质法也存在一些不足之处（Davis 和 Tagiuri，1989；Litz，1995；Kotlar，

Massis 和 Fang 等，2014），即家族企业所处的环境不仅会对家族企业产生影响，同时也会对非家族企业产生影响（Klein，2000；Astrachan，Klein 和 Smyrnios，2002）。如果不能在家族企业与非家族企业之间画出一条明确的界线，那么利用本质法对家族企业进行定义就缺乏说服力，值得怀疑（Sharma，2002）。Chrisman、Chua 和 Pearson 等（2012）发现，家族涉入企业管理会影响以家族为中心的企业的非经济目标，而家族本质则是两者之间的部分中介；而且，家族涉入与家族本质之间也存在一定的关联关系。因此，利用成分涉入法、本质法或两者结合的方法来判断家族企业的三种方式中，哪一种更加适合对家族企业进行定义仍然是悬而未决的问题。在近几年的研究中，有一些研究者认为，成分涉入法更加适合家族企业与非家族企业之间的区分，而本质法则更加适合对家族企业的类型进行详细的区分。

以上研究中对家族企业的定义，大部分都没有考虑对家族及其结构的定义。而在不同的文化和地区，家族的概念又尤为重要（Astrachan，Klein 和 Smyrnios，2002）。因此，近些年来，一些研究者开始抛开家族企业同质化实体的思路，把家族企业的异质性纳入研究范畴（Sharma，2008；Villalonga 和 Amit，2009）。Astrachan、Klein 和 Smyrnios（2002）基于家族企业区别于非家族企业的各个维度，提出用 F-PEC 量表法对家族企业进行定义。F-PEC 量表主要包括权力（Power）、经验（Experience）和文化（Culture）三个主要维度。权力维度又包括所有权、治理结构和管理层三个子维度；经验维度又包括继承人所有权、继承人参与管理的活跃度、继承人在董事会担任要职和对公司发展做出贡献的家族成员数量四个子维度；文化维度又包括家族价值与公司价值的重叠和家族企业组织承诺两个子维度。在后来的家族企业研究中，又有很多研究者沿用 F-PEC 量表法，并对其进行了完善，使得家族涉入对家族企业的影响有了比较系统的测度（Giovannini，2010；Zellweger，Eddleston 和 Kellermanns，2010；Kellermanns，Eddleston 和 Sarathy 等，2012；Mazzola，Sciascia 和 Kellermanns，2013）。

除了以上几种对家族企业定义的方法外，还有一些定义方法也具有一定的代表性。例如，家族愿景与企业战略的相关性以及家族关系及其行为对企业经营决策的影响（Hoffman，Hoelscher 和 Sorenson，2006；Danes，Stafford 和 Haynes 等，2009），是否存在家族成员被企业雇用的情况（Danes，Stafford 和 Haynes 等，2009；Cruz，Justo 和 Castro，2012），是否存在家族代际传承或者家族后代参与企业管理的情况（Kellermanns，Eddleston 和 Barnett 等，2008；Molly，Laveren 和 Deloof，2010），是否存在以家族为中心的决策目标（Niehm，Swinney 和 Miller，2008；Basco 和 Rodríguez，2011），家族成员之间的合作以及成员之间存在冲突时的应对措施（Danes，Stafford 和 Loy，2007；Sorenson，Goodpaster 和 Hedberg 等，2009），多个家族成员在企业管理层任职（Minichilli，Corbetta 和 Macmillan，2010；Miller 和 Le Breton-Miller，2011），以及企业是否仍然由创始人领导（Randøy，Dibrell 和 Craig，2009；Tsao，Chen 和 Lin 等，2009）等。

在我国，近几年来，随着家族企业的成长与发展，外部职业经理人已经开始逐步进入企业高层及中层管理职位（高伟伟，李婉丽和郭宏，2017）。因此，由于所有权与控制权的分离，家族对家族企业的控制又可以分为对管理经营权的控制、股权控制以及两者之间不同程度的组合等。因此，家族对企业的控制方式不同，家族企业的类型也会有所差异，比如家族所有权与管理经营权两权合一的家族企业[○]、家族拥有企业部分所有权与企业主要管理经营权的家族企业以及家族拥有企业部分所有权但是并不拥有企业主要经营权的家族企业[○]等。所以，从这个角度来讲，不管家族对企业的控制是通过股权控制还是血缘关系，都可以将其定义为家族企业。而国内很多研究也是遵循了这一定义原则，比如苏启林和朱文（2003），谷祺、邓德强和路倩（2006），马忠和吴翔宇（2007），许静静和吕长江（2011），赵宜一和吕长江（2015），高伟伟、李婉丽和黄珍（2015），以及魏春燕和陈磊（2015）等。

总体来讲，现有文献对家族企业的定义既复杂化又多样化。正如 Chua、Chrisman 和 Sharma（1999）认为的，在家族企业的相关研究中，不同研究者往往会根据其研究目的、研究对象、研究方法、现存可获取资料以及自身的研究兴趣，去选择家族企业的定义标准。例如，对企业内部治理结构感兴趣的研究者，往往会从家族所有权与控制权在家族成员内部分配的角度对家族企业进行定义（Fahed-Sreih 和 Djoundourian，2006）；对家族企业代际传承问题感兴趣的研究者，往往会从家族企业传承意愿以及对接班人选择的角度对家族企业进行定义（Marshall，Sorenson 和 Brigham 等，2006；Ruiz，Sessarego 和 Guzmansanza，2010）；而对家族企业内部权力分布感兴趣的研究者，往往会从企业的重大决策是否会受到担任管理高层的家族成员影响的角度对家族企业进行定义（Anderson 和 Reeb，2003；Molly，Laveren 和 Deloof，2010）。不过，大部分家族企业的研究者都认为，只要企业属于同一个家族所有并且家族部分成员涉入企业的日常管理经营，那么该企业就可以被认定为家族企业。本研究在对家族企业进行定义时也沿用了从企业控制权出发的经典视角。这一定义方法一方面与现有研究中有关企业控制权的思想脉络保持

○ 目前，我国大部分大中型非上市家族企业是以这样的形态进行经营的。
○ 例如，鲁冠球家族系企业和刘永好家系企业等。

第 2 章 理论基础与文献综述

一致,另一方面也符合我国的实际情况,即有大量的家族企业还处于私营非上市的阶段,仍然处于创始人掌管阶段。

2. 家族企业:有效的组织形态还是损害企业价值的存在?

企业主在对企业进行人力资本和物质资本的双重专有性投资后,往往采取家族治理模式参与企业的各项决策活动。但是,目前学术界对家族企业是否是有效的治理模式仍存在争议。

一派观点认为,家族治理模式会损害企业的价值,不利于企业的长期发展,是一种低效率的存在。Hamelin(2013)通过对法国中小企业的研究,发现家族所有不利于中小企业的成长发展。Chung(2013)也发现,家族成员在管理层任职的比例越大,即家族对控制权的涉入程度越深,企业集团的多元化经营越受到阻碍。Schepers、Voordeckers 和 Steijvers(2014)的研究发现,家族特有的社会情感财富会限制企业的创业导向对企业业绩的促进作用。支持家族企业是一种低效率组织形态观点的研究者认为,家族成员内部存在的以情感为基础的利他主义比较短视,会造成家族治理的低效运行(Schulze, Lubatkin 和 Dino 等,2001;Miller,Wiseman 和 Gómez-Mejía,2002)。例如,家族成员容易通过其组织身份而非其带来的企业绩效获取权力;在家族企业内部,由于才干和业绩等因素不再是评价管理层绩效的主要依据,这可能会导致非家族管理者的不满(Hamelin,2013),很难让他们对企业形成心理归属感;家族成员内部的利他主义会带来与企业绩效和决策效率冲突的无条件的爱与关心(王明琳和周生春,2006);家族成员内部难以制定客观公正的绩效评价标准和制度(Crane,1985)等。还有些研究者认为,由于家族成员也是理性经济人,个体之间的差异化使他们有各自的偏好(Chrisman,Chua 和 Litz,2004;Lubatkin,Schulze 和 Ling 等,2005),也在追求自身效用的最大化,因此,家族内部特有的利他主义容易被家族成员利用,增加成员内部的矛盾(Cucculelli 和 Micucci,2008;贺小刚,李婧和张远飞等,2016)。例如,Sorenson(1999)的研究发现,家族成员之间的内部冲突是家族企业比较突出的特征,会对其绩效产生比较大的负面影响。我国研究者王明琳和周生春(2009)也得出了类似的结论。总之,支持家族企业是一种低效率组织形态观点的研究者认为,家族成员在企业的各项战略决策和管理决策中,更多地表现出代理者的身份,他们是自利主义者,一定限度地阻碍了企业的成长发展。

另一派观点认为,企业的家族治理模式会促进企业绩效的提升。家族成员更多地以管家身份参与企业的各项决策,而家族参与企业管理会促进企业绩效的提升,与非家族企业相比，家族企业普遍具有更强的业绩优势（Anderson 和 Reeb，2003；Maury，2006；Villalonga 和 Amit，2006；Andres，2008），而且由于家族成员与企业的利益绑定更加紧密，他们不太可能存在盈余管理行为（Wang，2006；Ali，Chen 和 Radhakrishnan，2007）。基于柯布-道格拉斯（Cobb-Douglas）生产函数，Barbera 和 Moores（2013）认为，家族企业的资本产出贡献率要优于非家族企业，其多样化的产出可以促进企业生产效率的提升。总之，对家族治理模式可以提升企业效率观点持肯定态度的研究者认为，与非家族企业相比，企业的家族治理模式会减少股东与管理层之间的利益冲突（Jiang 和 Peng，2011；Cai，Luo 和 Wan，2012；Liu，Yang 和 Zhang，2012）。由于拥有企业较大的所有权，家族成员有强烈的动机对管理层的行为实施监督，比较容易发现管理层的机会主义行为（许静静和吕长江，2011）。而且，创始人家族一般都会将企业作为可传承资产的载体，向其后代传递企业的所有权和管理权，这也是家族企业区别于非家族企业的根本所在（Chua，Chrisman 和 Sharma，1999；何轩，宋丽红和朱沆等，2014）。因此，在实践中，家族成员持有企业较多股份的同时参与企业日常经营管理的现象非常普遍（连燕玲，贺小刚和张远飞，2011；Cheng，2014；Gao，Li 和 Huang，2017）。此时，家族成员的决策会更多地专注企业的长期价值（高伟伟，李婉丽和郭宏，2017；Ni，2020），管理层和股东的利益就会趋于一致，家族成员更多地表现出管家身份。

可以看出，理论层面的争议主要围绕家族企业是有效的组织形态还是会损害企业价值的文化规范的产物。但是，不同的制度环境和公司治理结构可能会对家族成员的行为产生影响。例如，在我国，大部分家族企业还很年轻，仍然处于第一代创始人掌管阶段（刘学方，王重鸣，唐宁玉等，2006；许静静和吕长江，2011；Cheng，2014），这就会使得家族成员在做决策时，更多地看重企业的长期发展。而当家族以较低的所有权实现对企业的绝对控制时，又可能会使家族成员以企业价值为代价实现家族利益的最大化，做出有损于中小股东利益的决策（Tsui，Jaggi 和 Gul，2001）。因此，单纯地认为家族成员是以简单的代理者还是管家身份参与企业管理都有所欠妥。在实践中，由于公司治理结构和管理模式的不同，在更多情况下，家族成员的行为有可能表现出两者的结合。

2.4 文献述评与启示

纵观国内外文献，大部分关于市场反馈效应的研究都集中于公司的投资决策，尤其是并购决策中,在其融资决策中鲜少涉及。正如 Luo(2005)所指出的,在公司的其他主要决策中,市场反馈效应也会存在。一些研究也确实证实了这一点,比如公司的股票回购决策(Stephens 和 Weisbach,1998)、公开增发决策(Giammarino,Heinkel 和 Hollifield,2004)、公司的股利政策(Cesari 和 Huang-Meier,2015)以及公司的产品生产计划(Sun,2017)等。自 2006 年证监会发布《上市公司证券发行管理办法》以来,由于门槛低、信息披露要求低等优势,定向增发已经成为受到越来越多上市公司追捧的一个再融资渠道。但是,从本研究的统计数据来看,2006—2015 年期间,有大约 32%的上市公司对公告的定向增发预案进行了主动撤销,而且在撤销定向增发预案的公司中,家族企业占了很大比重。Wu、Chua 和 Chrisman(2007)的研究指出,家族企业在进行再融资时,偏好通过定向增发来保持家族的绝对控制地位。图 2-5 给出了家族控股股东在定向增发过程中的利益空间。既然股份认购价格和控股股东的初始控制权比例是其进行利益选择的重要影响因素,且认购价格有很大的操作空间,那么家族企业撤销定向增发预案的原因就值得关注。从对目前关于家族企业文献的梳理来看,国内外关于家族参与企业管理对企业价值影响的研究尚未达成统一结论。因此,在我国特定的制度环境与实践背景下,对家族企业定向增发过程中市场反馈效应研究空白的填补就显得尤为重要。本研究发现以下几个有待探讨的研究问题。

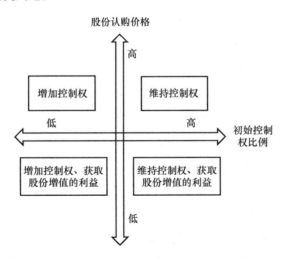

图 2-5 家族控股股东在定向增发过程中的利益空间

首先,家族企业定向增发过程中市场反馈效应的存在性。在股权比较分散的情况下,公司治理问题主要为经理人与股东之间的代理问题。董事会和外部经理人市场等机制可

家族企业定向增发中的市场反馈效应研究

以起到一定的公司治理功能,而当公司股权相对比较集中时,虽然大股东或者持股比例较大的机构投资者能够成为监督经理人的有效机制,但是由于其本身缺乏有效监督而带来的对中小股东利益的攫取行为,就成为公司治理面对的新问题。很多研究指出,定向增发可以为大股东的利益输送行为提供便利,比如高比例折价、高额分红派现、进行关联交易以及进行低效率投资等机会主义行为。法与金融理论提出,可以通过提高对投资者利益保护的法律水平来解决大股东与中小股东之间的利益冲突,但是,这无法解释经济转型国家出现的不完善的投资者法律保护与蓬勃发展的资本市场并存的现象。正如前文所述,定向增发受到上市公司的热情追捧,但是现实中仍然有很多上市公司撤销了定向增发预案,撤销原因就成为令人深思的问题。近几年来,越来越多的研究者提出,在经济转型国家,对投资者非正式的保护机制可以作为法律保护机制的一种补充。而且,有不少研究指出,不同于传统意义上的单向信息流观念,资本市场可以通过对已获取信息的分析,产生不被上市公司所拥有的新信息,并通过股价波动的方式传递给公司决策者,这个过程即为市场反馈效应。在定向增发过程中,资本市场扮演着上市公司外部治理机制的角色,与公司内部治理机制相互呼应,可以对管理层和大股东的行为形成重要的约束,尤其是在股权相对比较集中的上市公司中。由于我国大部分家族企业尚处于创始人掌管阶段,面临着代际传承问题,因此,对家族企业公司治理结构的关注就显得尤为重要。而定向增发的实施过程恰恰提供了这样一个平台。因此,本研究拟将上市公司的定向增发过程作为研究载体,对资本市场的反馈效应进行考察,进而分析企业的家族治理模式对市场反馈效应的影响。

其次,公司治理结构和定向增发特征对市场反馈效应的影响。在家族企业中,家族股东是有别于其他公司股东的特殊群体,他们被天然的亲情契约绑定在一起,但是由于所有权与控制权的配置效应,又存在"对外一致、对内差异"的特征。但是,对于家族企业到底是有效的组织形态还是一种会有损于企业价值的存在,国内外的研究尚未得出一致结论。在我国,由于投资者法律保护力度不够完善以及家族股东控制权与所有权的高度分离,现存研究普遍认为我国家族企业面临更为严重的第二代委托代理问题,而且股权的分配方式会对家族企业的代理问题及其融资倾向产生影响。而在定向增发过程中,家族企业内部人(包括控股股东和管理层)对待市场反馈信息的态度就可以在一定程度上反映出公司的治理效率。而且无论公司内部控股股东还是公司外部机构投资者,都可以认购定向增发的股份;并且定向增发既可意在为项目融资,也可意在为公司购买资产。定向增发过程中,不同的股份发行对象和增发目的使得公司内部人对待市场反馈信息的态度会存在一定的差异性。这就为研究市场反馈效应的影响因素提供了契机，也是本研究关注的另一个关键问题：家族企业治理结构和定向增发特征对增发过程中的市场反馈效应存在何种影响？以此来分析公司内部人在不同的情境之下所表现出的决策行为差异。

最后，定向增发过程中市场反馈信息的有效性。在考察了定向增发过程中市场反馈效应的存在性后，有必要对定向增发公告后市场反馈信息的有效性进行进一步分析。在实践中，公司内部人的机会主义行为普遍存在，其中在定向增发前，控股股东和管理层事先对上市公司的股票价格进行操纵便是其进行利益输送的有效手段之一。定向增发前上市公司对股票价格的操纵会对增发股份的发行价格产生很大影响，进而使中小股东的财富发生很大变化。另外，上市公司的财务决策一般会对公司业绩产生或大或小的影响，那么，定向增发实施后，公司的业绩也会产生一些波动。在市场有效的情况下，如果定向增发实施后，上市公司的长期业绩大幅度下滑，那么在定向增发公告后，资本市场应该可以通过公司股票价格的波动将此信号传递给定向增发的相关决策者。因此，在考察了定向增发过程中市场反馈效应的存在性后，本研究拟通过两个途径对定向增发过程中市场反馈信息的有效性进行验证分析：一个途径是在定向增发首次公告后，资本市场是否可以发现内部人在定向增发前的盈余操纵行为，即资本市场是否可以识别上市公司定向增发过程中的机会主义行为；另一个途径是定向增发公告后的市场反馈信息是否可以反映定向增发实施后公司业绩的变化，即资本市场是否对定向增发带来的经济后果具有预见作用。

2.5 本章小结

本章主要对家族企业研究的相关理论脉络及其文献研究、定向增发和市场反馈效应的国内外相关研究进行了回顾和整理，奠定了本研究所依据的理论和研究意义在现存文献研究全局中的位置。

首先，本章对定向增发的相关研究进行了梳理和回顾。股权分置改革以后，定向增发已经成为我国上市公司股权再融资的主要渠道之一，上市公司的定向增发行为也受到监管层与资本市场参与者的高度关注，学术界对定向增发过程中控股股东与管理层行为的关注也持续升温。纵观国内外相关研究，如图 2-6 所示，大部分研究者都是围绕定向增发的定价问题、定向增发是控股股东进行利益输送的工具还是对上市公司进行利益支持的渠道、定向增发的经济后果等几个方面来进行的。其中研究的核心问题归根结底是利益支持和利益输送问题，其他几个问题都是围绕该问题展开的。本章从定向增发的定价问题着手，对定向增发过程中控股股东行为的相关研究进行了梳理。在现存相关文献中，支持控股股东利益输送行为的研究比较多，对控股股东通过定向增发对上市公司进行支持的证据比较少，这可能与相关案例与样本数量不多有关。在对控股股东行为分析的基础上，本章对定向增发带来的经济后果，包括短期公告效应和长期效应的相关文献进行了回顾。

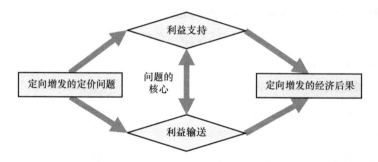

图 2-6　定向增发研究概述

其次，本章对市场反馈效应的相关研究进行了梳理。传统观念认为，上市公司和资本市场之间的信息流是单向的，即上市公司发布公告，对决策的部分相关信息进行公开，与此同时，公司内部人会保留一些私人信息，而资本市场在获得相关公开信息后会及时做出反应，即信息的传递方向是由公司内部人传到外部投资者。随着资本市场相关理论的不断丰富与发展，越来越多的研究者认为，资本市场拥有优于公司本身或者其他机构的信息挖掘能力，并且具备强有力的信息处理能力。这种独特的信息处理能力会使资本市场在获得公司的相关公告信息后，生产出大量不为公司所有的新信息，并且将这些新信息反映在公司的股票价格中，传达给相关决策者。信息传递的这个过程即为市场反馈假说的精华所在。也就是说，突破传统意义上的单向信息流观念，市场反馈效应从双向信息流的角度概括了信息的传递过程。

最后，本章对家族企业的相关研究进行了概括和梳理。在对家族企业含义进行界定的基础上，对家族参与企业管理带来的效用及其对企业价值的影响进行了分析和阐述。理论层面的争议主要围绕家族企业是有效的组织形态还是会损害企业价值的文化规范的产物。本章对相关文献的梳理为下文的分析提供了理论支持基础。

第 3 章
概念模型与研究假设

在上市公司定向增发的各个阶段,市场反馈效应是否存在?即定向增发不同阶段的决策者是否会普遍接受资本市场对定向增发预案的反馈信息?企业的家族治理模式又会对市场反馈效应产生何种影响?本部分通过构建概念模型并提出研究假设,进而从信息流双向性的角度探讨我国家族企业定向增发过程中市场反馈效应的存在性。首先,构建市场反馈效应存在性的概念模型,探索内部人的定向增发决策与市场反馈信息之间的关系,并在此基础上,引入公司治理结构变量和定向增发特征变量,对定向增发过程中市场反馈效应的影响进行探讨。其次,进行理论分析并提出研究假设,从委托代理理论、管家理论、资源基础理论和社会情感财富理论等家族企业研究的相关理论出发,考察家族参与企业管理对市场反馈效应的影响。

3.1 概念模型

市场反馈假说由 Jegadeesh 和 Titman(1993)首次提出,他们认为,外部投资者所掌握的信息要多于公司内部人所拥有的信息,公司决策者会根据资本市场的反馈信息来决定或者调整自己的决策。之后的一些研究者提出了市场反馈效应的理论模型,他们认为,资本市场通过对公司公开信息的处理分析,会产生不为内部人所知的私人信息,并且通过对公司股票的交易将其反映在股票价格之中。因此,股票价格包含了对公司决策有用的信息,能够对内部人的决策起到一定的引导作用(Dow 和 Gorton,1997;Subrahmanyam 和 Titman,2001;Dow 和 Rahi,2003)。市场反馈效应的提出对于研究资本市场在经济发展中所发挥的作用具有深远的影响,资本市场作为实体经济的影子,不仅可以反映实体经济的微观变化,而且可以通过资产的价格变化对实体经济中的资源配置进行有效的引导(Baker,Stein 和 Wurgler,2003)。

传统观念认为，上市公司和资本市场之间的信息流是单向的，即信息流是从上市公司传向外部资本市场的。上市公司在进行决策公告时，并不会将信息和盘托出，而是会对决策信息有所保留。也就是说，外部投资者所掌握的信息是内部人所掌握信息的子集。自 Dye 和 Sridhar（2002）指出上市公司和资本市场之间信息流的双向性后，越来越多的研究者将关注点转移到资本市场对上市公司决策的反馈信息上来。在定向增发过程中，资本市场获得上市公司公开的信息（比如募集资金的预期规模及用途和可行性报告等）后，会对其进行分析，生产出不为内部人所知的新信息。资本市场的反馈效应，即为公司决策者接受部分或者全部资本市场所掌握的特定信息。图 3-1 是定向增发过程中市场反馈效应存在性的概念模型。线路①、②和③分别表示定向增发公告后的市场反馈信息对股东大会表决结果、监管部门审核结果和管理层最终决策结果的影响。如果此三个阶段的决策结果均受到市场反馈信息的影响，则说明定向增发三个阶段的决策者都会接受资本市场的反馈信息，市场反馈效应是存在的。

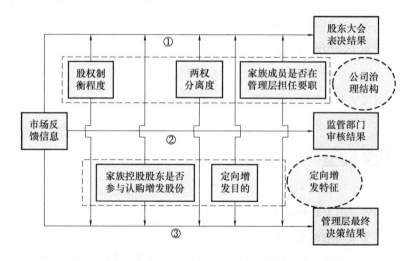

图 3-1　定向增发过程中市场反馈效应存在性的概念模型

本研究主要关注家族企业的定向增发行为，而目前国内外关于企业的家族治理模式对企业价值影响的研究尚未达成统一结论。正如 Jiang 和 Peng（2011）的研究所指出，家族所有对企业绩效的影响根据地区差异而表现不同。在不同的制度环境下，企业的治理结构也会有所差异，而影响家族行为的最重要因素就是公司治理结构。因此，在我国特定的制度环境与实践背景下，家族企业在定向增发过程中对待市场反馈信息的态度就能反映出家族的行为特征。而且，定向增发可以面向控股股东发行股份，也可以面向机构投资者发行股份,且定向增发具有项目融资和购买资产两种目的,不同的发行对象和不同的定向增发目的也可以对内部人对待市场反馈信息的态度产生一定影响。因此,本研究拟对家族企业治理结构和定向增发特征对市场反馈效应的影响进行考察,以分析家族企业相关决策者在面对不同情境时表现出的行为差异。图 3-1 的概念模型反映了公司治理结构和定向增发特征对家族企业定向增发过程中市场反馈效应的影响。

3.2 理论分析与研究假设

3.2.1 市场反馈效应的存在性假设

由国内外学术界对家族企业的研究现状可以看出,关于家族参与企业管理是否有利于企业业绩的提升基本上可以分为两个阵营。一派观点认为,家族企业是一种低效率的存在,家族参与企业管理会引发更为严重的委托代理问题,尤其是家族控股股东与外部中小股东之间的代理问题,即第二类委托代理问题。家族企业的所有权过度集中以及家族成员同时担任管理层要职的两权合一现象增加了公司管理者的"自我控制"风险,会给家族与企业带来一定的损失。而且,企业的家族治理模式容易导致经理人市场失灵,从而引发家族控股股东与外部中小股东之间更大的利益冲突(Burkart,Panunzi 和 Shleifer,2003),尤其是在投资者保护比较薄弱的新兴市场(Faccio,Lang 和 Young,2001;Bertrand,Mehta 和 Mullainathan,2002)。另一派观点则从管家理论的角度出发,认为由于企业是由家族创立而来的,家族成员对自身尊严、信仰以及工作满足的追求,会使他们更加努力地工作,所做决策也会从企业价值最大化的角度出发,因此,家族参与企业管理会减少家族控股股东与管理者之间的利益冲突,家族企业的业绩要普遍优于非家族企业(Anderson 和 Reeb,2003;Maury,2006;Villalonga 和 Amit,2006;Andres,2008)。而且,由于家族成员与企业的利益绑定更加紧密,管理层存在盈余管理行为的可能性也比较小(Wang,2006;Ali,Chen 和 Radhakrishnan,2007),此时,受到家族成员的监督,不管是管理者还是控股股东,都表现出更强的管家身份。

Cronqvist 和 Nilsson(2005)的研究发现,家族企业出于不稀释家族的控制权利益或者避免遭受更加严格的监管的目的,往往会选择通过定向增发进行再融资,定向增发的过程恰恰体现了家族控股股东的利益诉求。本部分的研究假设旨在确认定向增发过程中我国家族企业内部人的行为,并且进一步揭示定向增发过程中市场反馈效应的存在性。

家族企业定向增发中的市场反馈效应研究

也就是说,本部分主要回答两个问题:①家族参与企业管理究竟会提升公司内部人接受市场反馈信息的概率,还是会降低公司内部人接受市场反馈信息的概率?②从监管层的角度出发,企业的产权性质会对市场反馈信息与其核准结果之间的关系产生何种影响?

1. 市场反馈信息与公司内部人决策

根据有效市场假说(The Efficient Market Hypothesis,EMH),资本市场对信息的处理能力要优于任何机构或者个人(Luo,2005)。由于拥有强有力的信息处理能力,外部投资者在获得上市公司决策的相关公告信息后,会对所获得的信息进行分析处理,从而生产出大量新信息,并且将这些新信息反映在公司的股票价格中,传达给公司的相关决策者(Dye 和 Sridhar,2002;Luo,2005;Kau,Linck 和 Rubin,2008;Aktas,de Bodt 和 Roll,2009,2011)。公司决策者进而会通过改变最初决策或者实施新决策等行为,接受资本市场所传递的全部或者部分反馈信息(Dye 和 Sridhar,2002;Luo,2005)。Durnev、Morck 和 Yeung(2004)以及 Luo(2005)将公司管理层接受全部或者部分市场反馈信息的行为定义为"学习行为"。Chen、Goldstein 和 Jiang(2007),Goldstein 和 Guembel(2010),以及 Li、Gao 和 Sun(2015)的研究也认为,市场反馈效应存在于公司内部人做决策时向公司股票价格的学习中。基于对管理层主要决策与市场反馈信息之间关系的研究,Jennings 和 Mazzeo(1991)指出,公司管理者是否接受市场的反馈信息,主要取决于其掌握的私人信息的多少。管理层等公司内部人在进行决策公告时,并不会将信息和盘托出,而是会保留部分私人信息,这部分私人信息就决定了市场反馈信息对于内部人而言的有效性。Luo(2005)以及 Edmans、Jayaraman 和 Schneemeier(2017)的研究也表达了类似的观点。

作为民营企业的代表,家族企业受到国内外研究者的广泛关注。首先,国外很多研究表明,与非家族企业相比,家族企业拥有更多的不透明信息(Faccio,Lang 和 Young,2001;Anderson,Duru 和 Reeb,2009),尤其是在投资者保护比较薄弱的新兴市场(Bertrand,Mehta 和 Mullainathan,2002)。因此,由于拥有很多的私人信息,家族企业的内部人(包括家族控股股东与管理者)可能会选择忽视市场的反馈信息,按照私人收益最大化的目标来决定最终是否实施定向增发,并且家族控股股东可能会通过定向增发来实现其控制权私人收益,从而不利于公司价值的提升,最终导致中小股东的利益受到损害(Villalonga 和 Amit,2006;King 和 Santor,2008)。因此,从这个角度来讲,家族参与企业管理很可能会降低内部人接受市场反馈信息的概率。其次,近几年来,我国经济的快速发展，给很多企业带来了很大的发展空间，但同时，对企业尤其是中小企业的资金供应能力也带来了很大的挑战。由于企业性质的不同以及信息不对称的存在，与国有企业相比，民营中小企业获得政府提供的财政性便利比较少（Cheng，2014），获得银行贷款的难度也相对比较大（Berger 和 Udell，2002；Chakraborty 和 Hu，2006；Uchida 和 Udell，2012）。由于会计报表不够规范、缺乏抵押品等原因，这些中小企业往往会被认为风险较大、收益较低，因此，多年来一直被融资问题所困扰（朱武祥和魏炜，2009）。2006年，证监会发布《上市公司证券发行管理办法》，并未对进行定向增发申请公司的盈利能力和公司规模提出特殊的要求，定向增发首次在法律法规上得到正式认可，这就为中小企业的融资活动提供了很大的便利。然而，家族企业一般由一个家族或者数个具有密切关系的家族所控制，他们一般具有较强的控制权倾向和风险规避倾向，这就可能导致定向增发成为家族控股股东攫取外部中小股东利益的工具（Cronqvist 和 Nilsson，2005）。也就是说，从第二类代理问题的角度出发，定向增发很可能成为家族控股股东用来增强其对家族企业控制权的工具。因此，从此方面讲，家族参与企业管理会降低公司内部人接受市场反馈信息的概率。

虽然很多研究指出，家族参与企业管理带来的业绩要次于非家族企业（Xu，Yuan 和 Jiang 等，2015），但是，这些研究普遍将家族企业业绩较差的原因归咎于家族成员缺乏专业的管理知识（Bennedsen，Nielsen 和 Perez-Gonzalez 等，2007）以及企业接班人之间的权力竞争（Bertrand，Johnson 和 Samphantharak 等，2008）等。而且，这些研究都是基于国外的家族企业状况，我国的文化与经济环境使得家族企业的经营状况异于国外。首先，与西方国家家族第二代掌管企业的普遍状况相比，我国大部分家族企业仍然处于创始人掌管阶段（Cheng，2014），尚且不存在家族成员接班人之间的恶性权力竞争。即使部分家族企业创始人已经将企业交由家族第二代管理，但是由于我国过去一段时期鼓励"独生子女"的政策，家族成员之间的恶性竞争仍比较稀少（Cao，Cumming 和 Wang，2015；Xu，Yuan 和 Jiang 等，2015），并且家族接班人受到的定向培养更多，对公司经营等专业知识的掌握能力会更强。而且，根据管家理论，由于创始人会更加倾向于关注企业的长期发展和公司价值的提升（Gao，Li 和 Huang，2017），家族企业的业绩要普遍优于非家族企业（Anderson 和 Reeb，2003；Villalonga 和 Amit，2006）。由于定向增发首次公告的市场反馈信息可以反映外部投资者对待公司定向增发决策的态度，公司股票价格的波动关乎公司价值的变化。因此，从管家理论的角度出发，家族参与企业管理会提升公司内部人接受市场反馈信息的概率。

据此，提出本研究的第一组竞争性假设 H1，包括假设 H1a 和 H1b。

H1a：与非家族企业相比，家族参与企业管理会降低公司内部人（包括控股股东与管理层）接受市场反馈信息的概率。

H1b：与非家族企业相比，家族参与企业管理会提升公司内部人（包括控股股东与管理层）接受市场反馈信息的概率。

2．市场反馈信息与监管部门核准决策

我国的证券发行实行核准制度，证券发行人必须符合证监会制定的发行条件，并且严格按照监管规定进行相关信息的披露，最后经证券监管部门核准之后才可以进行证券的发行。在核准制度下，上市公司进行定向增发需要经历以下几个主要步骤：首先，上市公司召开董事会，对定向增发的预案进行表决；其次，上市公司召开股东大会，对定向增发的预案进行投票表决；最后，上市公司将定向增发方案及其他相关材料提交证监会审核，进行定向增发申请。经历一系列严格的程序审批后，只有通过证监会的审核批准，上市公司才得以实施定向增发方案。根据万得（WIND）金融资讯数据库的统计，上市公司的定向增发预案经股东大会表决通过后，获得证监会发行审核委员会核准结果的时间最快为 30 天，最慢则长达 473 天；而上市公司从发布定向增发预案到获得证监会的审核意见平均历时 240 天左右。由于定向增发预案公告后，外部投资者首次可以通过公开渠道获得公司定向增发的相关信息，因此，定向增发预案公告后的市场反馈信息更能代表外部投资者对待公司定向增发决策的态度。由于定向增发预案公告的刺激，公司的股票价格会随之波动，可能会使定向增发的机会窗口发生变化，也就是说，资本市场对定向增发预案公告的反馈信息有可能影响定向增发的相关决策者。

一方面，监管部门在核准上市公司的定向增发申请时，会着眼于整体的资本市场环境，会根据资本市场的环境及其承受能力等因素择时审批上市公司的定向增发申请，以控制定向增发的整体节奏与发行规模，因此，市场反馈信息会对监管部门的核准结果产生一定的影响。例如，在监管较为严格的时期，定向增发的审批速度会受到影响，导致上市公司在审批有效期内完成定向增发预案的可能性降低，从而提高了定向增发预案终止的可能性（Cao，Xia 和 Wang，2013）。另一方面，在我国的制度环境下，政府的行政导向比较明显，资本市场长期存在对上市公司股权再融资行为的监管，除了由发行定价所引起的公司的盈余管理行为外，上市公司还面临着信息披露、发行时机和发行节奏等方面的管制。《管理办法》规定，上市公司进行定向增发时，发行价格不得低于定价基准日前20个交易日公司股票交易均价的90%。因此，定价基准日的选择就成为决定定向增发价格的关键。根据《实施细则》，定向增发的定价基准日可以为以下三个时点的任意一个：董事会决议公告日、股东大会决议公告日和发行期首日。这就使得定向增发定价基准日的选择存在很大的弹性，为控股股东进行定向增发的时机选择与价格操控提供了客观条件（李翠仿、王钰和史淋，2014）。另外，若上市公司有意对控股股东进行定向增发，但是定向增发方案尚不成熟甚至定向增发方案尚未完全确定，而此时上市公司的股票价格又处于比较低的水平，那么，上市公司就可以以存在不确定性重大事项为理由向证监会申请临时停牌，从而获得缓冲时间，在停牌期间制定定向增发方案的相关细节，这样就能锁定比较低的定向增发价格，从而实现控股股东以较低的成本认购公司股份的目的，这也是定向增发时机选择的另一表现。也就是说，在我国现有监管制度与法律保护相对落后的背景下，定向增发在理论上可以为控股股东提供通过支付较低对价以达到稀释中小股东股权而最终实现利益输送的便利和途径。

吴育辉、魏志华和吴世农（2013）的研究发现，公司大股东通过定向增发前的长期停牌操控，可以获得较低的定向增发价格，从而可以以较高的折价率认购公司的定向增发股份，证实了定向增发中的时机选择、停牌操控与控股股东掏空行为之间的关系。Huang、Uchida和Zha（2016）的研究也证实了股票定向增发过程中，上市公司的时机选择行为。根据文献，资本市场具有信息挖掘功能，能对上市公司的盈余操纵行为进行一定程度的识别，引起公司股票价格的大幅波动。沈艺峰、杨晶和李培功（2013）认为，网络舆论可以引起股票价格的波动，进而可能作为外部的监督机制对定向增发通过审核的可能性产生影响。李培功和沈艺峰（2010），Dyck、Morse和Zingales（2010），以及杨德明和赵璨（2012）的研究也表明，外部媒体是通过股票价格的波动来发挥监督作用与公司治理作用的，进而可以引起监管层和相关行政机关的注意。因此，一旦定向增发的某些问题引起监管层的注意，就可能直接导致定向增发申请不予核准。

目前，我国大部分家族企业还很年轻，仍然处于第一代创始人掌管阶段（许静静和吕长江，2011；Cheng，2014）。家族成员持有企业较多股份的同时参与企业日常经营管理的现象非常普遍（连燕玲，贺小刚和张远飞，2011；Gao，Li和Huang，2017）。而且，基于管家理论，创始人家族一般都会把家族企业看作是可以代代相传的资产，向其后代传递企业的所有权和管理权（Chua，Chrisman和Sharma，1999；何轩，宋丽红和朱沆等，2014），而非可以在其有生之年进行不断消费的财产，此时，其决策会更加专注于企业的长期价值（高伟伟，李婉丽和郭宏，2017）。因此，从这个角度来讲，与非家族企业相比，家族企业可能拥有更高的决策效率。另外，2010年，全国政协第十一届三次会议强调，要鼓励民营企业承担社会责任的积极性，以帮助政府解决就业。而且，基于资源基础理论，民营企业也愿意积极主动地承担政策性负担来达到积累社会资本的目的（张建君和张志学，2005），这些企业会积极地与政府保持良好关系，以获得良好的保护机制（保护财产权与吸引资本进入等）（陈凌和王昊，2013）。因此，从这方面来讲，企业的家族治理模式可能有助于监管层对其企业价值的保护：在市场反馈态度比较乐观时，定向增发申请容易获得核准；而在市场反馈比较消极时，定向增发申请容易被否决。

据此，提出本研究的第二个假设H2。

H2：与非家族企业相比，家族参与企业管理会提升监管部门接受市场反馈信息的概率。

3.2.2 公司治理结构对市场反馈效应的影响假设

在股权相对分散的情况下，公司治理的问题主要为存在于公司股东与经理人之间的委托代理矛盾，董事会、股东大会和外部经理人市场等可以成为监督经理人行为的较为有效的治理机制；而在股权相对集中的情况下，尤其是在公司大股东"一股独大"的现象尤为明显时，持股比例比较高的机构投资者就可以成为监督大股东或者经理人行为的有效机制。然而，在法律制度不是很健全，尤其是在法律执行效率不高的情况下，公司控股股东的利益输送行为就会缺乏相应的制约和监督。当公司控股股东与其他股东的利益分歧比较大时，控股股东就容易利用自身的权力谋取私利。国内外的很多研究都表明，上市公司控股股东存在通过关联交易来转移公司利润（王志强，张玮婷和林丽芳，2010）、发行股份以稀释中小股东的股权（Shleifer和Vishny，1997）以及定向增发股份发行后立即进行高额分红派现等行为（朱红军，何贤杰和陈信元，2008），以实现对中小股东利益的侵占。

因此，在于定向增发过程中，公司控股股东对待市场反馈信息的态度是否会因为控股股东对企业控制权与所有权的分离程度而有所不同呢？Anderson和Reeb（2003）指出，在家族企业中，当家族控股股东所持有的股份所有权超过30%时，家族参与企业管理所带来的益处就会逐渐降低。家族企业只是在控股股东的某个股份所有权区间内，经营业绩优于非家族企业（Maury，2006）。当家族控股股东的控制权比例较低时，企业业绩会随着其控制权比例的增加而增加；而当家族控股股东的控制权比例较高时，企业业绩反而会随着其控制权比例的增加而降低（Yeh，Lee和Woidtke，2001；Maury，2006）。控制权与现金流权的分离为公司控股股东侵占中小股东的利益提供了动机（Bozec和

Laurin，2008）。当家族控股股东通过金字塔结构等间接方式对企业实现控制时，即当控股股东以很低的所有权享有对企业的绝对控制时，其对中小股东进行利益侵占的收益要远远大于其所付出的成本，这种收益与成本的严重不匹配为其"掏空"上市公司、侵占中小股东的利益提供了动机。此时，迫于家族控股股东的控制权压力，管理层可能会以整个家族利益的最大化为决策导向，很可能做出不利于外部中小股东利益的决策（Claessens，Djankov 和 Fan 等，2002；Villalonga 和 Amit，2006；Anderson，Reeb 和 Zhao，2012）。当控股股东对公司的控制权与所有权比例都比较高时，由于此时控股股东的利益侵占成本也会相应提高，他们不太可能做出侵占中小股东利益的行为。因此，当家族控股股东以较低的所有权比例对公司享有绝对控制地位时，家族参与企业管理可能会使管理层做出不利于企业价值的决策，从而会损害中小股东的利益。

在定向增发过程中，当管理层代表上市公司所有股东的利益时，其决策会真正从公司利益出发，会理所当然地制定公平的定向增发价格；但是，当管理层只代表上市公司部分股东的利益，并且这些股东参与购买定向增发的股份时，其决策就很难顾及中小股东的利益，因此，其定向增发价格的制定就会有失公平。很多研究指出，定向增发为控股股东的"掏空"行为提供了便利。首先，根据信息不对称理论，作为公司内部人，控股股东更加了解公司所处的现行状态和未来可能出现的状态，而且由于处于"一股独大"的地位，其对定向增发时机的掌握和控制也会更加有效。其次，根据委托代理理论，控股股东对上市公司的控制权与所有权分离程度越大，说明控股股东与中小股东的目标分歧越大，利益分离程度也越大，因此，公司控股股东的机会主义行为会越加严重，越有动机侵占中小股东的利益，以达到提高自身效用的目的。所以，如果上市公司的价值被低估，控股股东就越有动机按照现行股票价格或者更低的股票价格对自己进行定向增发。也就是说，控股股东会在低价购买定向增发股份所获得的收益与作为公司原股东所承受的成本之间进行衡量，当收益与成本的差额越大时，控股股东通过定向增发实现利益由中小股东到其自身的转移动机就越强烈。而且，家族企业中特有的金字塔股权结构加大了控股股东进行利益侵占的隐蔽性（陈红和杨凌霄，2012）。也就是说，当家族企业的两权分离度比较大时，管理层和控股股东接受市场反馈信息的概率就会降低。

据此，提出本研究的第三个假设 H3。

H3：家族企业内部人（包括控股股东与管理层）接受市场反馈信息的概率会随着家族控股股东控制权与所有权分离程度的提高而降低。

有关公司控股股东与外部中小股东之间代理冲突的研究表明，公司的股权制衡对控股股东的利益侵占行为可以起到一定的抑制作用,也就是说,公司控股股东的"掏空"行为会受到股权制衡结构的制约。Maury 和 Pajuste(2005)认为,多个大股东的制衡机制在公司治理中可以起到非常重要的作用,大股东之间的控制权竞争可以在一定程度上减弱控股股东对中小股东利益的剥夺。运用中国上市公司的关联担保数据,Berkman、Cole 和 Fu(2009)发现私人非控股大股东所有权越高的上市公司,其控股股东进行利益侵占的可能性就越低。他们认为,上市公司的私人非控股大股东对控股股东具有强烈的监督动机,从而实现了保护中小股东利益的目的。Jiang 和 Peng(2011)与 Luo、Wan 和 Cai(2012)都指出,股权制衡作为公司治理特征的衡量指标,可以代表公司的非控股大股东,尤其是拥有相当股份数量的机构投资者对控股股东的制约程度,这一制衡机制可以弱化公司控股股东的控制实力,有利于公司业绩的提升,尤其是在投资者保护比较薄弱的国家和地区。在家族企业中,由于非家族大股东一般是持有较多股份并且具有一定专业知识的机构投资者,他们有能力和动力对家族控股股东与管理层进行监督(Cai,Luo 和 Wan,2012;Gao,Li 和 Huang,2017)。在国内相关研究中,李增泉、孙铮和王志伟(2004)从资金占用的角度,刘星和刘伟(2007)从公司价值的角度,罗进辉、万迪昉和蔡地(2008)从投资效率的角度,刘白兰和邹建华(2009)从关联交易的角度,对此类问题展开了分析论述。因此,在我国资本市场,从上市公司非控股大股东的角度出发,如果他们视控股股东的特定行为为利益输送,那么,公司的股权制衡机制就可以对控股股东的利益输送行为起到一定程度的监督与制约作用。

从上市公司进行定向增发的角度来看,如果定向增发引入新的股东,带来的直接后果就是公司原有股东的股份所有权会被稀释,然而,定向增发为巩固控股股东的控制权提供了便利。从公司治理的角度来看,上市公司相对集中的股权能够起到对公司管理层的监督作用,防止管理层违背股东意愿,做出有损股东利益的行为。但是,过度集中的股权会导致第二类代理问题,即公司控股股东与外部中小股东之间的代理问题。定向增发对象不得多于 10 名,这一规定实际上就意味着不平等,限制了外部投资者平等购买公司股票的机会,在无形之中给外部中小投资者设置了屏障,导致其在公司治理中并不能发挥作用,只能采取"用脚投票"的形式,并不能从实质上对控股股东的行为形成有效的监督,更不能影响公司管理者的经营行为。但是,与外部中小股东不同,公司非控股大股东对控股股东存在一定的股权制衡作用。非控股大股东具有很强的信息优势,能够有效缓解公司内部和外部的信息不对称程度,对控股股东的利益输送行为形成有效的监督,同时可以在一定程度上减少管理层的自利行为,从而在客观上形成对中小股东利益的保护。田昆儒和王晓亮（2013）指出，上市公司进行定向增发后，股权制衡程度会显著增强。因此，股权制衡在定向增发的整个过程以及定向增发股份发行之后，都会对公司控股股东的行为产生一定的制约作用。从这个角度来讲，当上市公司的股权制衡程度比较大时，控股股东和管理层接受市场反馈信息的积极性就会提升。

据此，提出本研究的第四个假设 H4。

H4：家族企业内部人（包括控股股东与管理层）接受市场反馈信息的概率会随着非控股股东股权制衡程度的增加而提升。

是否在上市公司管理层中担任要职（董事长或者总经理）会对控股股东对上市公司的实质性控制能力产生影响。一方面，控股股东直接在上市公司担任董事长或者总经理，可以为其了解企业的日常经营、财务状况以及决策情况提供很大的便利，从而有效降低由于信息不对称而引发的道德风险与逆向选择问题。控股股东与管理层利益高度一致，可以极大地减少家族企业中控股股东与管理层之间的委托代理问题。而且，很多家族上市公司的控股股东就是其创始人，他们的技能和经验往往是外部职业经理人所不具备的，这对于公司的技术创新和公司价值的增加具有重要意义。进一步讲，创始人家族一般都会把家族企业看作是可以代代相传的资产，而非可以在其有生之年进行不断消费的财产（James，1999）。因此，对家族上市公司而言，当控股股东作为家族财富的传承者，在上市公司管理层担任要职时，会更加关注其行为对于家族声誉乃至企业声誉可能产生的影响（陈德球，杨佳欣和董志勇，2013；陈建林，2013）。在此种情况下，高管代表整个家族的利益，其经济利益主要体现为家族财富的最大化，因此，其决策会更多地以企业发展为出发点，更加专注企业的长期价值，此时，高管利益与股东利益趋于一致，代理成本比较低。由于市场反馈信息直接关系公司市场价值的变化，所以管理者更多地以理性眼光看待定向增发公告发布后股票价格的波动，从理性视角进行融资决策。因此，当家族控股股东在上市公司担任要职时，控股股东和管理层接受市场反馈信息的积极性就会提升。

但是，从另一方面讲，对企业的绝对控制有可能引发控股股东对其他股东的利益侵占行为。Tsui、Jaggi 和 Gul（2001）指出，上市公司董事长兼任 CEO 会降低内部监管的有效性，从而使得内部控制风险增加。由于缺乏有效监督，控股股东很可能采取转移上市公司资产等方式，谋取控制权私利，进而侵占中小股东的利益。Ali、Chen 和 Radhakrishnan（2007）的研究发现，当家族成员在上市公司担任要职时，会更加有能力通过从事某些有利于家族集团的关联交易等行为，对非控股股东的利益进行侵占。因此，在自利动机的驱使下，家族成员在上市公司管理层担任要职时，他们就会有强烈的动机控制管理层的决策,做出有损企业价值的行为,从这个方面讲,家族成员在上市公司担任要职会降低内部人接受市场反馈信息的概率。另外,家族企业一般由一个家族或者数个具有密切关系的家族所控制,他们具有较强的控制权倾向和风险规避倾向,这可能会导致定向增发成为控股股东攫取中小股东利益的工具(Cronqvist 和 Nilsson,2005)。因为根据社会情感财富理论,对社会情感财富的追求以及对企业财务利益的获取是家族企业生存的两个重要目标,它们共同构成了家族企业完整的目标体系。但是,当两个目标存在冲突时,家族企业往往更加注重保护社会情感财富不受损害(Berrone,Cruz 和 Gomez-Mejia,2012),即使这种行为有可能会对企业财务目标的实现产生不利影响。而定向增发往往面向有限的投资者,这恰恰可以帮助家族控股股东实现将企业控制权保留在家族内部的目标。因此,从这个方面来讲,家族成员在上市公司管理层担任要职时,内部人接受市场反馈信息的概率会有所降低。

据此,提出本研究的另一组竞争性假设 H5。

H5a:家族成员在上市公司担任要职会提升家族企业内部人(包括控股股东与管理层)接受市场反馈信息的概率。

H5b:家族成员在上市公司担任要职会降低家族企业内部人(包括控股股东与管理层)接受市场反馈信息的概率。

3.2.3 定向增发特征对市场反馈效应的影响假设

在我国,定向增发的对象大致可以分为三种类型:增发对象为控股股东或者其关联方,增发对象为控股股东或者其关联方和机构投资者,增发对象为机构投资者。上市公司的中小股东一般不会参与认购定向增发的股份。因此,股份认购者的身份不同,定向增发的内涵和实质也存在很大的不同。控股股东拥有公司的控制权,对上市公司的决策具有很大影响力,他们可以通过影响管理层的决策来实现自己的决策。图 3-2 描述了定向增发决策是如何体现控股股东意愿的。当公司控股股东参与认购定向增发股份时,其行为就成为学术界的主要关注点。

一方面,上市公司控股股东很可能会利用定向增发进行利益输送。Wu(2004)对定向增发对象的性质进行了研究,发现当公司管理层参与认购定向增发股份时,定向增发的折价幅度远远大于其不参与认购时的折价幅度,并且折价的幅度随着其持股比例的降低而增大,说明公司管理层存在一定程度的自利行为。当控股股东对公司的经营决策具有很大的影响力时,管理层可能会以控股股东利益的最大化而非公司价值的最大化为决策导向（Woidtke，2002），说明管理层有可能会与控股股东合谋，做出有损于公司中小股东利益的行为。在我国资本市场环境下，由于定向增发仅仅面向有限的投资者，股份的低价发行会对中小股东的利益造成一定程度的损害，而控股股东参与认购时的发行折价率往往要显著高于机构投资者参与认购时的发行折价率，这被认为是控股股东进行利益输送的渠道之一（郑琦，2008；徐寿福和徐龙炳，2011；王俊飚，刘明和王志诚，2012）。Baek、Kang和Lee（2006）也认为，在定向增发过程中，控股股东会利用金字塔式持股结构向自身进行利益输送。王志强、张玮婷和林丽芳（2010）与吴育辉、魏志华和吴世农（2013）的研究都发现，当仅面向控股股东和关联股东进行定向增发时，上市公司存在特意打压基准日股票价格和提高定向增发的折价幅度等行为，以达到降低定向增发价格和向控股股东及其关联方进行利益输送的目的。而且，很多研究发现，上市公司在对控股股东进行定向增发股份前，普遍存在盈余管理的行为，以达到向自身进行利益输送的目的（章卫东、邹斌和廖义刚，2011；王晓亮和俞静，2016）。从第二类委托代理问题的角度出发，定向增发很可能是控股股东对上市公司进行"掏空"行为的工具，因此，定向增发后的市场反馈信息并不能对上市公司的定向增发决策产生很大的影响，因为与公司全体股东的协同利益相比，控股股东更加关注自身利益的最大化。

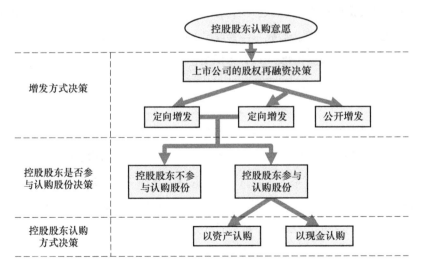

图 3-2　体现控股股东意愿的股权再融资决策

但是，从另一方面讲，定向增发过程中以及定向增发股份发行后，上市公司控股股东也可能会对管理层的行为形成有效的监督。Wruck（1989）的研究认为，上市公司向控股股东进行定向增发后，控股股东的所有权比例会有所增加，由于此时控股股东对中小股东进行利益侵占所付出的成本会成比例增加,因此,控股股东做出利益输送行为的可能性会有所降低;而且,由于此时控股股东的利益与公司的利益绑定更加紧密,因此,他们有更强的动力去监督管理者的行为。在家族企业中,家族成员参与企业管理的现象非常普遍,加之家族企业往往是由创始人多年努力打拼的成果,企业发展壮大的过程饱含创始人家族拼搏奋斗的辛勤汗水,因此,根据社会情感财富理论,家族股东对企业有很强烈的心理归属感,从而使得家族股东形成对企业深厚的情感壁垒(吴炳德和陈凌,2014)。这种情感壁垒越强,那么,失去后带来的痛苦也就越大,因此,家族股东也就不愿意失去对企业的这种情感禀赋(Kellermanns 和 Chrisman 等,2012;吴炳德和陈凌,2014)。另外,根据监督假说,参与认购定向增发股份的投资者(包括控股股东和机构投资者)比外部中小股东具有更大的信息获取优势和资本支付能力,他们有动力和能力对管理层的行为实施监督。因此,从这个角度来讲,当控股股东参与认购定向增发股份时,管理层受到的监督会增强。

据此,提出本研究的另一组竞争性假设 H6。

H6a:与控股股东不参与认购定向增发股份相比,控股股东参与认购定向增发股份会降低家族企业内部人(包括控股股东与管理层)接受市场反馈信息的概率。

H6b:与控股股东不参与认购定向增发股份相比,控股股东参与认购定向增发股份会提升家族企业内部人(包括控股股东与管理层)接受市场反馈信息的概率。

根据目的的不同,定向增发可以分为两类:以项目融资为目的的定向增发和以购买资产为目的的定向增发。当以购买资产为目的时,定向增发等同于一种新的并购手段,理论上可以促进优质龙头公司的成长与发展。为了促使控股股东向上市公司注入优质资产以提高上市公司的质量,我国证监会、商务部和财政部等相关部门出台了一系列鼓励性政策法规⊖。2006 年,随着《管理办法》的颁布,定向增发首次以合法的地位成为控股股东向上市公司注入资产的支付对价方式,这大大提高了控股股东和上市公司进行资产注入的积极性,掀起了控股股东向上市公司进行资产注入的浪潮。控股股东的资产注入行为也引起了学术界的广泛关注,成为股权分置改革以后我国资本市场的热点。

然而,很多研究发现,我国内部人控制和"一股独大"的股权结构以及尚不健全的

⊖ 例如,2005 年 8 月颁布的《关于上市公司股权分置改革的指导意见》指出,对于业绩较差的公司,鼓励以承担债务、注入优质资产等方式作为支付对价来解决由于股权分置造成的问题。2006 年 12 月颁布的《关于推进国有企业重组和资本结构调整的指导意见》指出,大力支持资产优良或主营业务资产突出或优良的公司实现整体上市,鼓励国有控股公司通过收购资产、增资扩股等方式,将其主营业务资产或与上市公司业务密切相关的全部资产注入上市公司。

法律法规体系，为控股股东通过向上市公司注入名不符实的资产来侵占中小股东利益的行为提供了条件和动机。当上市公司通过定向增发的方式购买控股股东的资产时，控股股东为了实现自身利益的最大化，就有动机通过各种途径来压低定向增发价格或者虚增资产的估值，达到以同等价值的资产来换取更多公司股份的目的。虽然，Friedman、Johnson和 Mitton（2003）的研究认为，控股股东对上市公司的"掏空"和"支持"行为存在对称性，但是他们也指出，控股股东对上市公司进行支持的目的是为以后转移更多的上市公司资产做准备。然而，目前对控股股东支持行为的研究并不是很多，这可能与相关案例以及样本数量不多有关。大部分研究者认为，控股股东对上市公司的资产注入可能是一种利益侵占行为（柳建华、魏明海和郑国坚，2008；黄建欢和尹筑嘉，2008；张祥建和郭岚，2008）。上市公司控股股东与中小股东之间存在严重的信息不对称，外部中小股东的力量难以对控股股东的行为形成有力的约束，这就容易导致控股股东在资产注入过程中有强烈的动机虚增资产价值或者直接向上市公司注入不良资产以获取私人收益。尹筑嘉、文凤华和杨晓光（2010）的研究发现，控股股东通过定向增发向上市公司注入的资产大部分为非优质资产，并且通过定向增发进行资产注入的股份定价普遍比较低，显著低于其内在价值。在资产注入的过程中，公司股东的利益并不均衡，存在控股股东对中小股东的利益侵占现象。章卫东和李海川（2010）的研究也发现，控股股东可能存在向上市公司注入劣质资产以进行利益输送的行为。因此，当定向增发以购买控股股东的资产为目的时，即使资本市场可以识别控股股东的利益输送行为，而通过抛售公司股票以引起股票价格下跌的方式将信息传递给公司决策者，控股股东也有可能选择直接忽视市场的反馈信息，因为此时他们以自身利益而非公司价值最大化为目的。在这种情况下，管理者迫于控股股东的压力，有可能选择与控股股东合谋（在家族企业中这种可能性会更大），使得中小股东的利益受到损害。

据此，提出本研究的第七个假设 H7。

H7：与以项目融资为目的相比，定向增发以购买资产为目的会降低家族企业内部人（包括控股股东与管理层）接受市场反馈信息的概率。

3.3 本章小结

本章首先构建了定向增发过程中市场反馈效应存在性的概念模型，并且引入了公司治理变量和定向增发特征变量，考察其对市场反馈效应的影响；其次，从双向信息流的角度探讨了内部人的定向增发决策与市场反馈信息之间的关系，试图证实定向增发过程中市场反馈效应的存在，并重点分析了企业的家族治理模式对市场反馈效应的影响；最后，基于委托代理理论、管家理论、资源基础理论和社会情感财富理论等家族企业研究的相关理论，从公司治理结构特征与定向增发的事件特征两个角度，分析了市场反馈效应的影响因素，进而基于理论分析与现有文献研究，提出了本研究的 7 个研究假设（其中包括 3 组竞争性假设），有待后续章节进行进一步的验证。图 3-3 列示了本章所提研究假设的理论基础。表 3-1 归纳汇总了本章研究假设的具体内容。

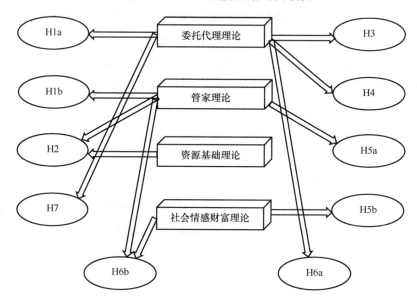

图 3-3 研究假设的理论基础

表 3-1 研究假设汇总

类　别	研究假设内容	依　据
Panel A：市场反馈效应存在性的假设		
H1a	与非家族企业相比，家族参与企业管理会降低公司内部人（包括控股股东与管理层）接受市场反馈信息的概率	委托代理理论
H1b	与非家族企业相比，家族参与企业管理会提升公司内部人（包括控股股东与管理层）接受市场反馈信息的概率	管家理论
H2	与非家族企业相比，家族参与企业管理会提升监管部门接受市场反馈信息的概率	管家理论、资源基础理论

(续)

类别	研究假设内容	依据
Panel B：公司治理结构对市场反馈效应的影响假设		
H3	家族企业内部人（包括控股股东与管理层）接受市场反馈信息的概率会随着家族控股股东控制权与所有权分离程度的提高而降低	委托代理理论
H4	家族企业内部人（包括控股股东与管理层）接受市场反馈信息的概率会随着非控股股东股权制衡程度的增加而提升	委托代理理论
H5a	家族成员在上市公司担任要职会提升家族企业内部人（包括控股股东与管理层）接受市场反馈信息的概率	委托代理理论
H5b	家族成员在上市公司担任要职会降低家族企业内部人（包括控股股东与管理层）接受市场反馈信息的概率	社会情感财富理论
Panel C：定向增发特征对市场反馈效应的影响假设		
H6a	与控股股东不参与认购定向增发股份相比，控股股东参与认购定向增发股份会降低家族企业内部人（包括控股股东与管理层）接受市场反馈信息的概率	委托代理理论
H6b	与控股股东不参与认购定向增发股份相比，控股股东参与认购定向增发股份会提升家族企业内部人（包括控股股东与管理层）接受市场反馈信息的概率	管家理论、社会情感财富理论
H7	与以项目融资为目的相比，定向增发以购买资产为目的会降低家族企业内部人（包括控股股东与管理层）接受市场反馈信息的概率	委托代理理论

第 4 章
实证研究设计

基于市场反馈效应存在性的概念模型，并结合第 3 章提出的各项研究假设，本章就如何利用我国资本市场上市公司的样本数据进行实证检验进行了相应的研究设计。首先，介绍样本的选取与数据来源情况；其次，介绍研究变量的选取与测度方法；最后，阐述研究假设的检验方法和实证模型。

4.1 样本选取和数据来源

本节主要对样本选取和数据来源情况进行阐述，这是实证研究的起点，为随后的研究奠定基础。

4.1.1 样本选取

1. 样本选取

研究样本来源于我国沪、深两市 A 股市场上市公司披露的《非公开发行股票发行情况报告书》等相关资料。2006 年 5 月 8 日，证监会颁布《管理办法》的通知，对定向增发的定义与条件进行了规定：增发对象不得多于 10 人；发行价格不得低于定价基准日前 20 个交易日公司股票交易均价的 90%；发行股份自发行结束之日起 12 个月内不得转让（控股股东、实际控制人及其控制的企业认购的股份，36 个月内不得转让）；募集资金的使用符合国家产业政策；不得有违规行为。但《管理办法》并未对定向增发的定价基准日、发行对象和发行价格等内容做出具体的规定。2007 年 9 月 17 日，证监会又根据《管理办法》制定了《实施细则》，对非公开发行股票的定价基准日、发行对象、发行价格和相关信息披露等内容做出了更为详细和具体的解读与规定。自此，定向增发作为上市公司进行股权再融资的渠道之一,首次得到了规范和认可。从数据的完整性和披露报告的统一性考虑,本研究采用 2007 年 1 月 1 日及以后的上市公司的非公开发行股票的公告资料,并选取 2015 年 12 月 31 日作为研究样本的终止日期。

为了对研究假设进行有效检验,本研究将选取的 3961 个初始样本观测值进行了适当的优化和筛选。筛选标准如下:①剔除主要变量缺失或者异常的样本数据。②剔除金融类和保险类上市公司样本。金融业和保险业的法律法规、经营特征和会计核算方法等方面均与普通行业存在本质区别,因此,参照国内外的研究惯例,本研究将相关样本数据剔除。③为避免 IPO、公开增发新股、多次配股和发行可转换债券等公司其他融资行为的影响,本研究特将非公开发行股票预案公告当年存在其他再融资行为的公司样本数据剔除(赵玉芳,余志勇和夏新平等,2011)。通过上述筛选和优化,本研究最终获取了 3474 个样本数据年度观测值。2007—2015 年,样本数据的观测值分别为 217 个、192 个、247 个、264 个、243 个、310 个、399 个、678 个和 924 个。其中,2008 年的样本观测值比例最低,为 5.53%;2015 年的样本观测值比例最高,为 26.60%。在 3474 个样本年度观测值中,最终完成定向增发实施的有 2081 个,占 59.90%;最终未完成定向增发实施的有 1393 个,占 40.10%。其中,在未完成定向增发实施的样本中,上市公司股东大会投票否决的有 463 个,占 33.24%;监管部门未核准的有 274 个,占 19.67%;管理层最终撤销预案实施的有 656 个,占 47.09%。样本观测值的年度分布情况见表 4-1。2008 年,由于全球金融危机带来的我国股市的下行压力,上市公司进行再融资的热情也受到一定影响,相较 2007 年,定向增发预案的发布数量与实施数量都有一定程度的下降。之后,由

表 4-1 样本观测值的年度分布情况

最终状态		2007	2008	2009	2010	2011	2012	2013	2014	2015	总计
取消	股东大会未通过	40	51	35	39	41	45	53	73	86	463
	监管部门未核准	35	17	25	23	21	21	31	69	32	274
	管理层撤销预案	40	42	47	51	52	55	61	90	218	656
	总计	115	110	107	113	114	121	145	232	336	1393
完成		102	82	140	151	129	189	254	446	588	2081
总计		217	192	247	264	243	310	399	678	924	3474
占比(%)		6.25	5.53	7.11	7.60	7.00	8.92	11.49	19.52	26.60	100

注:表中的年份数为上市公司发布定向增发预案公告的时间。

于经济复苏，我国上市公司进行定向增发的热情逐渐高涨，进行预案公告的数量呈递增趋势。2016年前后是我国上市公司进行定向增发再融资的高峰期，在这段时间内，虽然上市公司定向增发预案终止的数量也有所上升，但终止比例一直维持在30.00%左右。2008年，定向增发预案的终止比例最高，为57.29%，近年来预案终止比例一直很稳定。这是因为此阶段恰恰是我国资本市场的上升时期，因此上市公司都想挤进定向增发的热潮。

2. 家族企业的定义

目前，国内外研究对家族股权达到多大份额才算对公司拥有绝对控制权，至今仍无明确界定标准。现有研究中，应用比较广泛的所有权界定标准有5%（Villalonga和Amit，2006；Anderson，Reeb和Zhao，2012；McGuire，Dow和Ibrahim，2012）、10%（La Porta，Lopez-de-Silanes和Shleifer，1999；Maury，2006）和20%（La Porta，Lopez-de-Silanes和Shleifer，1999；Faccio和Lang，2002）。本研究认为，以上这些研究的关注点主要集中于欧洲、美国等西方的上市公司，这与我国的上市公司存在很多不同之处。在我国，国有企业与民营企业是企业的两种主要形态。改革开放以来，很多企业家投身创业的浪潮，几十年时间里，随着企业规模的不断扩大，很多创始人为了企业的健康可持续发展，有意"自剪羽翼"，不断稀释家族所占公司股份；而有些企业家则深知创业的艰辛，为了巩固家族的绝对控制地位，自己家族所占的公司股份也一直居高不下。因此，由于不同企业间的个体差异，选定某个固定的所有权临界点来判断企业是否由家族控制有些欠妥。因此，抛开公司所有权条件的限制，参考叶国灿（2004），许静静和吕长江（2011），以及Yoo、Scbenkel和Kim（2014）的研究，本研究将家族企业做如下定义：如果公司的终极控制人是一个或者数个具有关联关系的家族或者自然人，则将其定义为家族企业[①]。经筛选，在3474个定向增发公告中，有1856个定向增发公告来自家族企业。

为计算家族企业的两权分离度，本研究将家族所持股份做如下定义：家族成员（包括具有血缘关系或者婚姻关系的亲属）直接持有股份与由家族成员控制的其他实体企业所持股份之和。本研究用公司的现金流权来衡量家族企业的终极所有权，用公司的投票权来衡量家族企业的终极控制权，家族终极控制权与终极所有权的差值即为家族企业的两权分离度。本研究通过追溯家族企业的控制权链条，可以得到家族的直接与间接持股。例如，图4-1中，家族企业A拥有B公司80%的股权，B公司拥有C公司50%的股权，

[①] 为保证研究的稳健性，本研究也利用国内外研究广泛采用的所有权固定临界值以及与不同企业个体相适应的所有权浮动临界值标准，对家族企业进行了判断。所得结论基本保持一致。具体讨论在本研究的稳健性检验部分。

C 公司拥有 D 公司 30%的股权，那么，家族企业 A 对 D 公司的所有权则为 12%，对 D 公司的控制权则为 30%，家族企业 A 的两权分离度为 18%⊖。

图 4-1　终极控制权与终极所有权的计算

表 4-2 是 2007—2015 年间不同性质上市公司定向增发公告的统计结果。与表 4-1 的分析相一致，2007 年以来，越来越多的上市公司通过定向增发进行再融资。截至 2015 年，共有 3474 次定向增发公告，其中家族企业占了将近 54.00%。很明显，在上市公司尤其是家族企业的再融资渠道中，定向增发的地位变得越来越重要。然而，最终未按照预案实施定向增发的上市公司比例也很高。平均来说，家族企业和非家族企业最终未按照预案实施定向增发的比例相差不大。既然家族企业在进行再融资时偏好通过定向增发来保持家族的绝对控制地位（Wu，Chua 和 Chrisman，2007），那么，家族企业的定向增发预案最终被撤销的原因是什么？家族参与企业管理是否对定向增发的实施过程带来一定的影响呢？这正是本研究的主要关注点。

表 4-2　2007—2015 年间不同性质上市公司定向增发公告的统计结果

上市公司	最终状态	2007	2008	2009	2010	2011	2012	2013	2014	2015	总计
非家族企业	取消	73	61	69	65	64	69	56	76	102	635
	完成	72	65	89	91	72	110	128	176	180	983
	总计	145	126	158	156	136	179	184	252	282	1618
家族企业	取消	42	49	38	48	50	52	89	156	234	758
	完成	30	17	51	60	57	79	126	270	408	1098
	总计	72	66	89	108	107	131	215	426	642	1856

注：表中的年份数据为上市公司发布定向增发预案公告的时间。

4.1.2　数据来源

本研究选取上市公司董事会决议公告日为定向增发股票的首次公告日。董事会决议公告日的相关数据资料与本研究所需要的定向增发预案的实施结果数据资料，包括上市公司股东大会的表决结果、监管部门的核准结果和定向增发预案的最终实施结果等数据

⊖ 根据 Claessens、Djankov 和 Lang（2000）的定义，在图 4-1 中，家族企业 A 的终极所有权为 80%×50%×30%=12%；终极控制权为 min（80%，50%，30%）=30%；家族企业 A 的两权分离度即为 30%−12%=18%。

资料,均来源于中国证券报官方网站(http://www.cs.com.cn),由手工搜集得到。企业的实际控制人信息与控制链信息均来自上市公司的年度财务报告,由手工翻阅搜集得到。研究所需要的其他样本数据资料均来源于国泰安中国财经数据库(CSMAR),缺失数据由万得金融资讯数据库(WIND)进行补充。其中,上市公司的年度所有权数据与股权性质变量均来自国泰安数据库中的《中国上市公司股东研究数据库》;上市公司的日股票交易数据与各分市场交易数据均来自国泰安数据库中的《中国股票市场交易数据库》;定向增发特征变量(包括家族大股东是否参与认购定向增发股份与定向增发目的数据资料)来自万得数据库中的《一级市场——增发与配股——增发预案数据库》;上市公司的市场表现因素贝塔系数数据资料来自万得数据库中的《风险分析——标准参数指标数据库》;上市公司的基本面因素变量,包括盈利能力、偿债能力、公司规模和公司账面与市场价值比率,分别来自国泰安数据库中的《中国上市公司财务指标分析数据库》《中国上市公司财务报表数据库》等。为排除异常值与异方差对研究的影响,在进行实证讨论与分析时,本研究对各连续变量数据均进行1%水平的winsorize(缩尾)处理,对结果中的标准误差进行公司水平的聚类处理。

根据中国证监会颁布的《上市公司行业分类指引》(2012年修订版),我国上市公司可以分为19个行业,分别是农、林、牧、渔业(A)、采矿业(B)、制造业(C)、电力、热力、燃气及水生产和供应业(D)、建筑业(E)、批发和零售业(F)、交通运输、仓储和邮政业(G)、住宿和餐饮业(H)、信息传输、软件和信息技术服务业(I)、金融业(J)、房地产业(K)、租赁和商务服务业(L)、科学研究和技术服务业(M)、水利、环境和公共设施管理业(N)、居民服务、修理和其他服务业(O)、教育(P)、卫生和社会工作(Q)、文化、体育和娱乐业(R)以及综合类(S)。表4-3列出了本研究所需样本观测值的行业分布情况。

表4-3 样本观测值的行业分布情况

序号	行业	2007	2008	2009	2010	2011	2012	2013	2014	2015	总计	占比(%)
1	A	4	3	5	2	4	1	9	14	13	55	1.58
2	B	5	10	6	10	11	9	14	20	13	98	2.82
3	C	124	102	133	152	147	203	223	445	652	2181	62.78
4	D	11	9	13	14	15	20	13	18	30	143	4.12
5	E	4	6	8	7	6	6	17	15	25	94	2.71
6	F	18	13	19	21	14	15	31	31	57	219	6.30
7	G	6	9	7	10	11	9	7	8	16	83	2.39

（续）

序号	行业	2007	2008	2009	2010	2011	2012	2013	2014	2015	总计	占比（%）
8	H	1	1	1	1	3	5	2	5	4	23	0.66
9	I	5	7	4	8	6	12	27	47	11	127	3.66
10	K	32	20	37	29	17	13	28	41	54	271	7.80
11	L	2	3	2	2	5	4	7	6	16	47	1.35
12	M	0	0	0	0	1	2	2	4	4	13	0.37
13	N	2	2	3	7	1	4	4	6	6	35	1.01
14	O	0	0	0	0	0	0	0	0	0	0	0.00
15	P	0	0	0	0	0	0	1	1	0	2	0.06
16	Q	0	0	0	0	0	0	0	0	3	3	0.09
17	R	1	3	2	0	1	7	8	11	10	43	1.24
18	S	2	4	7	1	0	1	6	6	10	37	1.07
总计		217	192	247	264	243	310	399	678	924	3474	100
占比（%）		6.25	5.53	7.11	7.60	6.99	8.92	11.49	19.52	26.60	100	

注：表中的年份数据为上市公司发布定向增发预案公告的时间。

从行业角度来看，本研究包含样本数据最多的行业是制造业（C），制造业样本观测值合计为2181个，占62.78%，2007—2015年分别是124个、102个、133个、152个、147个、203个、223个、445个和652个；其次是房地产业（K）及批发和零售业（F），但是其占比远远低于制造业占比。在本研究的样本观测值中，修理和其他服务业（O）公司并未有定向增发预案公告。

4.2 研究变量测度

4.2.1 被解释变量的测度

上市公司进行定向增发的流程主要可以分为三个阶段：预备阶段、审议阶段和实施阶段。定向增发的预备阶段一般发生在董事会决议公告日的前50天至前20天。在此阶段，上市公司会聘请证券公司等外部中介机构，根据上市公司的自身特点制定详细的定向增发方案，并且出具可行性分析报告。定向增发的审议阶段主要包括董事会的召开阶段、股东大会的召开阶段与监管部门的审核阶段。在定向增发的实施阶段，上市公司获得证监会等监管部门的核准批文后，应该在批文有效期内，按照《证券发行与承销管理办法》的相关规定进行定向增发。由于在董事会决议公告后，资本市场首次可以通过公

家族企业定向增发中的市场反馈效应研究

开渠道获得上市公司定向增发的相关信息,因此,本研究主要关注定向增发的审议阶段与实施阶段。也就是说,本研究主要考察市场反馈信息对股东大会的表决结果、监管部门的审核结果与管理层最终决策结果的影响。

1. 股东大会对定向增发预案的表决结果

上市公司一般在董事会决议公告日后的 20 天内召开股东大会或者 15 天内召开临时股东大会,对定向增发的相关事宜进行决议。决议内容包括本次定向增发股份的种类和数量、股份的发行方式、定向增发对象与向公司原股东配售的安排、定向增发的定价方式与价格区间、定向增发募集资金的用途、股东大会决议的有效期以及其他必须明确的相关事项。上市公司应该在股东大会决议日的次一工作日对表决结果进行公告。如果定向增发的股东大会决议有效期已过、定向增发方案发生变化或者定向增发方案经股东大会投票表决后未通过,董事会应该对本次定向增发的定价基准日等相关事项重新进行决议。因此,本研究定义变量"定向增发预案经股东大会表决通过"(Pass_shareholder)来表示股东大会对定向增发预案的表决结果:如果定向增发预案经股东大会表决通过,则 Pass_shareholder 取值为 1;如果定向增发预案经股东大会表决未通过,则 Pass_shareholder 取值为 0。

2. 监管部门对定向增发方案的审核结果

定向增发预案经股东大会表决通过后,就进入定向增发的审核阶段。在此阶段,定向增发方案需要经监管部门的批准,国有企业还需将资料报送国资委进行审核。此阶段任何一个环节的部门不予核准,上市公司的定向增发预案都属于未予核准。因此,本研究定义变量"定向增发方案得到监管部门的核准"(Pass_CSRC)来表示监管部门关于本次定向增发申请予以核准或者不予核准的决定。本研究通过翻阅上市公司放弃定向增发的公告,来判断定向增发的终止是否源于未被监管部门核准。如果定向增发方案得到监管部门的核准,则 Pass_CSRC 取值为 1;如果定向增发方案未得到监管部门的核准,则 Pass_CSRC 取值为 0。

3. 管理层对定向增发的最终决策结果

上市公司的定向增发方案获得证监会等相关监管部门的核准后,就进入定向增发的实施阶段。《管理办法》规定,上市公司在获得监管部门的核准批文后,应该在批文的有效期(一般为 6 个月)内,按照《证券发行与承销管理办法》(证监会令第 37 号)的相关规定进行定向增发。但是，如果资本市场对公司的定向增发决策持不看好态度，那么，外部投资者就会通过抛售股票引起公司股价下跌的方式，将反对信号传达给公司决策者。也就是说，此时，公司的定向增发决策触发了资本市场对公司的惩戒（沈艺峰，杨晶和李培功，2013）。在这种情况下，管理层可以主动选择定向增发方案是否如期进行。管理层主动放弃定向增发方案的情形如下：①定向增发预案公告后，上市公司迟迟未召开股东大会，因此，上市公司主动公告放弃实施定向增发；②定向增发方案已经获得股东大会表决通过，但是申请材料迟迟未提交证监会等监管部门审核，因此，上市公司主动公告由于股东大会决议有效期（一般为 12 个月）已过，所以放弃实施定向增发；③定向增发方案已经获得股东大会表决通过，并且申请材料已经提交证监会审核，但是在获得证监会审核结果之前，上市公司主动申请撤回定向增发申请文件，并且已获得证监会的行政许可；④定向增发方案已经获得股东大会表决通过，并且也已经获得证监会等监管机构的审核通过，但是在审核通过的有效期（一般为 6 个月）内，上市公司迟迟未实施定向增发，因此，上市公司主动公告放弃实施定向增发方案。本研究定义变量"管理层对定向增发的最终决策"（Issue）来表示定向增发预案是否得到实施：如果管理层选择继续进行定向增发，则 Issue 取值为 1；如果管理层最终选择终止定向增发，则 Issue 取值为 0。

4. 定向增发的实施结果

为综合考察市场反馈信息对定向增发实施结果的影响，本研究定义了"定向增发的实施结果"，并且用 Complete 表示。Complete 为虚拟变量，定义为：如果上市公司最终实施了定向增发，那么 Complete 取值为 1；如果上市公司最终未实施定向增发，那么 Complete 取值为 0。也就是说，Complete 变量是以上三个虚拟变量（Pass_shareholder、Pass_CSRC 和 Issue）的综合，只有定向增发预案通过股东大会表决、由监管部门核准、董事会最终选择定向增发的情况下，定向增发才能实施，变量 Complete 才能取值为 1；否则，Complete 取值为 0。

4.2.2 解释变量的测度

本研究采用事件研究法检验定向增发预案公告后的市场反馈信息，用市场模型度量公告日的超额收益。根据证监会 2007 年 9 月 17 日发布的《实施细则》，上市公司可以选择定向增发的董事会决议公告日或者股东大会决议公告日作为本次定向增发股票的定价基准日，也可以选择股票发行期的首日作为定价基准日，这三个时点与证监会审核通过结果的公告日成为上市公司定向增发过程中四个重要的时间节点。由于董事会决议公告后，外部投资者首次可以通过公开渠道获得上市公司定向增发的相关信息，因此，本研究选择董事会决议公告日（即首次公告日）作为事件日，即第 $T=0$ 日。由于遇到法定节假日、周末或者上市公司发布诸如股权变动、资产重组、收购兼并等重要信息而引起公司股票暂时停牌的情况时，上市公司定向增发的首次公告日当天，交易数据无法获得，因此，如遇上述情况，本研究采用顺延方式进行调整，将定向增发的首次公告日选择为公司股票复牌后的第一个交易日。本研究采用市场模型和上市公司股票的日交易数据来估计样本公司 i 在 t 时期内的预期收益 $E(R_{it})$，具体如下：

$$E(R_{it}) = \alpha_i + \beta_i R_{mt} + \varepsilon_{it} \tag{4-1}$$

式中　R_{mt}——事件期内第 t 日市场组合的平均回报率，采用国泰安数据库（CSMAR）中的"考虑现金红利的综合日市场回报率"；

α_i，β_i——利用市场模型和估计期数据进行普通最小二乘（OLS）回归而得到的参数估计值；

ε_{it}——残差项。

事件期内日超额收益率 AR_{it} 的计算方法如下：

$$AR_{it} = R_{it} - E(R_{it}) = R_{it} - (\alpha_i + \beta_i R_{mt}) \tag{4-2}$$

式中　R_{it}——事件期内第 t 日公司股票 i 的实际收益率，采用国泰安数据库（CSMAR）中的"考虑现金红利的日个股回报率"；

AR_{it}——事件期内日超额收益率，即为式（4-1）中的残差项 ε_{it}。

那么，事件期 T_1 到 T_2 期间内公司股票的累计超额收益率 CAR_{T_1, T_2} 的计算方法如下：

$$CAR_{T_1, T_2} = \sum_{t=T_1}^{T_2} AR_t \tag{4-3}$$

式中　CAR_{T_1, T_2}——事件期 T_1 到 T_2 期间内公司股票的累计超额收益率；

AR_t——事件期内日超额收益率。

在上述计算过程中，本研究将衡量公告日市场反馈信息的事件期窗口选择为[-1, 1]，将估计期窗口选择为[-200, -30]。

4.2.3　定向增发预案公告前盈余操纵的测度

为检验定向增发预案公告后的市场反馈信息是否有效，本研究采用两个途径来实现这一检验。第一个检验途径是资本市场是否可以有效识别上市公司在定向增发预案公告前的盈余操纵行为。预案公告前的盈余操纵主要用以下两种方式来衡量：①定向增发预案公告前两年的盈余操纵。本研究采用修正的琼斯（Jones）模型进行定向增发公告前上市公司盈余管理行为的检验。具体在第5.6节进行详细介绍。②定向增发预案公告前[-200，-30]窗口期间内公司股票的累计超额收益率（CAR_1）。具体的计算方法为：超额收益率等于[-200，-30]窗口期间内的日股票收益率减去期望收益率，其中，期望收益率等于[-200，-30]窗口期间内的日股票收益率对日市场平均收益率进行线性回归而得到的拟合值，即预测值。此变量能够衡量定向增发预案公告前公司股票价格的下降程度，如果定向增发预案公告前上市公司存在向下的盈余操纵行为，那么在预案公告的前一段时期内，公司股票就会低于市场综合收益率的超额收益率。因此，上市公司在定向增发预案公告前进行盈余操纵引起股票价格下跌的幅度越大，导致的累计超额收益率（CAR_1）就会越低。

4.2.4 定向增发实施或者终止后公司业绩变化的测度

为检验定向增发预案公告后的市场反馈信息是否有效，本研究采用两个途径来实现这一检验。第一个检验途径已在上文提及，在此不再赘述。第二个检验途径是资本市场是否可以有效预见上市公司在定向增发方案实施后的业绩变化。参考沈艺峰、杨晶和李培功（2013）关于网络舆论与定向增发实施结果之间关系的研究，本研究采用上市公司定向增发当年的财务比率与其上一年的财务比率相比较而发生的变化，来衡量定向增发实施或者终止后公司业绩的变化。具体而言，本研究选择以下几个财务指标作为衡量标准：每股收益 EPS（定义为：进行定向增发的上市公司经过行业中位数调整的上年末税后利润与上年末股本总数的比值）、息税前利润率 EBIT（定义为：进行定向增发的上市公司经过行业中位数调整的上年末息税前利润与上年末营业总收入的比值）、净资产收益率 ROE（定义为：进行定向增发的上市公司经过行业中位数调整的上年末净利润与上年末净资产的比值）。ΔEPS、ΔEBIT 和 ΔROE 分别表示上市公司进行定向增发当年与其上一年相比每股收益、息税前利润率与净资产收益率的变化，如果财务比率增加，则对应的变量取值为 1；如果财务比率下降，则对应的变量取值为 0。

4.2.5 其他主要变量的选取和测度

1. 股权与公司治理变量

（1）是否是家族企业（Family）

Family 为虚拟变量，定义为：当进行定向增发的上市公司为家族企业时，变量 Family 取值为 1，否则取值为 0。现有研究表明，上市公司的股权性质会对公司大股东和管理层的决策产生影响。一方面，大部分家族企业的管理者来自家族企业内部，他们做决策时更多地着眼于公司的长期发展和公司价值的提升（Gao，Li 和 Huang，2017）；而一般情况下，国有企业的管理者则主要来自外部职业经理人市场，在此种情况下，公司大股东与管理层之间的代理矛盾会比较突出（刘慧龙，吴联生和王亚平，2012；王元芳和马连福，2014）。另一方面，比如公司终极控制人的性质不同，公司现金股利政策也会有所差异（雷光勇和刘慧龙，2007）。因此，本研究将上市公司的股权性质作为主要研究变量之一，并用 Family 表示。

（2）股权制衡程度（$Herfindahl_5$）

股权制衡是连接公司治理结构与公司所有权结构的纽带。一方面，股权制衡作为控股股东利益侵占行为和侵占程度的重要微观制约因素，可以在一定程度上抑制控股股东的利益侵占行为，减少其控制权私人收益，因此，可以将股权制衡变量作为公司对中小投资者保护程度的衡量指标；另一方面，作为公司所有权结构的衡量指标之一，股权制衡能够反映公司的所有权结构特征和各股东的相对控制实力。因此，所有权结构对控股股东利益侵占的影响主要体现在股权制衡对控股股东侵占行为的制约作用上。股权制衡指标衡量的关键主要体现在对制衡主体的类别划分上，国内外的研究主要考察公司前若干大股东的制衡能力，比如前三大股东、前五大股东和前十大股东。衡量公司所有权结构集中度或者制衡程度应用最广泛的指标是赫芬达尔（Herfindahl）指数。Herfindahl 指数是指公司前若干大股东持股比例的平方和。例如，Maury 和 Pajuste（2005）采用公司前三大股东的 Herfindahl 指数来衡量公司的所有权集中情况，研究结果发现，公司前三大股东的 Herfindahl 指数与公司价值呈负相关关系。侯宇和王玉涛（2010）分别采用公司前三、前五和前十大股东的 Herfindahl 指数来衡量上市公司的所有权集中度，研究结果发现，由于我国投资者保护水平还未达到发达资本市场的高度，上市公司所有权结构的适当集中反而有利于保护中小投资者的利益。因此，本研究将上市公司的股权制衡程度作为主要研究变量之一。具体而言，本研究采用进行定向增发的上市公司前五大股东持股比例的平方和来衡量公司的股权制衡程度，并用 Herfindahl$_5$ 表示。

(3) 两权分离度（Separate）

其定义为：家族终极控制权与终极所有权的差值。高伟伟、李婉丽和黄珍（2015）的研究发现，当家族控制权与所有权分离比较大时，比如当家族以金字塔结构实现对公司的绝对控制时，在定向增发过程中，家族大股东与家族管理者会表现出不同的行为特征。Yeh、Lee 和 Woidtke（2001）以及 Maury（2006）的研究都发现，当家族控制权比例较低时，企业业绩会随着控制权比例的增加而增加；但是，当家族控制权比例较高时，企业业绩反而会随着控制权比例的增加而降低。当家族通过金字塔结构实现对公司的控制时，即以很低的所有权比例享有对公司的绝对控制时，其对公司中小股东进行利益侵占所获得的收益要远远大于其所付出的成本。在此种情况下，迫于家族股东的控制压力，管理者的决策会以家族利益最大化为导向，从而做出可能有损于中小股东利益的决策（Claessens，Djankov 和 Fan 等，2002；Villalonga 和 Amit，2006；Anderson，Reeb 和 Zhao，2012）。当家族股东对公司的控制权比例与所有权例都比较高时，由于此时的利益侵占成本较高，家族股东不太会做出利益侵占行为（高伟伟，李婉丽和黄珍，2015）。因此，本研究将家族企业的两权分离度作为主要研究变量之一，并用 Separate 表示。

(4) 家族成员是否在管理层担任要职（Serve）

Serve 为虚拟变量，定义为：当家族成员在企业管理层担任要职时，Serve 取值为 1，否则取值为 0。研究表明，上市公司创始人兼任 CEO 时，他们所具备的经验会为公司带来技术创新以及公司价值的提升（Morck 和 Yeung，2003）。但是，陈晓红、尹哲和吴旭雷（2007）的研究发现，家族企业实际控制人的持股比例与企业价值之间存在 U 型关系，他们的研究结果表明，家族企业在一定程度上存在侵害中小股东利益的动机和行为。Li、Gao 和 Sun（2015）的研究认为，家族成员是否担任企业 CEO 会对企业定向增发的最终决策产生影响。家族股东是否在公司担任董事长或者总经理，在很大程度上取决于控股股东的利益动机。因此，本研究将家族成员是否在管理层担任要职作为主要研究变量之一，并用 Serve 表示。

2. 定向增发特征变量

(1) 家族控股股东是否参与认购定向增发股份（Participate）

Participate 为虚拟变量，定义为：如果家族控股股东参与认购定向增发股份，则 Participate 取值为 1；否则，Participate 取值为 0。现有研究表明，公司控股股东是否参与

家族企业定向增发中的市场反馈效应研究

认购定向增发股份会对定向增发的方案设计、实施结果及其实施后的财务决策产生一定的影响。例如，定向增发的发行价格与增发对象的身份及控股股东的持股比例有着密切的联系（王志强，张玮婷和林丽芳，2010），控股股东会通过压低发行价格以获得更高折价的方式来达到向自身进行利益输送的目的（Baek，Kang 和 Lee，2006）。Li、Gao 和 Sun（2016）通过对家族企业管理者对待定向增发公告后市场反馈信息态度的研究，发现家族控股股东参与认购定向增发股份时，家族企业管理者更容易接受市场的反馈信息。但是，当家族控股股东的两权分离度比较大时，控股股东参与认购定向增发股份又会降低家族企业管理者接受市场反馈信息的概率（Li，Gao和Sun，2015；高伟伟，李婉丽和黄珍，2015）。当控股股东参与认购定向增发股份时，上市公司往往会通过在定向增发实施后选择派发更多的现金股利（赵玉芳，余志勇和夏新平等，2011）以及进行更多的关联交易等行为，以达到进行财富转移的目的（王志强，张玮婷和林丽芳，2010）。因此，本研究将家族控股股东是否参与认购定向增发股份作为主要研究变量之一，并用Participate 表示。

（2）定向增发的目的（Purpose）

Purpose 为虚拟变量，定义为：如果此次定向增发的目的是购买资产，则 Purpose 取值为 1；否则，Purpose 取值为 0。上市公司募集资金的用途不同，可以反映定向增发作为再融资途径之一的不同功能。除了为上市公司的拟投资项目募集资金的功能之外，定向增发还可以帮助大股东实现向上市公司注入资产的目的。因此，上市公司进行定向增发主要有两个目的：为项目募集资金和实现资产注入。当定向增发为项目融资类时，同公司控股股东一样，实力较强的机构投资者也可以参与认购股份。投资者通常以现金认购股份，不涉及以资产对价的方式认购，因此，在此种情况下，无论大股东参与认购定向增发的全部股份抑或部分股份，所有参与认购股份的投资者，其认购方式都一样，体现了"同股同价"的思想。当定向增发为资产注入类时，由于上市公司进行定向增发的目的是获得大股东的资产，因此，通常会以将获得的资产价值对价成相应股份的形式来实现。此时，大股东可以将经营性资产注入上市公司，也可以实现权益类资产（比如子公司股权或者其他长期股权等）的注入。同项目融资类定向增发一样，大股东也可以同时引入一定数量的机构投资者，只不过此时机构投资者通常会以支付现金的方式来认购股份。也就是说，定向增发的股份认购方式可以是现金或者股份，也可以两者结合的方式来实现。现有研究表明，相比现金交易，股权类的关联交易更容易存在大股东的利益输送行为（Cheung，Rau 和 Stouraitis，2006）。在定向增发中，大股东很可能会通过向上市公司注入劣质资产的方式来实现自身的利益,从而侵害中小股东的权益(王浩和刘碧波,2011)。因此,本研究将定向增发的目的作为主要研究变量之一,并用 Purpose 表示。

4.2.6 控制变量的选取和测度

1. 市场表现因素变量

(1)股票市场回报率(Market)

该变量可以反映定向增发公告前股票市场整体的走势和收益率情况,等于上市公司定向增发预案公告前 6 个月的股票市场买入并持有回报率。若定向增发预案公告前,上市公司股票存在停牌情况,则取预案公告前除去停牌时间段的 6 个月作为衡量期间。现有研究表明,上市公司的融资决策会受资本市场整体走势的影响。例如,Baker 和 Wurgler(2002)以及刘端、陈健和陈收(2005)的研究表明,市场时机会影响上市公司对再融资方式的选择,Chen、Dai 和 Schatzberg(2010)以及 Gomes 和 Phillips(2012)也得出了类似的结论。王亚平、杨云红和毛小元(2006)的研究发现,资本市场的整体状况会对上市公司股票发行的时机选择产生影响。而 Hovakimian(2004)的研究则表明,市场的整体表现会对上市公司最终的股票发行决策产生影响。因此,本研究将股票市场回报率作为控制变量之一,并用 Market 表示。

(2)贝塔系数(Beta)

上市公司股票价格的波动程度也可能会对定向增发的实施结果产生一定程度的影响,因此,为衡量上市公司的股票价格相对于市场整体价值的波动情况,本研究又引入上市公司的贝塔系数作为控制变量之一,该变量主要用于衡量上市公司股票的系统风险特征。贝塔系数的计算源于资本资产定价模型(CAPM),等于上市公司考虑现金红利再投资的日个股回报率对考虑现金红利再投资的综合日市场回报率进行回归所得系数的平均值。上市公司的贝塔系数越大,则说明公司的系统风险水平越高,也就是说,公司股票价格相对于市场整体价值的波动性越大,其股票就越难以受到外部投资者的青睐。因此,本研究将上市公司的贝塔系数作为控制变量之一,并用 Beta 表示。

2. 公司基本面因素变量

(1)上市公司的盈利能力变量

本研究主要采用两个指标来衡量上市公司的盈利能力:一个指标是经过行业中位数调整的息税前利润率(用 EBIT 来表示),定义为:进行定向增发的上市公司经过行业中位数调整的上年末息税前利润与上年末营业总收入的比值；另一个指标是经过行业中位数调整的每股收益（用 EPS 来表示），定义为：进行定向增发的上市公司经过行业中位数调整的上年末税后利润与上年末股本总数的比值。本研究用上市公司的盈利能力变量来反映定向增发预案公告前上市公司的经营业绩。由于相关法规政策对申请定向增发的上市公司并无盈利能力方面的限制条件，因此，这样的低门槛使得很多业绩较差的上市公司更倾向于通过定向增发进行再融资。而且，外部投资者通常会对业绩较差的上市公司选择定向增发来改善企业业绩抱有良好的预期，因此，此类上市公司的定向增发公告通常会有比较积极的市场反馈信息。因此，本研究将上市公司的盈利能力作为控制变量之一，并选择两个指标来衡量：EBIT 和 EPS。

（2）偿债能力变量

本研究主要采用两个指标来衡量上市公司的偿债能力：一个指标是公司的资产负债率（用 Level 来表示），定义为：进行定向增发预案公告的上市公司上年末的负债总额与资产总额的比值；另一个指标是公司的利息保障倍数（用 Cover 来表示），定义为：进行定向增发预案公告的上市公司上年末的息税前利润与利息费用的比值。资产负债率用来衡量公司的债务水平，可以反映公司内部人所受来自债权人的监督。作为利益相关者，公司的债权人可以起到对公司内部人进行监督的作用（Lemmon 和 Lins，2003）。在上市公司进行定向增发的过程中，作为中小股东的替代，公司债权人可以对大股东或者管理层等公司内部人的行为进行监督，进而在一定程度上弱化内部人对中小股东的利益侵占行为。D'Mello、Tawatnuntachai 和 Yaman（2003）的研究发现，债务比率越高的上市公司在进行融资时更可能选择发行新股。利息保障倍数，又称已获利息倍数，用来衡量上市公司偿付债务利息的能力，主要反映公司的长期偿债能力。该变量数值越大，则说明公司支付利息费用的能力越强。利息保障倍数作为反映企业偿债能力的先行指标，已得到广泛认可（孙东升，陈昊和徐素萍，2015）。因此，本研究将上市公司的偿债能力作为控制变量之一，并选择两个指标来衡量：Level 和 Cover。

（3）公司规模（Size）

现有研究表明，公司规模在约束内部人的道德风险时具有双重的治理效应：一方面，相比规模较小的公司，规模较大公司的委托代理成本更高；另一方面，规模较大的公司也比较容易产生监督的规模效应（Himmelberg，Hubbard 和 Palia，1999）。因此，基于公司规模的双重治理效应，无论上市公司进行定向增发是基于对大股东进行利益输送的目的，还是大股东为了实现对上市公司的支持来提高公司价值，公司规模对上市公司定向增发实施结果的影响都不确定。因此，借鉴目前国内外学术研究中的通用做法，本研究采用发布定向增发预案的上市公司上年末总资产的自然对数来衡量公司规模，并用 Size 表示。

（4）公司账面与市场价值比率（BMR）

该指标也称账面市值比，可以反映上市公司的成长性以及市场对公司价值的判断与公司账面价值的偏离程度，同时也可以反映公司与外部投资者之间的信息不对称程度。何贤杰和朱红军（2009）的研究发现，以账面市值比来衡量的信息不对称程度会影响定向增发的发行价格。因此，本研究将上市公司的账面市值比作为控制变量之一，并用 BMR 表示。

（5）流动比率（Liquidity）

本研究将上市公司的流动比率也作为控制变量之一，定义为：定向增发公司上年末流动资产与上年末流动负债的比值，用 Liquidity 表示。

（6）公司成长性（Growth）

本研究将上市公司的成长性也作为控制变量之一，定义为：上市公司定向增发预案公告年度近 3 年公司总资产的平均增长率，并用 Growth 表示。

3. 时间和行业因素

（1）年度（Year）

为控制年度因素对研究结果的影响，本研究定义了年度虚拟变量 Year。本研究选取的样本数据横跨 2007—2015 年，一共 9 个会计年度，因此，本研究一共设置了 8 个年度虚拟变量。

（2）行业（Industry）

为控制行业因素对研究结果的影响，本研究定义了行业虚拟变量 Industry。根据中国证监会 2012 年修订的《上市公司行业分类指引》，共划分了 19 个大类行业。本研究选取除去金融类和保险业外的 18 个行业，因此，本研究一共设置了 17 个行业虚拟变量。

4.3 假设检验方法和实证模型构建

4.3.1 假设检验方法

本研究主要采用以下几个实证分析方法来检验前文所提出的各个研究假设：

（1）相关性分析

相关性分析是研究变量之间密切程度的一种统计方法。作为研究假设检验之前的数据统计方法，相关性分析可以用来解释各变量之间相关程度的大小，从而可以初步了解变量间的线性关系，为研究假设提供初步的经验证据，并为进一步的回归分析提供基础。

（2）均值 t 检验

均值 t 检验是用来比较两个总体的样本均值是否存在显著差异的统计检验方法。均值 t 检验既可以用于比较两个总体样本均值之间的差异，也可以用于比较样本均值是否与某一特定值之间存在差异，如比较样本均值是否显著异于 0。均值 t 检验主要用于本研究的描述性统计分析和稳健性检验部分。

（3）中位数 Z 检验

中位数 Z 检验主要用来比较两个总体的样本中位数是否存在显著差异的统计检验方法。在本研究中，采用秩和检验（Wilcoxon Rank-sum Test）得出的 Z 统计量，主要用于分析市场反馈信息的有效性，用来考察市场反馈积极与市场反馈消极样本的盈余操纵程度是否存在显著差异。

（4）事件研究法

事件研究法是用于考察某一事件在公告前后、在某个特定的事件窗口期内，投资者对该事件的反应程度，从而揭示该事件是利好消息还是利差消息的一种重要的财务统计方法。事件研究法的关键是明确事件和事件窗口的界定，以及超额回报和累计超额回报的计算。事件研究法主要用于本研究中定向增发公告后市场反馈信息的计算部分。

（5）Logistic 回归分析

Logistic 回归分析是研究多个自变量对二分定性因变量作用关系的一种统计方法。当回归分析的因变量为二分定性因变量时，回归的误差项无法满足独立同分布的高斯-马尔可夫假设条件，因此，需要对因变量进行有效的变形，Logistic 回归分析方法便应运而生。Logistic 回归分析采用的是极大似然估计（MLE）的样本估计方法。Logistic 回归分析主要用于本研究的实证分析部分与市场反馈信息有效性的分析部分。

（6）两阶段 Probit 回归模型

两阶段 Probit 回归模型是用于解决模型内生性的一种统计方法。当解释变量与扰动项相关时，OLS 回归法的前提假设不成立，这时模型就会存在内生性问题。两阶段 Probit 回归模型，顾名思义，就是进行两阶段回归：在第一阶段，将内生变量对所有解释变量进行回归，得到内生变量的估计值；在第二阶段，对被解释变量与外生解释变量和内生解释变量一阶段回归的拟合值进行回归。在本研究中，两阶段 Probit 回归模型主要用于稳健性检验部分，第一阶段利用 OLS 模型回归，第二阶段进行 Probit 回归，以控制模型的内生性问题。

4.3.2 实证模型构建

1. 市场反馈效应的存在性检验

为了揭示我国上市公司定向增发各个决策过程中市场反馈效应的存在性，本研究突破信息流单向性的传统观念，从双向信息流的角度分析定向增发过程中不同决策者的行为。也就是说，资本市场（外部投资者）在获得上市公司定向增发的相关公告信息后，会对所获得的信息进行充分的分析和处理，进而产生一系列新信息，并且将其反映在公司的股票价格中；定向增发不同阶段的决策者会从市场的反馈信息中提取有效信息，并且将其反映在所做的决策中。本研究建立了 6 个实证分析模型，用于检验所提出的研究假设。式（4-4）是为了验证定向增发各个阶段的决策过程中市场反馈效应存在性的模型，具体形式如下：

$$\text{Logit}(Pass\_shareholder, Pass\_CSRC, Issue, Complete)$$
$$= \beta_0 + \beta_1 CAR + \beta_2 Market + \beta_3 Beta + \beta_4 EBIT + \beta_5 EPS + \beta_6 Level + \beta_7 Cover + \quad (4\text{-}4)$$
$$\beta_8 Size + \beta_9 BMR + \beta_{10} Liquidity + \beta_{11} Growth + \sum Year + \sum Industry + \varepsilon$$

式中　Pass_shareholder——虚拟变量，如果定向增发预案经股东大会表决通过，则取值为 1；如果定向增发预案未通过公司股东大会，则取值为 0；

　　　Pass_CSRC——虚拟变量，如果定向增发方案得到监管部门的核准，则取值为 1；如果定向增发方案未得到监管部门的核准，则取值为 0；

　　　Issue——虚拟变量，如果上市公司管理层选择继续进行定向增发，则取值为 1；如果上市公司管理层最终选择终止定向增发，则取值为 0；

　　　Complete——3 个虚拟变量（Pass_shareholder、Pass_CSRC 和 Issue）的综合，只有在定向增发预案通过股东大会表决、由监管部门核准、管理层最终选择定向增发的情况下，定向增发才能实施，Complete 才取值为 1，否则取值为 0；

　　　CAR——定向增发预案公告日周围事件窗口的累计超额收益率，窗口期采用[-1, 1]；

Market——上市公司股票的市场回报率,等于定向增发预案公告日之前6个月内股票市场的买入持有回报率;

Beta——根据CAPM计算的回归系数的平均值;

EBIT——定向增发公司经过行业中位数调整的上年末息税前利润与上年末营业总收入的比值;

EPS——定向增发公司经过行业中位数调整的上年末税后利润与上年末股本总数的比值;

Level——定向增发公司上年末负债总额与上年末资产总额的比值;

Cover——定向增发公司上年末息税前利润与上年末利息费用的比值;

Size——定向增发公司上年末总资产的自然对数;

BMR——定向增发公司上年末账面净资产与上年末股票总市值的比值;

Liquidity——定向增发公司上年末流动资产与上年末流动负债的比值;

Growth——上市公司定向增发预案公告年度近3年公司总资产的平均增长率;

Year——虚拟变量,控制上市公司定向增发预案公告年度;

Industry——虚拟变量,控制定向增发的上市公司所处的行业。

由于本研究所选取的样本数据为面板数据,经过豪斯曼(Hausman)检验,上述模型采用随机效应Logistic回归进行分析。在式(4-4)中,β_0表示截距项;$\beta_1 \sim \beta_{11}$表示回归系数;ε表示误差项。当本研究考察市场反馈信息对公司股东大会表决结果的影响时,因变量为Pass_shareholder;当本研究考察市场反馈信息对证监会等监管机构审核结果的影响时,因变量为Pass_CSRC;当本研究考察市场反馈信息对公司董事会关于定向增发预案的最终决策结果的影响时,因变量为Issue;当本研究考察市场反馈信息对定向增发实施结果的影响时,因变量为Complete。

式(4-5)是为了检验企业的家族治理模式对定向增发过程中市场反馈效应影响的模型,主要用于检验研究假设H1a、H1b和H2,具体形式如下:

$$\begin{aligned} &\text{Logit (Pass\_shareholder, Pass\_CSRC, Issue, Complete)} \\ &= \beta_0 + \beta_1 \text{CAR} + \beta_2 \text{CAR} \times \text{Family} + \beta_3 \text{Family} + \beta_4 \text{Market} + \beta_5 \text{Beta} + \beta_6 \text{EBIT} + \beta_7 \text{EPS} + \\ &\quad \beta_8 \text{Level} + \beta_9 \text{Cover} + \beta_{10} \text{Size} + \beta_{11} \text{BMR} + \beta_{12} \text{Liquidity} + \beta_{13} \text{Growth} + \\ &\quad \sum \text{Year} + \sum \text{Industry} + \varepsilon \end{aligned} \quad (4\text{-}5)$$

式中 Pass_shareholder——虚拟变量,如果定向增发预案经股东大会表决通过,则取值

第 4 章 实证研究设计

为 1；如果定向增发预案未通过公司股东大会，则取值为 0；

Pass_CSRC——虚拟变量，如果定向增发方案得到监管部门的核准，则取值为 1；如果定向增发方案未得到监管部门的核准，则取值为 0；

Issue——虚拟变量，如果上市公司管理层选择继续进行定向增发，则取值为 1；如果上市公司管理层最终选择终止定向增发，则取值为 0；

Complete——3 个虚拟变量（Pass_shareholder、Pass_CSRC 和 Issue）的综合，只有在定向增发预案通过股东大会表决、由监管部门核准、管理层最终选择定向增发的情况下，定向增发才能实施，Complete 才取值为 1，否则取值为 0；

CAR——定向增发预案公告日周围事件窗口的累计超额收益率，窗口期采用[-1，1]；

Family——虚拟变量，当定向增发上市公司为家族企业时取值为 1，否则取值为 0；

Market——上市公司股票的市场回报率，等于定向增发预案公告日之前 6 个月内股票市场的买入持有回报率；

Beta——根据 CAPM 计算的回归系数的平均值；

EBIT——定向增发公司经过行业中位数调整的上年末息税前利润与上年末营业总收入的比值；

EPS——定向增发公司经过行业中位数调整的上年末税后利润与上年末股本总数的比值；

Level——定向增发公司上年末负债总额与上年末资产总额的比值；

Cover——定向增发公司上年末息税前利润与上年末利息费用的比值；

Size——定向增发公司上年末总资产的自然对数；

BMR——定向增发公司上年末账面净资产与上年末股票总市值的比值；

Liquidity——定向增发公司上年末流动资产与上年末流动负债的比值；

Growth——上市公司定向增发预案公告年度近 3 年公司总资产的平均增长率；

Year——虚拟变量，控制上市公司定向增发预案公告年度；

Industry——虚拟变量，控制定向增发的上市公司所处的行业。

同式（4-4）一样，式（4-5）也是采用随机效应 Logistic 回归模型。式中，β_0 表示截距项；$\beta_1 \sim \beta_{13}$ 表示回归系数；ε 表示误差项。不同之处是，为检验企业的家族治理模式对市场反馈效应的影响,在式(4-4)的基础上,式(4-5)加入了对家族企业的判断变量(Family)与市场反馈信息变量(CAR)的交叉项(CAR×Family)。式(4-5)用来考察股权性质不同的企业,定向增发不同阶段的决策者对待市场反馈信息的态度,用以说明家族企业到底是有效的组织形态还是会损害企业价值的文化规范的产物。

2. 公司治理结构对市场反馈效应的影响模型

在研究家族企业的公司治理结构对定向增发过程中市场反馈效应的影响时,本研究建立了式(4-6)~式(4-8)。式(4-6)主要用于检验研究假设 H3,即检验家族控股股东的两权分离度对定向增发过程中市场反馈效应的影响。在式(4-4)的基础上,式(4-6)加入了两权分离度变量(Separate)与市场反馈信息变量(CAR)的交叉项(CAR×Separate),具体形式如下:

$$\begin{aligned} \text{Logit}(&\text{Pass\_shareholder}, \text{Pass\_CSRC}, \text{Issue}, \text{Complete}) \\ =& \beta_0 + \beta_1 \text{CAR} + \beta_2 \text{CAR} \times \text{Separate} + \beta_3 \text{Separate} + \beta_4 \text{Market} + \beta_5 \text{Beta} + \\ & \beta_6 \text{EBIT} + \beta_7 \text{EPS} + \beta_8 \text{Level} + \beta_9 \text{Cover} + \beta_{10} \text{Size} + \beta_{11} \text{BMR} + \\ & \beta_{12} \text{Liquidity} + \beta_{13} \text{Growth} + \sum \text{Year} + \sum \text{Industry} + \varepsilon \end{aligned} \quad (4\text{-}6)$$

式中 Pass_shareholder——虚拟变量,如果定向增发预案经股东大会表决通过,则取值为 1;如果定向增发预案未通过公司股东大会,则取值为 0;

Pass_CSRC——虚拟变量,如果定向增发方案得到监管部门的核准,则取值为 1;如果定向增发方案未得到监管部门的核准,则取值为 0;

Issue——虚拟变量,如果上市公司管理层选择继续进行定向增发,则取值为 1;如果上市公司管理层最终选择终止定向增发,则取值为 0;

Complete——3 个虚拟变量(Pass_shareholder、Pass_CSRC 和 Issue)的综合,只有在定向增发预案通过股东大会表决、由监管部门核准、管理层最终选择定向增发的情况下,定向增发才能实施,Complete 才取值为 1,否则取值为 0;

CAR——定向增发预案公告日周围事件窗口的累计超额收益率,窗口期采用[-1, 1];

Separate——家族股东的终极控制权与终极所有权的差值;

Market——上市公司股票的市场回报率,等于定向增发预案公告日之前 6 个月内股票市场的买入持有回报率;

Beta——根据 CAPM 计算的回归系数的平均值;

EBIT——定向增发公司经过行业中位数调整的上年末息税前利润与上年末营业总收入的比值;

EPS——定向增发公司经过行业中位数调整的上年末税后利润与上年末股本总数的比值;

Level——定向增发公司上年末负债总额与上年末资产总额的比值;

Cover——定向增发公司上年末息税前利润与上年末利息费用的比值;

Size——定向增发公司上年末总资产的自然对数;

BMR——定向增发公司上年末账面净资产与上年末股票总市值的比值;

Liquidity——定向增发公司上年末流动资产与上年末流动负债的比值;

Growth——上市公司定向增发预案公告年度近 3 年公司总资产的平均增长率;

Year——虚拟变量,控制上市公司定向增发预案公告年度;

Industry——虚拟变量,控制定向增发的上市公司所处的行业。

式(4-7)主要用于检验研究假设 H4,即检验家族控股股东所受到的股权制衡程度对定向增发过程中市场反馈效应的影响。在式(4-4)的基础上,式(4-7)加入了股权制衡度变量(Herfindahl$_5$)与市场反馈信息变量(CAR)的交叉项(CAR×Herfindahl$_5$),具体形式如下:

$$\begin{aligned}&\text{Logit(Pass\_shareholder,Pass\_CSRC,Issue,Complete)}\\&=\beta_0+\beta_1\text{CAR}+\beta_2\text{CAR}\times\text{Herfindahl}_5+\beta_3\text{Herfindahl}_5+\beta_4\text{Market}+\beta_5\text{Beta}+\\&\beta_6\text{EBIT}+\beta_7\text{EPS}+\beta_8\text{Level}+\beta_9\text{Cover}+\beta_{10}\text{Size}+\beta_{11}\text{BMR}+\beta_{12}\text{Liquidity}+\\&\beta_{13}\text{Growth}+\sum\text{Year}+\sum\text{Industry}+\varepsilon\end{aligned} \quad (4\text{-}7)$$

式中 Pass_shareholder——虚拟变量,如果定向增发预案经股东大会表决通过,则取值为 1;如果定向增发预案未通过公司股东大会,则取值为 0;

Pass_CSRC——虚拟变量,如果定向增发方案得到监管部门的核准,则取值为 1;如果定向增发方案未得到监管部门的核准,则取值为 0;

Issue——虚拟变量,如果上市公司管理层选择继续进行定向增发,则取值为 1;如果上市公司管理层最终选择终止定向增发,则取值为 0;

Complete——3 个虚拟变量(Pass_shareholder、Pass_CSRC 和 Issue)的综合,只有在定向增发预案通过股东大会表决、由监管部门核准、管理层最终选择定向增发的情况下,定向增发才能实施,

Complete 才取值为 1，否则取值为 0；

CAR——定向增发预案公告日周围事件窗口的累计超额收益率，窗口期采用[-1，1]；

Herfindahl₅——定向增发上市公司前五大股东持股比例的平方和；

Market——上市公司股票的市场回报率，等于定向增发预案公告日之前 6 个月内股票市场的买入持有回报率；

Beta——根据 CAPM 计算的回归系数的平均值；

EBIT——定向增发公司经过行业中位数调整的上年末息税前利润与上年末营业总收入的比值；

EPS——定向增发公司经过行业中位数调整的上年末税后利润与上年末股本总数的比值；

Level——定向增发公司上年末负债总额与上年末资产总额的比值；

Cove——定向增发公司上年末息税前利润与上年末利息费用的比值；

Size——定向增发公司上年末总资产的自然对数；

BMR——定向增发公司上年末账面净资产与上年末股票总市值的比值；

Liquidity——定向增发公司上年末流动资产与上年末流动负债的比值；

Growth——上市公司定向增发预案公告年度近 3 年公司总资产的平均增长率；

Year——虚拟变量，控制上市公司定向增发预案公告年度；

Industry——虚拟变量，控制定向增发的上市公司所处的行业。

式（4-8）主要用于检验研究假设 H5a 和 H5b，即检验家族成员是否在管理层担任要职对定向增发过程中市场反馈效应的影响。在式（4-4）的基础上，式（4-8）加入了家族成员是否在管理层担任要职变量（Serve）与市场反馈信息变量（CAR）的交叉项（CAR×Serve），具体形式如下：

$$\begin{aligned}&\text{Logit (Pass\_shareholder,Pass\_CSRC,Issue,Complete)}\\&=\beta_0+\beta_1\text{CAR}+\beta_2\text{CAR}\times\text{Serve}+\beta_3\text{Serve}+\beta_4\text{Market}+\beta_5\text{Beta}+\beta_6\text{EBIT}+\\&\beta_7\text{EPS}+\beta_8\text{Level}+\beta_9\text{Cover}+\beta_{10}\text{Size}+\beta_{11}\text{BMR}+\beta_{12}\text{Liquidity}+\\&\beta_{13}\text{Growth}+\sum\text{Year}+\sum\text{Industry}+\varepsilon\end{aligned}$$

（4-8）

式中 Pass_shareholder——虚拟变量，如果定向增发预案经股东大会表决通过，则取值为 1；如果定向增发预案未通过公司股东大会，则取值为 0；

Pass_CSRC——虚拟变量，如果定向增发方案得到监管部门的核准，则取值

第4章 实证研究设计

为1；如果定向增发方案未得到监管部门的核准，则取值为0；

Issue——虚拟变量，如果上市公司管理层选择继续进行定向增发，则取值为1；如果上市公司管理层最终选择终止定向增发，则取值为0；

Complete——3个虚拟变量（Pass_shareholder、Pass_CSRC 和 Issue）的综合，只有在定向增发预案通过股东大会表决、由监管部门核准、管理层最终选择定向增发的情况下，定向增发才能实施，Complete 才取值为1，否则取值为0；

CAR——定向增发预案公告日周围事件窗口的累计超额收益率，窗口期采用[-1, 1]；

Serve——虚拟变量，当家族成员在企业管理层担任要职时，Serve 取值为1，否则取值为0；

Market——上市公司股票的市场回报率，等于定向增发预案公告日之前6个月内股票市场的买入持有回报率；

Beta——根据 CAPM 计算的回归系数的平均值；

EBIT——定向增发公司经过行业中位数调整的上年末息税前利润与上年末营业总收入的比值；

EPS——定向增发公司经过行业中位数调整的上年末税后利润与上年末股本总数的比值；

Level——定向增发公司上年末负债总额与上年末资产总额的比值；

Cover——定向增发公司上年末息税前利润与上年末利息费用的比值；

Size——定向增发公司上年末总资产的自然对数；

BMR——定向增发公司上年末账面净资产与上年末股票总市值的比值；

Liquidity——定向增发公司上年末流动资产与上年末流动负债的比值；

Growth——上市公司定向增发预案公告年度近3年公司总资产的平均增长率；

Year——虚拟变量，控制上市公司定向增发预案公告年度；

Industry——虚拟变量，控制定向增发的上市公司所处的行业。

同式（4-4）和式（4-5）一样，式（4-6）~式（4-8）也均采用随机效应 Logistic 回归模型。式中，β_0 表示截距项；$\beta_1 \sim \beta_{13}$ 表示回归系数；ε 表示误差项。

3. 定向增发特征对市场反馈效应的影响模型

在研究定向增发特征对定向增发过程中市场反馈效应的影响时，本研究建立了式（4-9）和式（4-10）。式（4-9）主要用于检验研究假设 H6a 与 H6b，即检验家族控股股东是否参与认购定向增发股份对定向增发过程中市场反馈效应的影响。在式（4-4）的基础上，式（4-9）加入了控股股东是否参与认购定向增发股份变量（Participate）与市场反馈信息变量（CAR）的交叉项（CAR×Participate），具体形式如下：

$$\begin{aligned}
&\text{Logit (Pass\_shareholder, Pass\_CSRC, Issue, Complete)} \\
&= \beta_0 + \beta_1 \text{CAR} + \beta_2 \text{CAR} \times \text{Participate} + \beta_3 \text{Participate} + \beta_4 \text{Market} + \beta_5 \text{Beta} + \\
&\quad \beta_6 \text{EBIT} + \beta_7 \text{EPS} + \beta_8 \text{Level} + \beta_9 \text{Cover} + \beta_{10} \text{Size} + \beta_{11} \text{BMR} + \\
&\quad \beta_{12} \text{Liquidity} + \beta_{13} \text{Growth} + \sum \text{Year} + \sum \text{Industry} + \varepsilon
\end{aligned} \quad (4\text{-}9)$$

式中 Pass_shareholder——虚拟变量，如果定向增发预案经股东大会表决通过，则取值为 1；如果定向增发预案未通过公司股东大会，则取值为 0；

Pass_CSRC——虚拟变量，如果定向增发方案得到监管部门的核准，则取值为 1；如果定向增发方案未得到监管部门的核准，则取值为 0；

Issue——虚拟变量，如果上市公司管理层选择继续进行定向增发，则取值为 1；如果上市公司管理层最终选择终止定向增发，则取值为 0；

Complete——3 个虚拟变量（Pass_shareholder、Pass_CSRC 和 Issue）的综合，只有在定向增发预案通过股东大会表决、由监管部门核准、管理层最终选择定向增发的情况下，定向增发才能实施，Complete 才取值为 1，否则取值为 0；

CAR——定向增发预案公告日周围事件窗口的累计超额收益率，窗口期采用 [-1, 1]；

Participate——虚拟变量，若家族控股股东参与认购定向增发股份，则取值为 1，否则取值为 0；

Market——上市公司股票的市场回报率，等于定向增发预案公告日之前 6 个月内股票市场的买入持有回报率；

Beta——根据 CAPM 计算的回归系数的平均值；

EBIT——定向增发公司经过行业中位数调整的上年末息税前利润与上

年末营业总收入的比值；

EPS——定向增发公司经过行业中位数调整的上年末税后利润与上年末股本总数的比值；

Level——定向增发公司上年末负债总额与上年末资产总额的比值；

Cover——定向增发公司上年末息税前利润与上年末利息费用的比值；

Size——定向增发公司上年末总资产的自然对数；

BMR——定向增发公司上年末账面净资产与上年末股票总市值的比值；

Liquidity——定向增发公司上年末流动资产与上年末流动负债的比值；

Growth——上市公司定向增发预案公告年度近3年公司总资产的平均增长率；

Year——虚拟变量，控制上市公司定向增发预案公告年度；

Industry——虚拟变量，控制定向增发的上市公司所处的行业。

式（4-10）主要用于检验研究假设H7，即检验定向增发的目的对增发过程中市场反馈效应的影响，具体形式如下：

$$\begin{aligned}&\text{Logit (Pass\_shareholder, Pass\_CSRC, Issue, Complete)}\\&= \beta_0 + \beta_1 \text{CAR} + \beta_2 \text{CAR} \times \text{Purpose} + \beta_3 \text{Purpose} + \beta_4 \text{Market} + \beta_5 \text{Beta} +\\&\beta_6 \text{EBIT} + \beta_7 \text{EPS} + \beta_8 \text{Level} + \beta_9 \text{Cover} + \beta_{10} \text{Size} + \beta_{11} \text{BMR} +\\&\beta_{12} \text{Liquidity} + \beta_{13} \text{Growth} + \sum \text{Year} + \sum \text{Industry} + \varepsilon\end{aligned}$$ （4-10）

式中 Pass_shareholder——虚拟变量，如果定向增发预案经股东大会表决通过，则取值为1；如果定向增发预案未通过公司股东大会，则取值为0；

Pass_CSRC——虚拟变量，如果定向增发方案得到监管部门的核准，则取值为1；如果定向增发方案未得到监管部门的核准，则取值为0；

Iusse——虚拟变量，如果上市公司管理层选择继续进行定向增发，则取值为1；如果上市公司管理层最终选择终止定向增发，则取值为0；

Complete——3个虚拟变量（Pass_shareholder、Pass_CSRC和Issue）的综合，只有在定向增发预案通过股东大会表决、由监管部门核准、管理层最终选择定向增发的情况下，定向增发才能实施，Complete才取值为1，否则取值为0；

CAR——定向增发预案公告日周围事件窗口的累计超额收益率，窗口期采用[-1，1]；

Purpose——虚拟变量，若上市公司定向增发以购买资产为目的，则取值为1；若上市公司定向增发以募集资金为目的，则取值为0；

Market——上市公司股票的市场回报率，等于定向增发预案公告日之前6个月内股票市场的买入持有回报率；

Beta——根据CAPM计算的回归系数的平均值；

EBIT——定向增发公司经过行业中位数调整的上年末息税前利润与上年末营业总收入的比值；

EPS——定向增发公司经过行业中位数调整的上年末税后利润与上年末股本总数的比值；

Level——定向增发公司上年末负债总额与上年末资产总额的比值；

Cover——定向增发公司上年末息税前利润与上年末利息费用的比值；

Size——定向增发公司上年末总资产的自然对数；

BMR——定向增发公司上年末账面净资产与上年末股票总市值的比值；

Liquidity——定向增发公司上年末流动资产与上年末流动负债的比值；

Growth——上市公司定向增发预案公告年度近3年公司总资产的平均增长率；

Year——虚拟变量，控制上市公司定向增发预案公告年度；

Industry——虚拟变量，控制定向增发的上市公司所处的行业。

同上述几个式子保持一致，式（4-9）和式（4-10）也均采用随机效应 Logistic 回归模型。式中，β_0 表示截距项；$\beta_1 \sim \beta_{13}$ 表示回归系数；ε 表示误差项。

4.4 本章小结

本章就如何利用我国资本市场上市公司的定向增发数据来检验文章的研究假设提供了具体的实证设计。首先，介绍了本研究所需要的数据资料，重点说明了样本选取过程和数据来源，并对样本观测值的年度和行业分布情况进行了详细的描述。其次，介绍了本研究对家族企业的定义方法，并且对家族企业和非家族企业样本定向增发的实施情况进行了对比分析。再次，选取了实证分析所需要的相关变量，并且对变量进行了必要的测度，包括市场反馈信息变量、定向增发前的盈余操纵与定向增发实施后公司业绩变化的测度，以及相关控制变量的选取和测度等，本研究所涉及的相关研究变量明细表见表 4-4。最后，介绍了对文章研究假设进行实证检验的相关检验方法，包括相关性分析、均值 t 检验、中位数 Z 检验、事件研究法、Logistic 回归分析和两阶段 Probit 回归模型等，在此基础上，从企业的股权性质、公司治理特征和定向增发特征等几个方面，对文章实证分析所需要的模型进行了详细的构建和说明。本章的实证设计工作为后续的实证检验分析和稳健性检验等工作奠定了基础。

表 4-4 变量定义和计算

变量类别	变量定义	变量符号	变量计算方法
被解释变量	公司股东大会对定向增发预案的表决结果	Pass_shareholder	虚拟变量，如果定向增发预案经股东大会表决通过，则取值为 1；如果定向增发预案未通过公司股东大会，则取值为 0
	监管部门对定向增发方案的审核结果	Pass_CSRC	虚拟变量，如果定向增发方案得到监管部门的核准，则取值为 1；如果定向增发方案未得到监管部门的核准，则取值为 0
	管理层对定向增发的最终决策结果	Issue	虚拟变量，如果上市公司管理层选择继续进行定向增发，则取值为 1；如果上市公司管理层最终选择终止定向增发，则取值为 0
	定向增发的实施结果	Complete	3 个虚拟变量（Pass_shareholder、Pass_CSRC 和 Issue）的综合，只有在定向增发预案通过股东大会表决、由监管部门核准、管理层最终选择定向增发的情况下，定向增发才能实施，Complete 才取值为 1，否则取值为 0
解释变量	市场反馈信息	CAR	定向增发预案公告日周围事件窗口的累计超额收益率，窗口期采用[-1, 1]
股权和公司治理结构	是否是家族企业	Family	虚拟变量，当定向增发上市公司为家族企业时取值为 1，否则取值为 0
	股权制衡程度	Herfindahl$_5$	定向增发上市公司前五大股东持股比例的平方和
	两权分离度	Separate	家族股东的终极控制权与终极所有权的差值
	家族成员是否在管理层担任要职	Serve	虚拟变量，当家族成员在企业管理层担任要职时，Serve 取值为 1，否则取值为 0

(续)

变量类别	变量定义	变量符号	变量计算方法
定向增发特征	家族控股股东是否参与认购定向增发股份	Participate	虚拟变量,若家族控股股东参与认购定向增发股份,则取值为1,否则取值为0
	定向增发的目的	Purpose	虚拟变量,若上市公司定向增发以购买资产为目的,则取值为1;若上市公司定向增发以募集资金为目的,则取值为0
定向增发前的盈余操纵	可操纵应计利润	DA	采用修正的琼斯模型计算而来
	定向增发预案公告前[-200,-30]窗口期间内公司股票的累计超额收益率	CAR_1	超额收益率等于[-200,-30]窗口期间内的日股票收益率减去期望收益率,其中,期望收益率等于[-200,-30]窗口期间内的日股票收益率对日市场平均收益率进行线性回归而得到的拟合值
定向增发实施或者终止后公司的业绩变化	每股收益的变化	ΔEPS	上市公司进行定向增发当年与其上一年相比每股收益的变化,如果增加,则取值为1,否则取值为0
	息税前利润率的变化	$\Delta EBIT$	上市公司进行定向增发当年与其上一年相比息税前利润率的变化,如果增加,则取值为1,否则取值为0
	净资产收益率的变化	ΔROE	上市公司进行定向增发当年与其上一年相比净资产收益率的变化,如果增加,则取值为1,否则取值为0
公司基本面因素	股票市场回报率	Market	上市公司股票的市场回报率,等于定向增发预案公告日之前6个月内股票市场的买入持有回报率
	贝塔系数	Beta	根据CAPM计算的回归系数的平均值
	息税前利润率	EBIT	定向增发公司经过行业中位数调整的上年末息税前利润与上年末营业总收入的比值
	每股收益	EPS	定向增发公司经过行业中位数调整的上年末税后利润与上年年末股本总数的比值
	资产负债率	Level	定向增发公司上年末负债总额与上年末资产总额的比值
	利息保障倍数	Cover	定向增发公司上年末息税前利润与上年末利息费用的比值

（续）

变量类别	变量定义	变量符号	变量计算方法
公司基本面因素	公司规模	Size	定向增发公司上年末总资产的自然对数
	账面市值比	BMR	定向增发公司上年末账面净资产与上年末股票总市值的比值
	流动比率	Liquidity	定向增发公司上年末流动资产与上年末流动负债的比值
	公司成长性	Growth	上市公司定向增发预案公告年度近3年公司总资产的平均增长率
年度	年度变量	Year	虚拟变量，控制上市公司定向增发预案公告年度
行业	行业变量	Industry	虚拟变量，控制定向增发的上市公司所处的行业

第 5 章

实证检验结果

在理论分析、模型构建、假设提出和研究设计的基础上,本章综合运用描述性统计分析、均值 t 检验、相关性分析和 Logistic 回归分析等统计方法,对所提出的 7 个假设进行了实证检验,揭示了在我国特殊的制度背景和资本市场环境下,资本市场对定向增发公告的反馈信息对定向增发每个环节决策者的影响,并分析了定向增发不同环节的决策者行为的影响因素,进一步考察了定向增发中资本市场反馈效应的有效性。

5.1 描述性统计与相关性分析

5.1.1 描述性统计

1. 主要变量的描述性统计

根据变量的不同性质,本研究将其分成了三类:公司治理变量、公司特征变量和定向增发特征变量,并对其进行了描述性统计,结果见表 5-1。

表 5-1 主要变量的描述性统计结果

变量名称	样本观测值	均值	中位数	标准差	最小值	最大值
Panel A:公司治理变量						
Herfindahl$_5$	3474	0.164	0.135	0.114	0.012	0.521
Serve	3474	0.353	0.000	0.478	0.000	1.000
Separate	3474	0.050	0.000	0.075	0.000	0.274
Family	3474	0.530	0.000	0.497	0.000	1.000
Panel B:公司特征变量						
Beta	3474	1.111	1.120	0.183	0.864	1.345
EBIT	3474	0.097	0.083	0.057	0.032	0.181
EPS	3474	0.286	0.215	0.430	−1.040	2.060

（续）

变量名称	样本观测值	均值	中位数	标准差	最小值	最大值
Level	3474	0.536	0.534	0.246	0.056	1.556
Cover	3474	3.716	2.638	3.485	0.000	9.157
Size	3474	21.626	21.497	1.304	18.702	25.912
BMR	3474	0.875	0.746	0.462	0.367	1.569
Liquidity	3474	1.781	1.261	1.975	0.000	13.369
Growth	3474	0.803	0.615	0.645	0.092	1.780
Panel C：定向增发特征变量						
CAR	3474	0.054	0.031	0.100	−0.149	0.295
Participate	3474	0.401	0.000	0.490	0.000	1.000
Purpose	3474	0.619	0.000	0.486	0.000	1.000
Market	3474	1.409	1.011	2.052	−3.467	7.648
Pass_shareholder	2724	0.818	1.000	0.330	0.000	1.000
Pass_CSRC	2538	0.884	1.000	0.288	0.000	1.000
Issue	2914	0.760	1.000	0.382	0.000	1.000
Complete	3474	0.599	1.000	0.471	0.000	1.000

Panel A 是公司治理变量的描述性统计结果。在 3474 个样本观测值中，有 53.0%的定向增发公告来自家族企业（Family 的均值为 0.530）；家族企业中，家族成员在管理层担任要职的比例约占 66.6%（Serve 的均值 0.353/Family 的均值 0.530），此比例是比较高的，这与国内外关于家族企业研究的结果保持一致（Cao，Cumming 和 Wang，2015；Gao，Li 和 Huang，2017）。两权分离度（Separate）的均值和最大值分别为 0.050 和 0.274，说明在样本观测值中，控股股东控制权与所有权的分离程度的平均值为 5%，最大值为 27.4%。

Panel B 是公司特征变量的描述性统计结果。贝塔系数（Beta）的均值和中位数分别为 1.111 和 1.120，作为公司风险的衡量指标，贝塔系数处于 1 左右的水平时，表示上市公司的整体风险水平并不是很高，说明在样本观测值中，进行定向增发上市公司的风险水平并不高。息税前利润率（EBIT）的均值和中位数分别为 0.097 和 0.083，每股收益（EPS）的均值和中位数分别为 0.286 和 0.215，说明样本公司的盈利能力分布较均衡；而每股收益（EPS）的最小值为−1.040，说明进行定向增发的上市公司，其盈利能力的变动幅度较大，不同公司的盈利水平存在较大差异，这恰恰体现了我国法律法规对定向增发的宽松规定，即对定向增发申请上市公司的盈利能力并无特殊要求，即使亏损企业也可进行定向增发。资产负债率（Level）的均值和中位数分别为 0.536 和 0.534，说明我国进行定向增发上市公司的债务水平总体较高，总体处于 50%以上的水平；另外，该指标的最大值为 1.556，说明在样本观测值中，有些上市公司处于高负债经营状态，总负债水平大于其总资产水平，这可能由于《管理办法》和《实施细则》对进行定向增发申请上市公司的资本结构并无特殊要求。利息保障倍数（Cover）的均值和中位数分别为 3.716 和 2.638，标准差为 3.485，说明样本公司的长期偿债能力处于较大的波动水平，不同公司的偿债能力之间存在较大差异。公司规模（Size）的最小值和最大值分别为 18.702 和 25.912，标准差为 1.304，说明进行定向增发上市公司的规模也处于较大的变动水平，不同公司的规模之间存在较大差异，这也是源于上市公司在进行定向增发申请时，并不会受到公司规模方面的限制规定。账面市值比（BMR）的均值和中位数分别为 0.875 和 0.746，由于该指标可以反映市场对公司价值的判断与公司账面价值的偏离程度，说明总体来讲，上市公司在进行定向增发公告时，资本市场对其价值的估计要高于其账面价值，这也在一定程度上反映了公司内部人在定向增发过程中的时机选择行为。流动比率（Liquidity）的均值和中位数分别为 1.781 和 1.261，标准差为 1.975，说明样本公司的流动比率也处于比较大的变动水平，不同公司的流动比率之间存在着比较大的差异。公司成长性（Growth）的均值和中位数分别为 0.803 和 0.615，标准差为 0.645，说明样本公司的成长性波动比较小，分布也比较均匀。

Panel C 是定向增发特征变量的描述性统计结果。市场反馈信息（CAR）的均值和中位数分别为 0.054 和 0.031，说明总体来说，资本市场对定向增发公告的反应为正，但是 CAR 的最小值与最大值分别为 -0.149 和 0.295，说明市场反馈信息的波动幅度比较大，而且资本市场并不是对所有的定向增发公告都持有积极态度。控股股东是否参与认购定向增发股份（Participate）的均值为 0.401，说明平均来说，大约有 40%的定向增发股份面向公司的控股股东发行。定向增发目的（Purpose）的均值为 0.619，说明总体而言，在样本观测值中，大约有 61.9%的上市公司，其定向增发目的是认购控股股东的资产。股票市场回报率（Market）的均值和中位数分别为 1.409 和 1.011，标准差为 2.052，说明在样本观测期内进行定向增发公告的上市公司，其公告前股票市场整体的走势和收益率波动都比较大。Pass_shareholder、Pass_CSRC 和 Issue 的均值分别为 0.818、0.884 和 0.760，说明在发布定向增发公告的上市公司中，有 81.8%经股东大会投票表决通过，有 88.4%由监管部门核准通过，有 76.0%最终实施了定向增发。由于可能存在以下几种情况，所以每个阶段的通过率会有差异：①定向增发方案已经获得股东大会表决通过，并且申请材料已经提交证监会审核，但是在获得证监会审核结果之前，上市公司主动申请撤回非公开发行股票申请文件，并且已经获得证监会的行政许可；②定向增发方案已经获得股东大会表决通过，并且也已经获得证监会等监管机构的审核通过，但是在审核通过的有效期（一般为 6 个月）内，上市公司迟迟未实施定向增发，因此，上市公司主动公告放弃实施定向增发方案。也就是说，并非每一个进行定向增发公告的上市公司都会把相关材料提交至股票发行审核委员会（简称发审委）等监管机构审核，这就会造成 Pass_shareholder 和 Pass_CSRC 之间的差异；而且，定向增发预案经由发审委等监管部门核准后，并不一定会得到实施，这就会造成 Pass_CSRC 和 Issue 之间的差异。

2. 主要变量的均值差异 t 检验

为明确家族企业与非家族企业之间的差异，本研究对总体样本观测值按照企业的产权性质进行了分组，并对不同组别相关变量的均值进行了差异性分析，结果见表 5-2。

表 5-2 主要变量的均值差异 t 检验结果

变量名称	分组情况	样本量	均值	标准差	均值差异检验
Panel A：按照企业的产权性质进行分组（Family）					
CAR	家族企业	1856	0.062	0.003	0.019***
	非家族企业	1618	0.043	0.003	(4.907)
Herfindahl₅	家族企业	1856	0.144	0.004	−0.045***
	非家族企业	1618	0.190	0.003	(−10.246)
Beta	家族企业	1856	1.242	0.011	0.134
	非家族企业	1618	1.108	0.137	(0.869)
Level	家族企业	1856	0.499	0.006	−0.083***
	非家族企业	1618	0.582	0.007	(−8.679)
Size	家族企业	1856	21.258	0.040	−0.831
	非家族企业	1618	22.089	0.030	(−17.024)
EBIT	家族企业	1856	0.105	0.002	0.017***
	非家族企业	1618	0.088	0.002	(7.591)
BMR	家族企业	1856	0.756	0.014	−0.267***
	非家族企业	1618	1.023	0.011	(−15.222)
EPS	家族企业	1856	0.300	0.013	0.025*
	非家族企业	1618	0.272	0.011	(1.449)
Liquidity	家族企业	1856	2.149	0.035	0.834***
	非家族企业	1618	1.315	0.062	(10.936)

（续）

变量名称	分组情况	样本量	均值	标准差	均值差异检验
Cover	家族企业	1856	3.747	0.100	0.068
	非家族企业	1618	3.678	0.094	(0.498)
Growth	家族企业	1856	0.889	0.018	0.194***
	非家族企业	1618	0.695	0.017	(7.690)
Market	家族企业	1856	1.339	0.067	−0.160**
	非家族企业	1618	1.499	0.049	(−1.973)
Participate	家族企业	1856	0.502	0.012	0.181***
	非家族企业	1618	0.321	0.015	(−9.503)
Purpose	家族企业	1856	0.629	0.014	0.024*
	非家族企业	1618	0.605	0.013	(1.265)
Issue	家族企业	1856	0.798	0.012	−0.054***
	非家族企业	1618	0.852	0.012	(−3.229)
Pass_CSRC	家族企业	1856	0.895	0.009	−0.029**
	非家族企业	1618	0.925	0.009	(−2.304)
Pass_shareholder	家族企业	1856	0.873	0.010	−0.005***
	非家族企业	1618	0.878	0.009	(−1.035)
Panel B：按照增发预案最终是否实施进行分组（Complete）					
CAR	按照预案实施增发	2081	0.058	0.002	0.012**
	未按照预案实施增发	1393	0.046	0.004	(−2.914)
Herfindahl$_5$	按照预案实施增发	2081	0.170	0.003	0.016***
	未按照预案实施增发	1393	0.154	0.004	(−3.429)
Beta	按照预案实施增发	2081	1.110	0.004	−0.002
	未按照预案实施增发	1393	1.112	0.006	(0.375)
Level	按照预案实施增发	2081	0.526	0.006	−0.029**
	未按照预案实施增发	1393	0.555	0.009	(2.809)
Size	按照预案实施增发	2081	21.711	0.031	0.255***
	未按照预案实施增发	1393	21.456	0.044	(−4.721)
EBIT	按照预案实施增发	2081	0.097	0.001	0.000
	未按照预案实施增发	1393	0.097	0.002	(−0.109)
BMR	按照预案实施增发	2081	0.877	0.011	0.007
	未按照预案实施增发	1393	0.870	0.016	(−0.367)
EPS	按照预案实施增发	2081	0.316	0.010	0.091***
	未按照预案实施增发	1393	0.225	0.014	(−5.122)
Liquidity	按照预案实施增发	2081	1.766	0.046	−0.044
	未按照预案实施增发	1393	1.810	0.070	(0.540)

（续）

变量名称	分组情况	样本量	均值	标准差	均值差异检验
Cover	按照预案实施增发	2081	3.862	0.085	0.437**
	未按照预案实施增发	1393	3.425	0.113	(−3.016)
Growth	按照预案实施增发	2081	0.835	0.015	0.095***
	未按照预案实施增发	1393	0.740	0.022	(−3.548)
Market	按照预案实施增发	2081	1.282	0.047	−0.382***
	未按照预案实施增发	1393	1.664	0.076	(4.498)
Participate	按照预案实施增发	2081	0.405	0.012	0.013
	未按照预案实施增发	1393	0.392	0.017	(−0.639)
Purpose	按照预案实施增发	2081	0.608	0.012	−0.032*
	未按照预案实施增发	1393	0.640	0.016	(1.588)

注：*、**和***分别表示双尾检验在 $p<0.1$、$p<0.05$ 和 $p<0.01$ 的水平下显著；括号内的数值表示 t 值。

Panel A 列示了按照企业的产权性质进行分组的情况下，上市公司各指标间的均值差异 t 检验结果。可以看出，无论对于家族企业还是非家族企业，资本市场对定向增发公告的反馈（CAR）的均值均大于 0，表明我国上市公司定向增发的公告效应为正，这与国内外大部分有关定向增发公告效应的研究结论保持一致（Hertzel，Lemmon 和 Linck 等，2002；Tan，Chng 和 Tong，2002；徐寿福，2010；高伟伟，李婉丽和黄珍，2015；Li，Gao 和 Sun，2015，2016）。但对家族企业来说，其进行定向增发公告的市场反馈要显著高于非家族企业，且家族企业控股股东所受的股权制衡度要显著弱于非家族企业，这一结果在一定程度上可以反映出我国家族企业的发展现状，即目前我国大部分家族企业还仍处于创始人掌管阶段，企业的所有权相对比较集中，企业的控制权大多仍然在家族控股股东的掌握之中。贝塔系数（Beta）可以反映上市公司股票的系统风险特征，根据结果，家族企业与非家族企业之间并无显著差异，说明上市公司的风险并不会因为企业产权性质的不同而表现出太大差别。对于资产负债率水平（Level），家族企业的负债率显著低于非家族企业。相关研究指出，由于信息不对称，民营中小企业获得银行贷款的难度较大（Berger 和 Udell，2002；Chakraborty 和 Hu，2006；Uchida 和 Udell，2012）。由于会计报表不规范、缺乏抵押品等原因，这些企业往往被认为风险大、收益低，多年来一直被融资问题所困扰（朱武祥和魏炜，2009）。而与民营企业相反，国有企业由于存在政府担保，比较容易获得贷款。这就造成了家族企业与非家族企业之间资产负债率的显著差异。公司规模（Size）并未在不同产权性质的公司之间表现出显著差异，说明进行定向增发公告的上市公司，其规模分布比较均衡。由于目前我国大部分家族企业仍处于创始人掌管阶段，受企业家精神影响，创始人家族会参与企业的日常管理，因此，企业经营效率会相对较高，这就引起了家族企业与非家族企业之间在盈利能力（EBIT和EPS）、市场对公司价值的判断（BMR）以及公司成长性（Growth）等方面的显著差异。由于很多创始人对家族产业进行了多元化经营，形成了集团企业，因此，对于家族企业来说，进行定向增发以购买控股股东资产的比例（Purpose）就要显著高于非家族企业，但是，这种行为是否是控股股东对企业的"掏空"，还需要进行实证检验。与非家族企业相比，家族控股股东参与定向增发的比例相对较大。从 Issue、Pass_CSRC 和 Pass_shareholder 的均值差异来看，与非家族企业相比，家族企业在定向增发各阶段获得肯定的概率都比较低，但对于市场反馈对定向增发各阶段决策者的影响作用还需要进行实证检验。从表 5-2 的总体检验结果来看，家族企业与非家族企业之间在定向增发预案的市场反馈信息、股权制衡程度、盈利能力以及各个阶段的决策结果方面都存在显著差异，说明本研究对家族参与企业管理对市场反馈效应的影响研究是比较合理的。

Panel B 列示了按照定向增发预案的最终完成情况进行分组的情况下，上市公司各个指标之间的均值差异 t 检验结果。定向增发预案的最终完成情况（Complete）是公司股东大会对定向增发预案的表决结果、监管部门对定向增发方案的审核结果和管理层对定向增发最终决策结果的综合。从检验结果可以看出，与 Panel A 的结果一致，无论定向增发预案最终是否完成，资本市场对定向增发预案公告的反馈都为正，但是对于最终完成定向增发的上市公司，其市场反馈（CAR）要显著高于未完成定向增发的上市公司，这个结果可以初步说明市场反馈效应在我国资本市场是存在的。与未按照预案实施定向增发的上市公司相比，按照预案实施定向增发的上市公司，其控股股东受到的股权制衡程度更高、资产负债率水平更低、公司规模更大、公司的盈利能力更好且具有较好的长期偿债能力。

5.1.2 相关性分析

为了说明定向增发预案公告的市场反馈信息与公司治理结构和定向增发特征之间的关系，本研究采用所搜集的样本观测值数据，对各变量之间的关系进行了皮尔逊（Pearson）和斯皮尔曼（Spearman）相关性检验，详细结果见表 5-3。

控股股东的股权制衡程度（$Herfindahl_5$）与定向增发公告的市场反馈信息（CAR）在5%的水平下呈显著的正相关关系，这一结果说明，股权制衡程度越高的上市公司，外部

第 5 章 实证检验结果

表 5-3 各变量的皮尔逊（Pearson）和斯皮尔曼（Spearman）相关性检验结果

	CAR	Herfindahl₅	Beta	Level	Size	EBIT	BMR	EPS	Liquidity	Cover	Growth	Market
CAR	1.000	0.048**	-0.001	-0.108***	0.158***	-0.050**	0.091***	0.100***	0.092***	0.063***	-0.063***	0.045**
	(0.000)	(0.014)	(0.968)	(0.000)	(0.000)	(0.012)	(0.000)	(0.000)	(0.000)	(0.001)	(0.002)	(0.022)
Herfindahl₅	0.040**	1.000	0.041**	-0.029	0.212***	0.065***	0.095***	0.203***	0.051***	0.088***	0.201***	0.078***
	(0.043)	(0.000)	(0.037)	(0.140)	(0.000)	(0.001)	(0.000)	(0.000)	(0.009)	(0.000)	(0.000)	(0.000)
Beta	0.003	0.031	1.000	-0.150***	0.092***	0.049**	0.071***	0.106***	0.144***	0.053***	0.136***	-0.029
	(0.865)	(0.120)	(0.000)	(0.000)	(0.000)	(0.013)	(0.000)	(0.000)	(0.000)	(0.007)	(0.000)	(0.135)
Level	-0.111***	-0.048**	-0.186***	1.000	0.378***	-0.253***	0.503***	-0.156***	-0.711***	-0.055***	-0.070***	0.046**
	(0.000)	(0.015)	(0.000)	(0.000)	(0.000)	(0.000)	(0.000)	(0.000)	(0.000)	(0.005)	(0.000)	(0.019)
Size	0.149***	0.242***	0.086***	0.244***	1.000	-0.030	0.595***	0.278***	-0.261***	0.105***	0.256***	-0.020
	(0.000)	(0.000)	(0.000)	(0.000)	(0.000)	(0.129)	(0.000)	(0.000)	(0.000)	(0.000)	(0.000)	(0.304)
BMR	0.093***	0.087***	0.062***	0.405***	0.571***	-0.211***	1.000	-0.072***	-0.387***	0.001	0.047**	0.198***
	(0.000)	(0.000)	(0.002)	(0.000)	(0.000)	(0.000)	(0.000)	(0.000)	(0.000)	(0.955)	(0.017)	(0.000)
EPS	0.092***	0.148***	0.058***	-0.145***	0.255***	0.430***	-0.082***	1.000	0.245***	0.364***	0.489***	-0.016
	(0.000)	(0.000)	(0.003)	(0.000)	(0.000)	(0.000)	(0.000)	(0.000)	(0.000)	(0.000)	(0.000)	(0.405)
Liquidity	0.120***	0.019	0.088***	-0.588***	-0.239***	0.228***	-0.319***	0.116***	1.000	0.065***	0.222***	-0.030
	(0.000)	(0.324)	(0.000)	(0.000)	(0.000)	(0.000)	(0.000)	(0.000)	(0.000)	(0.001)	(0.000)	(0.122)
Cover	0.058***	0.099***	0.050**	-0.105***	0.038*	0.311***	-0.091***	0.321***	-0.118***	1.000	0.131***	0.064***
	(0.003)	(0.000)	(0.011)	(0.000)	(0.051)	(0.000)	(0.000)	(0.000)	(0.000)	(0.000)	(0.000)	(0.001)
Growth	-0.062***	0.180***	0.115***	-0.117***	0.204***	0.257***	0.004	0.392***	0.190***	0.134***	1.000	0.014
	(0.002)	(0.000)	(0.000)	(0.000)	(0.000)	(0.000)	(0.841)	(0.000)	(0.000)	(0.000)	(0.000)	(0.482)
Market	0.052***	0.044**	-0.023	0.050**	-0.041**	0.027	0.222***	-0.072***	-0.058***	0.049**	-0.017	1.000
	(0.008)	(0.025)	(0.250)	(0.011)	(0.037)	(0.178)	(0.000)	(0.000)	(0.003)	(0.013)	(0.388)	(0.000)

注：表中数据左下部分为皮尔逊（Pearson）检验相关系数，右上部分为斯皮尔曼（Spearman）检验相关系数；括号内的数值表示 P 值。*、**以及***分别表示双尾检验在 $p<0.1$、$p<0.05$ 以及 $p<0.01$ 的水平下显著。

家族企业定向增发中的市场反馈效应研究

投资者对其定向增发公告的反馈越积极。面对公司的定向增发决策，公司的非控股大股东可以对控股股东的行为起到一定的制衡作用，说明资本市场可以识别公司治理结构的质量，在一定程度上说明市场反馈信息的有效性。资产负债率（Level）和公司规模（Size）与定向增发公告的市场反馈（CAR）分别在1%的水平下呈显著的负相关关系、在1%的水平下呈显著的正相关关系，这一结果说明，进行定向增发公告的上市公司，其资产负债率越高，市场反馈越消极；公司规模越大，市场反馈越积极。账面市值比（BMR）与定向增发公告的市场反馈（CAR）在1%的水平下呈显著的正相关关系，由于BMR可以反映资本市场对公司价值的判断与公司账面价值的偏离程度，因此，账面市值比越高，则说明公司具有较高的投资价值，资本市场对此类上市公司的定向增发公告会给予积极的反应。公司的盈利能力（EPS）和利息保障倍数（Cover）与定向增发公告的市场反馈（CAR）均在1%的水平下呈显著的正相关关系，这一结果说明，公司盈利能力越好、长期偿债能力越好，其进行定向增发决策时，外部投资者会给予越积极的反应。股票市场回报率（Market）与定向增发公告的市场反馈（CAR）在5%的水平下呈显著的正相关关系，说明定向增发公告的市场反馈信息会受到股票大盘整体走势的影响，在投资者情绪比较高涨即"牛市"时，市场反馈越积极；而当投资者情绪比较低落即"熊市"时，市场反馈的积极性也会受到一定的影响。变量之间的相关性检验结果说明，公司股权结构越平衡、偿债能力越好、盈利能力越佳，其进行定向增发公告时的市场反馈也会越积极。这些结果在一定程度上初步验证了市场反馈信息的有效性，也在一定程度上说明了资本市场有效的资源配置功能，说明本研究对定向增发过程中市场反馈效应的研究具有一定的合理性。

以下几个部分，在第3章理论分析的基础上，通过定向增发不同阶段的决策结果与市场反馈信息之间的关系来检验市场反馈效应的存在性，并且考察公司治理结构和定向增发特征对市场反馈效应的影响。首先，检验股东大会对定向增发预案的表决结果与市场反馈信息之间的关系，以及公司治理结构与定向增发特征对两者之间关系的影响；其次，检验监管部门的核准结果与市场反馈信息之间的关系；再次，检验管理层的最终决策结果与市场反馈信息之间的关系，以及公司治理结构与定向增发特征对两者之间关系的影响；最后，综合定向增发各阶段决策者的决策结果，检验定向增发的实施结果与市场反馈信息之间的关系，以及公司治理结构与定向增发特征对两者之间关系的影响。

接下来，本研究对定向增发中市场反馈信息的有效性进行了检验。主要从两个途径来进行：第一，市场反馈信息与定向增发预案公告前的盈余操纵之间的关系，即资本市场是否可以有效识别上市公司在定向增发预案公告前的盈余操纵行为,所以通过对公司股票的交易来引起股价波动的方式向定向增发各阶段的决策者传递其态度;第二,市场反馈信息与股份发行后公司业绩之间的关系,即资本市场是否可以有效预见上市公司在定向增发实施后业绩的变化,以通过股价波动的方式向决策者传递相应的信息。

最后,本研究对实证检验结果进一步进行了稳健性检验。稳健性检验主要从以下三个方面进行:第一,对家族企业的范围重新界定;第二,用其他方法对市场反馈信息进行衡量;第三,采用两阶段 Probit 回归模型,对模型的内生性进行控制。稳健性检验结果与实证检验结果保持一致。

5.2 股东大会决策过程中的市场反馈效应

本节运用 Logistic 回归估计方法对式(4-4)和式(4-5)进行估计,借以检验股东大会对定向增发预案的表决结果与市场反馈信息之间的关系,以探明股东大会决策过程中市场反馈效应是否存在,并且检验家族参与企业管理对两者之间关系的影响,进一步对式(4-6)~式(4-10)进行估计,对家族企业的公司治理结构与定向增发特征对两者之间关系的影响进行检验。

5.2.1 股东大会决策过程中市场反馈效应的存在性

股东大会决策过程中市场反馈效应存在性的检验主要通过考察定向增发公告后的市场反馈信息对股东大会决策结果的影响来实现,主要由式(4-4)来反映。式(4-5)在式(4-4)的基础上,加入了家族企业变量(Family)及其与市场反馈信息变量(CAR)之间的交叉变量(CAR×Family),借以考察家族参与企业管理对股东大会决策过程中市场反馈效应的影响。回归结果见表 5-4。

表 5-4 股东大会决策与市场反馈信息之间的关系回归结果

变量名称	总样本 Pass_shareholder (1)	总样本 Pass_shareholder (2)	家族企业 Pass_shareholder (3)
Constant	−1.536(1.695)	−1.293(1.720)	−2.131(2.438)
CAR	1.224*(0.692)	0.241*(0.146)	1.525(0.977)
CAR×Family		−0.214*(0.123)	

（续）

变量名称	总样本 Pass_shareholder (1)	总样本 Pass_shareholder (2)	家族企业 Pass_shareholder (3)
Family		0.132**(0.066)	
Market	−0.078*(0.047)	−0.076(0.047)	−0.175***(0.067)
Beta	−0.624**(0.264)	−0.646*(0.347)	−0.865**(0.414)
EBIT	−0.764(1.490)	−0.585(1.510)	1.370(2.400)
EPS	0.151(0.201)	0.145(0.201)	−0.098(0.293)
Level	−0.603*(0.319)	−0.594*(0.319)	0.326(0.664)
Cover	0.058**(0.023)	0.058**(0.023)	0.085**(0.037)
Size	0.182**(0.080)	0.168**(0.081)	0.215*(0.110)
BMR	−0.408*(0.228)	−0.416*(0.228)	−0.827**(0.328)
Liquidity	0.011(0.049)	0.012(0.049)	0.153(0.132)
Growth	0.151(0.122)	0.171(0.124)	−0.032(0.194)
年度	已控制	已控制	已控制
行业	已控制	已控制	已控制
样本观测值	2544	2544	1350
χ^2 值	101.200	101.580	69.170
Prob > χ^2 值	0.000	0.000	0.000
豪斯曼（Hausman）检验	0.288	0.285	0.284

注：*、**和***分别表示双尾检验在 $p<0.1$、$p<0.05$ 和 $p<0.01$ 水平下显著；括号内的数值表示稳健性标准误值。为了排除异常值与异方差对研究的影响，各连续变量数据均进行了1%水平的缩尾（winsorize）处理，结果中的标准误差都进行了公司水平的聚类处理。豪斯曼（Hausman）检验结果表示对固定效应检验的显著性水平，结果显示固定效应均不显著，故本研究采用随机效应模型。

表5-4中的第（1）列是总样本在式（4-4）下的回归结果，因变量是股东大会对定向增发预案的决策结果（Pass_shareholder），由回归结果可以看出，市场反馈信息（CAR）的系数显著为正（显著性水平为10%），说明股东大会对定向增发预案的决策结果会受到定向增发公告后市场反馈信息的影响：当资本市场对上市公司的定向增发决策持有比较积极的态度时，会增加定向增发预案通过股东大会表决的概率，市场反馈信息在股东大会的决策中起着重要的作用，从而在整体上验证了股东大会决策过程中市场反馈效应的存在性。

第（2）列是总样本在式（4-5）下的回归结果，可以看出，市场反馈信息（CAR）的系数依然显著为正（显著性水平为10%），但交叉变量（CAR×Family）的系数却在10%的水平下显著为负，说明家族参与企业管理会降低控股股东接受市场反馈信息的概率，

H1a 得到部分支持。La Porta、Lopez-de-Silanes 和 Shleifer 等（2000）认为，在进行融资决策时，家族企业会更加关注其声誉及其决策所带来的经济后果。与他们的研究结果不同，本部分的实证结果表明，家族企业股东大会在对定向增发预案进行决策时，更倾向于忽视市场的反馈信息，这表明家族控股股东在定向增发过程中可能存在一定的机会主义行为。但是，是否可以说在定向增发过程中，家族企业控股股东对待市场反馈信息一定持忽视态度呢？为了进一步验证家族企业中股东大会决策过程中市场反馈效应是否存在，本研究把家族企业子样本单独抽离出来进行检验。

第（3）列是家族企业样本在式（4-4）下的回归结果，由回归结果可以看出，市场反馈信息（CAR）的系数虽然为正，但是并不显著。这一结果表明，总体来讲，资本市场对家族企业定向增发公告的反馈信息并没有对控股股东的决策结果产生显著影响。正如 Yeh、Lee 和 Woidtke（2001）以及高伟伟、李婉丽和黄珍（2015）的研究所言，对这一结果可能的解释为，一部分家族企业控股股东存在接受市场反馈信息的行为，而另一部分则不存在，在家族企业的总体样本中，两种效应被中和掉。因此，正如本研究的第三部分所分析，公司治理结构（控股股东的两权分离度、控股股东所受到的股权制衡程度以及家族成员是否在企业担任要职）和定向增发特征（控股股东是否参与认购增发股份以及定向增发的目的）可能会对股东大会决策过程中的市场反馈效应产生一定的影响。本节的第二部分和第三部分将对此种可能性进行实证分析。

5.2.2 公司治理结构对市场反馈效应的影响（股东大会决策）

本节主要对控股股东的两权分离度、非控股大股东的股权制衡程度和家族成员是否在企业担任要职等公司治理方面的特征对控股股东决策过程中市场反馈效应的影响进行分析。两权分离度对市场反馈效应的影响主要由式（4-6）反映；股权制衡程度对市场反馈效应的影响主要由式（4-7）反映；家族成员是否在企业担任要职对市场反馈效应的影响主要由式（4-8）反映。回归结果见表 5-5。

表 5-5 公司治理结构特征对市场反馈效应的影响（股东大会决策）回归结果

变量名称	家族企业 Pass_shareholder （1）	家族企业 Pass_shareholder （2）	家族企业 Pass_shareholder （3）
Constant	−2.477(2.356)	−1.865(2.430)	−1.873(2.411)
CAR	0.889**(0.372)	0.814**(0.307)	1.314**(0.554)

（续）

变量名称	家族企业 Pass_shareholder （1）	家族企业 Pass_shareholder （2）	家族企业 Pass_shareholder （3）
CAR×Separate	−5.085**(2.392)		
Separate	−0.271**(0.101)		
CAR×Herfindahl$_5$		1.181**(0.955)	
Herfindahl$_5$		0.131*(0.068)	
CAR×Serve			−1.983***(0.449)
Serve			2.122*(1.217)
Market	−0.178***(0.066)	−0.175***(0.067)	−0.179***(0.067)
Beta	−0.634**(0.264)	−0.843*(0.454)	−0.841*(0.454)
EBIT	1.490(2.383)	1.290(2.410)	1.415(2.415)
EPS	−0.126(0.292)	−0.082(0.294)	0.327(0.267)
Level	0.295(0.670)	0.310(0.666)	0.342(0.666)
Cover	0.092**(0.037)	0.085**(0.037)	0.086**(0.037)
Size	0.245**(0.105)	0.206*(0.110)	0.206*(0.109)
BMR	−0.729**(0.320)	−0.795**(0.328)	−0.799**(0.327)
Liquidity	0.148(0.135)	0.156(0.134)	0.157(0.136)
Growth	−0.026(0.191)	−0.030(0.194)	−0.037(0.195)
年度	已控制	已控制	已控制
行业	已控制	已控制	已控制
样本观测值	1350	1350	1350
χ^2值	61.730	68.940	69.090
Prob > χ^2值	0.005	0.002	0.002
豪斯曼（Hausman）检验	0.324	0.374	0.380

注：*、**和***分别表示双尾检验在 $p<0.1$、$p<0.05$ 和 $p<0.01$ 水平下显著；括号内的数值表示稳健性标准误差。为了排除异常值与异方差对研究的影响，各连续变量数据均进行了1%水平的缩尾（winsorize）处理，结果中的标准误差都进行了公司水平的聚类处理。豪斯曼（Hausman）检验结果表示对固定效应检验的显著性水平，结果显示固定效应均不显著，故本研究采用随机效应模型。

表5-5中的第（1）列是式（4-6）的回归结果，因变量是股东大会对定向增发预案的决策结果（Pass_shareholder），由回归结果可以看出，市场反馈信息（CAR）的系数在5%的水平下仍然显著为正，但是交叉项（CAR×Separate）的系数却在5%的水平下显著为负。这一结果说明，随着家族控股股东控制权与所有权分离度的增大，其接受市场反馈信息的概率也随之降低。控股股东两权分离度的增大，使得其对中小股东进行利益侵

占的收益要远远大于其所付出的成本,这种收益与成本的严重不匹配为其"掏空"上市公司、侵占中小股东的利益提供了动机。这一结果有效支持了 H3 的部分内容。

第(2)列是式(4-7)的回归结果,由回归结果可以看出,市场反馈信息(CAR)的系数显著为正(显著性水平为 5%),而且交叉项(CAR×Herfindahl$_5$)的系数也显著为正(显著性水平为 5%),说明家族控股股东所受到的股权制衡程度会对其对待市场反馈信息的态度产生一定的影响,当上市公司的股权制衡程度比较大时,控股股东接受市场反馈信息的积极性就会有所提升。与中小股东不同,非控股大股东具有很强的信息优势,能够有效缓解公司内部和外部之间的信息不对称程度,在一定程度上对控股股东在定向增发过程中可能存在的利益输送行为形成有效的监督,从而在客观上形成对中小股东利益的保护。这一结果有效支持了 H4 的部分内容。

第(3)列是式(4-8)的回归结果,由回归结果可以看出,市场反馈信息(CAR)的系数在 5%的水平下仍然显著为正,但是交叉项(CAR×Serve)的系数却在 1%的水平下显著为负,这一结果说明家族成员在企业担任要职会降低控股股东接受市场反馈信息的积极性。两职合一可以降低内部监管的有效性,从而使得内部控制风险增加,给控股股东进行利益输送提供了契机,定向增发就有可能成为控股股东谋取控制权私利的工具,进而使得中小股东的利益受到侵害。而且,家族企业一般由一个家族或者数个具有密切关系的家族所控制,他们具有较强的控制权倾向和风险规避倾向。根据社会情感财富理论,对社会情感财富的追求以及对财务利益的获取是家族企业生存的两个重要目标。但是,当两个目标存在冲突时,家族企业往往更加注重保护社会情感财富不受损失,即使这种行为有可能会对企业财务目标的实现产生不利影响。而定向增发面向有限的投资者,这恰恰可以帮助家族控股股东实现将企业控制权保留在家族内部的目标。这一结果有效支持了 H5b 的部分内容。

5.2.3 定向增发特征对市场反馈效应的影响(股东大会决策)

本节主要对家族控股股东是否参与认购定向增发股份以及定向增发的目的等定向增发特征对控股股东决策过程中市场反馈效应的影响进行分析。家族控股股东是否参与认购定向增发股份对市场反馈效应的影响主要由式(4-9)来反映;定向增发的目的对市场反馈效应的影响主要由式(4-10)来反映。为更好地说明家族企业定向增发过程中的市场反馈效应,本部分对总样本也进行了相应的实证检验,因变量均是股东大会对定向增发预案的决策结果(Pass_shareholder)。回归结果见表 5-6。

表 5-6　定向增发特征对市场反馈效应的影响（股东大会决策）回归结果

变量名称	总样本 Pass_shareholder (1)	家族企业 Pass_shareholder (2)	总样本 Pass_shareholder (3)	家族企业 Pass_shareholder (4)
Constant	-1.533(1.696)	-1.664(2.418)	-1.772(1.698)	-2.357(2.446)
CAR	1.155*(0.569)	0.784**(0.308)	3.518***(0.922)	3.242**(1.373)
CAR×Participate	0.180(1.382)	2.713*(1.403)		
Participate	0.142**(0.052)	0.382*(0.216)		
CAR×Purpose			-5.239***(1.355)	-4.882**(2.113)
Purpose			0.495***(0.159)	0.593***(0.230)
Market	-0.077*(0.047)	-0.173**(0.067)	-0.068(0.047)	-0.168**(0.068)
Beta	-0.624**(0.264)	-0.871*(0.456)	-0.638**(0.264)	-0.823*(0.455)
EBIT	-0.770(1.492)	1.401(2.404)	-0.745(1.483)	1.422(2.404)
EPS	0.613*(0.359)	-0.093(0.294)	0.173(0.201)	-0.084(0.296)
Level	-0.602*(0.319)	0.319(0.670)	-0.591*(0.318)	0.338(0.667)
Cover	0.058**(0.023)	0.085**(0.038)	0.059**(0.023)	0.087**(0.038)
Size	0.182**(0.080)	0.197*(0.110)	0.184**(0.080)	0.216*(0.110)
BMR	-0.408(0.228)	-0.801**(0.328)	-0.443(0.228)	-0.853***(0.329)
Liquidity	0.011(0.049)	0.151(0.133)	0.006(0.049)	0.146(0.133)
Growth	0.151(0.122)	-0.030(0.194)	0.127(0.122)	-0.057(0.195)
年度	已控制	已控制	已控制	已控制
行业	已控制	已控制	已控制	已控制
样本观测值	2544	1350	2544	1350
χ^2 值	101.170	69.670	113.840	72.770
Prob > χ^2 值	0.000	0.001	0.000	0.001
豪斯曼（Hausman）检验	0.316	0.214	0.317	0.186

注：*、**和***分别表示双尾检验在 $p<0.1$、$p<0.05$ 和 $p<0.01$ 水平下显著；括号内的数值表示稳健性标准误值。为了排除异常值与异方差对研究的影响，各连续变量数据均进行了 1%水平的缩尾（winsorize）处理，结果中的标准误差都进行了公司水平的聚类处理。豪斯曼（Hausman）检验结果表示对固定效应检验的显著性水平，结果显示固定效应均不显著，故本研究采用随机效应模型。

表 5-6 中的第（1）列是总样本在式（4-9）下的回归结果，由回归结果可以看出，市场反馈信息（CAR）的系数在 10%的水平下显著为正，交叉项（CAR×Participate）的系数虽然为正，但是不显著。这说明在总体的样本观测值下，在控股股东对定向增发的决策过程中市场反馈效应存在，但是控股股东是否参与认购定向增发股份对市场反馈效应

不存在显著影响。

第（2）列是家族企业样本在式（4-9）下的回归结果，由回归结果可以看出，市场反馈信息（CAR）的系数在5%的水平下显著为正，同时，交叉项（CAR×Participate）的系数在10%的水平下也显著为正，这一结果说明，控股股东参与认购定向增发股份可以促进其接受资本市场的反馈信息。由于家族企业往往是由创始人多年努力打拼的成果，企业发展壮大的过程凝聚着创始人家族拼搏奋斗的辛勤汗水，而且目前我国大部分家族企业仍然处于第一代创始人掌管之中，家族控股股东的利益与公司的利益绑定非常紧密，因此，家族控股股东对企业有很强的心理归属感，他们的决策会更多地着眼于企业的发展和企业整体价值的提升。因此，H6b的部分内容得到有效支持。

表5-6中的第（3）列是总样本在式（4-10）下的回归结果，由回归结果可以看出，市场反馈信息（CAR）的系数在1%的水平下显著为正，交叉项（CAR×Purpose）的系数却在1%的水平下显著为负，说明在总体样本观测值下，当定向增发以购买资产为目的时，控股股东接受市场反馈信息的概率会降低。第（4）列是家族企业样本在式（4-10）下的回归结果，由回归结果可以看出，市场反馈信息（CAR）的系数在5%的水平下显著为正，与第（3）列总样本的回归结果保持一致，交叉项（CAR×Purpose）的系数在5%的水平下也显著为负，这一结果说明，在家族企业的定向增发过程中，控股股东对待市场反馈信息的态度也会受到定向增发目的的影响。上市公司控股股东与中小股东之间存在严重的信息不对称，外部中小股东的力量难以对控股股东的行为形成有力约束，这就容易导致控股股东在通过定向增发向上市公司注入资产的过程中有强烈的动机虚增资产价值或者直接向上市公司注入不良资产等途径来获取私人收益。因此，当定向增发以购买控股股东的资产为目的时，即使资本市场可以识别控股股东的利益输送行为，而通过抛售公司股票以引起股票价格波动的方式将信息传递给上市公司，控股股东也有可能选择直接忽视市场的反馈信息，因为此时他们以自身利益而非公司价值最大化为目的。这一结果有效支持了H7的部分内容。

5.3 监管部门审核过程中的市场反馈效应

本部分运用Logistic回归的估计方法对式（4-4）和式（4-5）进行估计，借以检验证监会等监管部门对定向增发预案的核准结果与市场反馈信息之间的关系，以探明监管部门决策过程中市场反馈效应是否存在。监管部门审核过程中市场反馈效应存在性的检验主要通过考察定向增发公告后的市场反馈信息对监管部门审核结果的影响来实现，主要由式（4-4）来反映。式（4-5）在式（4-4）的基础上，加入了家族企业的虚拟变量（Family）及其与市场反馈信息（CAR）之间的交叉变量（CAR×Family），借以考察家族参与企业管理对监管部门审核过程中市场反馈效应的影响。回归结果见表5-7。在本部分回归过程中，仅采用所有能确定监管部门审核结果的样本。例如，如果上市公司已经完成定向增发股份的发行，则可以推断其肯定已经被监管部门核准；而如果上市公司发布未被监管部门核准的公告，则说明其定向增发预案虽然提交证监会审核，但是未通过审核。

表5-7 监管部门对定向增发申请的审核结果与市场反馈信息之间的关系回归结果

变量名称	总样本 Pass_CSRC （1）	总样本 Pass_CSRC （2）	家族企业 Pass_CSRC （3）
Constant	−4.596**(2.229)	−3.654(2.275)	0.199(3.813)
CAR	1.676*(0.899)	0.614*(0.353)	4.847***(1.615)
CAR×Family		2.820*(1.591)	
Family		0.247**(0.107)	
Herfindahl$_5$	0.664*(0.356)	0.713**(0.284)	1.108**(0.487)
Participate	−0.334**(0.169)	−0.365**(0.171)	−0.873*(0.508)
Purpose	−0.243*(0.139)	−0.245*(0.129)	−0.519*(0.301)
Market	−0.017(0.064)	−0.014(0.064)	−0.002(0.106)
Beta	−0.409*(0.194)	−0.416*(0.206)	−1.322*(0.735)
EBIT	−1.930(1.910)	−1.490(1.920)	−0.598(0.635)
EPS	0.704**(0.306)	0.698**(0.307)	0.887*(0.520)
Level	−0.136(0.444)	−0.133(0.443)	0.362(0.907)
Cover	0.036(0.028)	0.037(0.028)	0.066(0.052)
Size	0.344***(0.105)	0.297***(0.107)	0.169(0.166)
BMR	−0.206**(0.083)	−0.200**(0.085)	−0.139**(0.058)
Liquidity	0.014(0.057)	0.014(0.057)	−0.068(0.113)
Growth	−0.079(0.144)	−0.023(0.146)	−0.054(0.042)
年度	已控制	已控制	已控制
行业	已控制	已控制	已控制
样本观测值	2355	2355	1247

（续）

变量名称	总样本 Pass_CSRC （1）	总样本 Pass_CSRC （2）	家族企业 Pass_CSRC （3）
χ^2 值	63.470	66.990	37.890
Prob > χ^2 值	0.006	0.005	0.004
豪斯曼（Hausman）检验	0.329	0.348	0.336

注：*、**和***分别表示双尾检验在 $p<0.1$、$p<0.05$ 和 $p<0.01$ 水平下显著；括号内的数值表示稳健性标准误值。为了排除异常值与异方差对研究的影响，各连续变量数据均进行了 1%水平的缩尾（winsorize）处理，结果中的标准误差都进行了公司水平的聚类处理。豪斯曼（Hausman）检验结果表示对固定效应检验的显著性水平，结果显示固定效应均不显著，故本研究采用随机效应模型。

表 5-7 中的第（1）列是总样本在式（4-4）下的回归结果，因变量是监管部门对定向增发预案的决策结果（Pass_CSRC），由回归结果可以看出，市场反馈信息（CAR）的系数显著为正（显著性水平为 10%），这一结果说明定向增发公告后的市场反馈信息对于定向增发预案获得监管部门批准的概率有显著影响。资本市场越看好上市公司的定向增发决策，定向增发获得监管部门核准的概率就越高。证监会等监管部门为了保证资本市场的健康平稳发展，对资本市场不支持的上市公司会进行更加严格的审查，这会提高上市公司的定向增发预案不被核准的概率。如果定向增发预案不被核准，那么定向增发就无法继续，这会直接中断上市公司的定向增发。这一结论验证了监管部门审核过程中市场反馈效应的存在性。

第（2）列是总样本在式（4-5）下的回归结果，由回归结果可以看出，市场反馈信息（CAR）的系数依然显著为正（显著性水平为 10%），并且交叉项（CAR×Family）的系数也在 10%的水平下显著为正，说明家族参与企业管理会提升监管部门接受市场反馈信息的概率。基于管家理论，创始人家族一般会把家族企业看作是可以代代相传的资产，而非可以在其有生之年不断消耗的财产，此时，其决策会更加专注于企业的长期价值。因此，与非家族企业相比，家族企业拥有更高的决策效率。从这个角度来讲，企业的家族治理模式有助于监管层对其企业价值的保护：在市场反馈态度比较乐观时，定向增发申请容易获得核准；而在市场反馈比较消极时，定向增发申请容易被否决。这一结果有效支持了 H2。为进一步验证家族企业中监管部门审核过程中市场反馈效应是否存在，本研究把家族企业子样本单独抽离出来进行了检验。

第（3）列是家族企业样本在式（4-4）下的回归结果，由回归结果可以看出，市场反馈信息（CAR）的系数依然显著为正（显著性水平为1%），说明在家族上市公司的定向增发申请过程中，监管部门会以定向增发公告后的市场反馈信息为决策风向标，存在明显的市场反馈效应。这一结果进一步支持了H2。表5-7中的检验结果表明，资本市场可以通过股票交易以引起股价波动的方式引起监管层的关注，借以发挥其外部治理机制的作用。

5.4 管理层最终决策过程中的市场反馈效应

本部分运用Logistic回归估计方法对式（4-4）和式（4-5）进行估计，借以检验管理层的最终决策结果与市场反馈信息之间的关系，以探明管理层决策过程中市场反馈效应是否存在，并且检验家族参与企业管理对两者之间关系的影响，进一步对式（4-6）～式（4-10）进行估计，对家族企业的公司治理结构与定向增发特征对两者之间关系的影响进行了检验。

5.4.1 管理层最终决策过程中市场反馈效应的存在性

管理层最终决策过程中市场反馈效应存在性的检验主要通过考察定向增发公告后的市场反馈信息对管理层最终决策结果的影响来实现，主要由式（4-4）来反映。式（4-5）在式（4-4）的基础上，加入了家族企业的虚拟变量（Family）及其与市场反馈信息（CAR）之间的交叉变量（CAR×Family），借以考察家族参与企业管理对管理层最终决策过程中市场反馈效应的影响。回归结果见表5-8。

表5-8 管理层的最终决策与市场反馈信息之间的关系回归结果

变量名称	总样本 Issue (1)	总样本 Issue (2)	家族企业 Issue (3)
Constant	3.037*(1.551)	3.971**(1.595)	8.100***(2.543)
CAR	1.292*(0.698)	0.672**(0.322)	4.060***(1.221)
CAR×Family		3.189**(1.391)	
Family		0.291*(0.152)	
Market	−0.266***(0.050)	−0.266***(0.050)	−0.280***(0.075)
Beta	−1.167***(0.354)	−1.179***(0.356)	−1.296***(0.593)
EBIT	−0.876(1.390)	−0.876(1.400)	−0.724(2.430)
EPS	0.467**(0.196)	0.468**(0.196)	0.726**(0.306)

(续)

变量名称	总样本 Issue (1)	总样本 Issue (2)	家族企业 Issue (3)
Level	−0.226(0.360)	−0.220(0.362)	0.733(0.746)
Cover	0.002(0.020)	0.003(0.020)	−0.019(0.035)
Size	0.118*(0.068)	−0.005(0.075)	−0.169(0.106)
BMR	−0.811***(0.240)	−0.878***(0.242)	−0.479*(0.295)
Liquidity	−0.122***(0.037)	−0.119***(0.036)	−0.119(0.115)
Growth	0.040(0.107)	0.102(0.109)	−0.212(0.195)
年度	已控制	已控制	已控制
行业	已控制	已控制	已控制
样本观测值	2737	2737	1455
χ^2 值	131.860	140.000	77.550
Prob > χ^2 值	0.000	0.000	0.000
豪斯曼（Hausman）检验	0.249	0.248	0.178

注：*、**和***分别表示双尾检验在 $p<0.1$、$p<0.05$ 和 $p<0.01$ 水平下显著；括号内的数值表示稳健性标准误值。为了排除异常值与异方差对研究的影响，各连续变量数据均进行了 1% 水平的缩尾（winsorize）处理，结果中的标准误差都进行了公司水平的聚类处理。豪斯曼（Hausman）检验结果表示对固定效应检验的显著性水平，结果显示固定效应均不显著，故本研究采用随机效应模型。

表 5-8 中的第（1）列是总样本在式（4-4）下的回归结果，因变量是管理层最终决策结果（Issue），由回归结果可以看出，市场反馈信息（CAR）的系数（β_1 = 1.292）在 10% 的水平下显著为正。这一结果表明，总体来讲，资本市场对定向增发公告的积极性反馈可以提升公司管理层最终按照预案完成定向增发的概率，这与国内外现有研究的结论保持一致（Luo，2005；Kau，Linck 和 Rubin，2008；高伟伟、李婉丽和黄珍，2015）。由此说明，在公司的定向增发决策过程中，绝大部分公司管理层是以市场反馈信息为风向标的，从而在整体上验证了管理层最终决策过程中市场反馈效应的存在性。

第（2）列是总样本在式（4-5）下的回归结果，由回归结果可以看出，市场反馈信息（CAR）的系数（β_1 = 0.672）依然显著为正（显著性水平为 5%），而且交叉项（CAR×Family）的系数（β_2= 3.189）在 5%的水平下也显著为正，说明家族参与企业管理会提升管理层接受市场反馈信息的概率。在家族企业中，经理人一般由家族成员或者外部职业经理人担任。当家族成员担任企业经理人时，作为家族企业可能的继承者，企业价值的提升代表其管理绩效，会提升其在创始人长辈眼中的形象。而且，此时，高管代表整个家族的利益，其经济利益主要体现为家族财富的最大化，因此，其决策会更多地以企业发展和企业价值为出发点，更加专注企业的长期价值，此时，管理者更多地以理性眼光看待公司的融资决策。由于股票价格的波动会直接影响公司价值的提升，因此，企业的家族治理模式会提升管理层接受市场反馈信息的积极性。H1b 得到部分支持。为进一步验证家族企业中管理层最终决策过程中市场反馈效应是否存在，本研究把家族企业子样本单独抽离出来进行了检验。

第（3）列是家族企业样本在式（4-4）下的回归结果，由回归结果可以看出，市场反馈信息（CAR）的系数（β_1=4.060）显著为正（显著性水平为 1%），这一结果表明，在家族企业中，资本市场对定向增发公告的反馈信息会促进管理层做出完成定向增发预案的决策。那么，管理层的最终决策与市场反馈信息之间的关系又会受到哪些因素的影响呢？本节的第二部分和第三部分将从家族企业的公司治理结构和定向增发特征两个角度对此展开分析。

5.4.2 公司治理结构对市场反馈效应的影响（管理层最终决策）

本节主要对家族企业的两权分离度、非控股大股东的股权制衡程度以及家族成员是否在企业担任要职等公司治理方面的特征对管理层最终决策过程中市场反馈效应的影响进行分析。两权分离度对管理层最终决策过程中市场反馈效应的影响主要由式（4-6）来反映；股权制衡程度对管理层最终决策过程中市场反馈效应的影响主要由式（4-7）来反映；家族成员是否在企业担任要职对管理层最终决策过程中市场反馈效应的影响主要由式（4-8）来反映。回归结果见表 5-9。

表 5-9 公司治理结构对市场反馈效应的影响（管理层最终决策）回归结果

变量名称	家族企业 Issue (1)	家族企业 Issue (2)	家族企业 Issue (3)
Constant	7.890***(2.512)	8.138***(2.546)	8.068***(2.546)
CAR	3.876***(1.347)	3.014**(1.223)	3.879***(1.229)
CAR×Separate	−1.417***(0.395)		
Separate	−1.565***(0.446)		
CAR×Herfindahl$_5$		5.810*(3.040)	
Herfindahl$_5$		0.657*(0.340)	
CAR×Serve			−1.687***(0.454)

（续）

变量名称	家族企业 Issue （1）	家族企业 Issue （2）	家族企业 Issue （3）
Serve			0.933*(0.505)
Market	−0.270***(0.073)	−0.279***(0.075)	−0.279***(0.075)
Beta	−1.308**(0.589)	−1.292**(0.593)	−1.314**(0.594)
EBIT	−1.005(2.375)	−0.751(2.430)	−0.449(2.438)
EPS	0.687**(0.302)	0.733**(0.307)	0.726**(0.307)
Level	0.657(0.743)	0.738(0.747)	0.770(0.748)
Cover	−0.014(0.034)	−0.019(0.035)	−0.020(0.035)
Size	−0.138(0.103)	−0.170(0.106)	−0.169(0.106)
BMR	−0.437*(0.219)	−0.478*(0.246)	−0.497**(0.245)
Liquidity	−0.119(0.117)	−0.116(0.115)	−0.116(0.114)
Growth	−0.229(0.191)	−0.213(0.195)	−0.209(0.197)
年度	已控制	已控制	已控制
行业	已控制	已控制	已控制
样本观测值	1455	1455	1455
χ^2值	73.020	77.820	78.180
Prob > χ^2值	0.000	0.000	0.000
豪斯曼（Hausman）检验	0.349	0.299	0.213

注：*、**和***分别表示双尾检验在 $p<0.1$、$p<0.05$ 和 $p<0.01$ 水平下显著；括号内的数值表示稳健性标准误值。为了排除异常值与异方差对研究的影响，各连续变量数据均进行了 1%水平的缩尾（winsorize）处理，结果中的标准误差都进行了公司水平的聚类处理。豪斯曼（Hausman）检验结果表示对固定效应检验的显著性水平，结果显示固定效应均不显著，故本研究采用随机效应模型。

表 5-9 中的第（1）列是式（4-6）的回归结果，因变量是管理层的最终决策结果（Issue），由回归结果可以看出，市场反馈信息（CAR）的系数（β_1=3.876）在 1%的水平下仍然显著为正，但是交叉项（CAR×Separate）的系数（β_2= −1.417）却在 1%的水平下显著为负，这一结果说明控股股东控制权与所有权的分离程度会降低管理层接受市场反馈信息的积极性。由于企业由家族股东控制，无论高管来自家族成员内部还是外部，迫于家族控股股东的控制权压力，管理层很可能会以整个家族利益的最大化而非企业价值最大化为决策导向，选择与控股股东合谋，做出不利于外部中小股东利益的决策。这一结果有效支持了 H3 的部分内容。

第（2）列是式（4-7）的回归结果，由回归结果可以看出，市场反馈信息（CAR）

的系数（$\beta_1 = 3.014$）显著为正（显著性水平为5%），而且交叉项（CAR×Herfindahl$_5$）的系数（$\beta_2 = 5.810$）也显著为正（显著性水平为10%），说明家族企业内部的股权制衡程度会对管理层对待市场反馈信息的态度产生一定的影响，当上市公司的股权制衡程度比较大时，管理层接受市场反馈信息的积极性就会有所提升。这一结果与控股股东决策过程中市场反馈效应的结果保持一致，有效支持了假设H4的部分内容。

第（3）列是式（4-8）的回归结果，可以看出，市场反馈信息（CAR）的系数（$\beta_1 = 3.879$）在1%的水平下仍然显著为正，但是交叉项（CAR×Serve）的系数（$\beta_2 = -1.687$）却在1%的水平下显著为负，这一结果说明家族成员同时在企业担任要职会降低管理层接受市场反馈信息的积极性。但是，市场反馈信息（CAR）的综合系数仍然为正（3.879−1.687 = 2.192），说明两职合一虽然会降低管理层接受市场反馈信息的概率，但是市场反馈信息仍然会对其最终定向增发决策产生影响。家族成员同时担任管理层会降低内部监管的有效性，从而使得内部控制风险增加，此时，管理层的组织身份可能会使其与家族控股股东联盟，定向增发就有可能成为控股股东谋取控制权私利的工具。也就是说，在第二类委托代理理论的框架下，虽然家族成员担任管理层会减少股东与管理者之间的代理问题，但同时却会增加控股股东与外部中小股东之间的委托代理问题，控股股东与管理层之间的联盟会导致公司的财务决策行为按照控股股东的意愿行事，从而实现控股股东对中小股东的利益侵占。一方面，管理层的家族成员身份会促使其与控股股东结成联盟，以获取更多的控制权私人收益（La Porta，Lopez-de-Silanes和Shleifer，1999）；另一方面，控股股东和管理层作为公司的内部人（Johnson，La Porta和Lopez-de-Silanes等，2000），与外部中小股东相比拥有更大的信息优势，为两者之间结成联盟提供了更大的可能性。这一结果有效支持了H5b的部分内容。

5.4.3 定向增发特征对市场反馈效应的影响（管理层最终决策）

本部分主要对家族控股股东是否参与认购定向增发股份以及定向增发的目的等定向增发特征对管理层最终决策过程中市场反馈效应的影响进行分析。家族控股股东是否参与认购定向增发股份对市场反馈效应的影响主要由式（4-9）来反映；定向增发的目的对市场反馈效应的影响主要由式（4-10）来反映。为更好地说明家族企业定向增发过程中的市场反馈效应，本部分对总样本也进行了相应的实证检验。因变量均是管理层的最终决策结果（Issue）。回归结果见表5-10。

第 5 章 实证检验结果

表 5-10 定向增发特征对市场反馈效应的影响（管理层最终决策）回归结果

变量名称	总样本 Issue （1）	家族企业 Issue （2）	总样本 Issue （3）	家族企业 Issue （4）
Constant	3.020*(1.551)	8.106***(2.544)	2.916*(1.555)	−0.201(2.334)
CAR	1.721**(0.875)	3.927**(1.660)	2.592**(1.023)	3.079**(1.422)
CAR×Participate	−0.694*(0.367)	0.278*(0.104)		
Participate	0.236*(0.141)	0.551**(0.217)		
CAR×Purpose			−2.402*(1.372)	−4.647**(1.823)
Purpose			−0.355*(0.161)	−0.586**(0.239)
Market	−0.267***(0.050)	−0.279***(0.075)	−0.265***(0.050)	−0.257***(0.070)
Beta	−1.173***(0.355)	−1.295**(0.593)	−1.148***(0.355)	−1.154**(0.464)
EBIT	−0.839(1.389)	−0.723(2.428)	−0.872(1.387)	−0.217(1.782)
EPS	0.469**(0.196)	0.725**(0.306)	0.478**(0.196)	0.403(0.270)
Level	−0.236(0.360)	0.736(0.746)	−0.206(0.360)	−0.260(0.431)
Cover	0.001(0.020)	−0.019(0.035)	0.002(0.020)	0.016(0.025)
Size	0.040(0.073)	−0.169(0.106)	0.040(0.073)	0.178(0.112)
BMR	−0.808***(0.240)	−0.482*(0.276)	−0.814***(0.240)	−0.561*(0.327)
Liquidity	−0.125***(0.037)	−0.119(0.115)	−0.123***(0.037)	−0.120***(0.042)
Growth	0.039(0.107)	−0.212(0.195)	0.028(0.108)	0.204(0.139)
年度	已控制	已控制	已控制	已控制
行业	已控制	已控制	已控制	已控制
样本观测值	2737	1455	2737	1455
χ^2 值	132.310	77.500	133.070	78.940
Prob > χ^2 值	0.000	0.000	0.000	0.000
豪斯曼（Hausman）检验	0.345	0.261	0.347	0.333

注：*、**和***分别表示双尾检验在 $p<0.1$、$p<0.05$ 和 $p<0.01$ 水平下显著；括号内的数值表示稳健性标准误值。为了排除异常值与异方差对研究的影响，各连续变量数据均进行了 1%水平的缩尾（winsorize）处理，结果中的标准误差都进行了公司水平的聚类处理。豪斯曼（Hausman）检验结果表示对固定效应检验的显著性水平，结果显示固定效应均不显著，故本研究采用随机效应模型。

表 5-10 中的第（1）列是总样本在式（4-9）下的回归结果，由回归结果可以看出，市场反馈信息（CAR）的系数（$\beta_1=1.721$）在 5%的水平下显著为正，交叉项（CAR×Participate）的系数（$\beta_2=-0.694$）却在 10%的水平下显著为负。这说明总体样本观测值下，在管理层对定向增发的最终决策过程中市场反馈效应存在，但是控股股东参与

认购定向增发股份却会降低管理层接受市场反馈信息的可能性。

第（2）列是家族企业样本在式（4-9）下的回归结果，由回归结果可以看出，市场反馈信息（CAR）的系数（β_1=3.927）在5%的水平下显著为正，同时，与总样本的检验结果不同，交叉项（CAR×Participate）的系数（β_2=0.278）在10%的水平下也显著为正。这一结果说明，在家族企业中，控股股东参与认购定向增发股份可以促进管理层接受资本市场的反馈信息。根据监督假说，参与认购定向增发股份的投资者（包括控股股东和机构投资者）比外部中小股东具有更大的信息获取优势和资本支付能力，并且有动力和能力对管理层的行为进行监督。由于控股股东的监督，管理层在定向增发过程中，更容易考虑市场的反馈信息，以及时对定向增发方案予以调整，保护股东利益。因此，从这个角度来讲，当控股股东参与认购定向增发股份时，对管理层而言，其受到来自控股股东的监督会增强。这一结果有效支持了H6b的部分内容。

表5-10中的第（3）列是总样本在式（4-10）下的回归结果，由回归结果可以看出，市场反馈信息（CAR）的系数（β_1=2.592）在5%的水平下显著为正，而交叉项（CAR×Purpose）的系数（β_2=-2.402）却在10%的水平下显著为负。这说明在总体样本观测值下，当定向增发以购买资产为目的时，管理层接受市场反馈信息的概率会降低。第（4）列是家族企业样本在式（4-10）下的回归结果，由回归结果可以看出，市场反馈信息（CAR）的系数（β_1=3.079）在5%的水平下显著为正，与第（3）列总样本的回归结果保持一致，交叉项（CAR×Purpose）的系数（β_2=-4.647）在5%的水平下也显著为负。这一结果说明，在家族企业的定向增发过程中，管理层对待市场反馈信息的态度也会受到定向增发目的的影响。当定向增发以购买资产为目的时，管理层接受市场反馈信息的概率就会降低。这一结果与控股股东决策过程中市场反馈效应的检验结果保持一致，有效支持了H7的部分内容。

5.5 定向增发实施过程中的市场反馈效应

为综合考察市场反馈信息对定向增发实施结果的影响，本研究综合以上三个部分，定义了"定向增发的实施结果"变量，并用Complete表示。即Complete变量是以上三个虚拟变量（Pass_shareholder、Pass_CSRC和Issue）的综合，只有定向增发预案经股东大会表决、监管部门审核、董事会最终表决都通过的情况下，定向增发才能实施，Complete

才取值为 1。同样，本节运用 Logistic 回归方法对式（4-4）和式（4-5）进行估计，以检验定向增发的实施结果与市场反馈信息之间的关系，以进一步检验定向增发过程中市场反馈效应是否存在，并且检验企业的家族治理模式对市场反馈效应的影响。接下来基于家族企业样本，对式（4-6）～式（4-10）进行估计，对家族企业的公司治理结构与定向增发特征对市场反馈效应的影响进行检验。

5.5.1 定向增发实施过程中市场反馈效应的存在性

定向增发过程中市场反馈效应存在性的检验主要通过考察定向增发公告后的市场反馈信息对定向增发实施结果的影响来实现，主要由式（4-4）来反映。式（4-5）在式（4-4）的基础上，加入了家族企业的虚拟变量（Family）及其与市场反馈信息（CAR）之间的交叉变量（CAR×Family），借以考察企业的家族治理模式对定向增发过程中市场反馈效应的影响。回归结果见表 5-11。

表 5-11 定向增发的实施结果与市场反馈信息之间的关系回归结果

变量名称	总样本 Complete (1)	总样本 Complete (2)	家族企业 Complete (3)
Constant	−1.539(1.125)	−0.855(1.145)	1.156(1.718)
CAR	1.337***(0.474)	0.523**(0.221)	2.960***(0.777)
CAR×Family		0.247**(0.111)	
Family		0.291*(0.152)	
Market	−0.176***(0.036)	−0.176***(0.036)	−0.212***(0.052)
Beta	−0.668***(0.256)	−0.681***(0.256)	−0.991**(0.412)
EBIT	−1.247(1.001)	−0.923(1.010)	−0.578(1.670)
EPS	0.391***(0.140)	0.384***(0.140)	0.422*(0.217)
Level	−0.559**(0.240)	−0.552**(0.241)	0.474(0.489)
Cover	0.027*(0.015)	0.028*(0.015)	0.040(0.025)
Size	0.174***(0.053)	0.139**(0.054)	0.066(0.077)
BMR	−0.316*(0.175)	−0.250*(0.145)	−0.671***(0.237)
Liquidity	−0.072**(0.029)	−0.069**(0.029)	−0.029(0.075)
Growth	0.058(0.079)	0.105(0.080)	−0.137(0.134)
年度	已控制	已控制	已控制
行业	已控制	已控制	已控制

（续）

变量名称	总样本 Complete （1）	总样本 Complete （2）	家族企业 Complete （3）
样本观测值	3474	3474	1856
χ^2 值	178.720	188.110	102.870
Prob > χ^2 值	0.000	0.000	0.000
豪斯曼（Hausman）检验	0.246	0.248	0.249

注：*、**和***分别表示双尾检验在 $p<0.1$、$p<0.05$ 和 $p<0.01$ 水平下显著；括号内的数值表示稳健性标准误差。为了排除异常值与异方差对研究的影响，各连续变量数据均进行了1%水平的缩尾（winsorize）处理，结果中的标准误差都进行了公司水平的聚类处理。豪斯曼（Hausman）检验结果表示对固定效应检验的显著性水平，结果显示固定效应均不显著，故本研究采用随机效应模型。

表5-11中的第（1）列是总样本在式（4-4）下的回归结果，因变量是定向增发的实施结果（Complete），由回归结果可以看出，市场反馈信息（CAR）的系数（$\beta_1=1.337$）显著为正（显著性水平为1%）。这说明从本研究所选取的总体样本观测值来看，市场反馈效应在定向增发过程中是存在的：当资本市场看好公司的定向增发决策时，就会通过股票交易引起公司股价的上涨，因此，定向增发预案更容易在各个阶段获得通过或者批准，定向增发越容易完成实施；当资本市场质疑公司的定向增发决策时，就会通过抛售公司股票引起股价下跌的方式向决策者传递信号，定向增发越容易被取消或者否决。定向增发公告后的市场反馈信息在定向增发的决策中起着重要的作用，从而在整体上验证了定向增发过程中市场反馈效应的存在性。

第（2）列是总样本在式（4-5）下的回归结果，由回归结果可以看出，市场反馈信息（CAR）的系数（$\beta_1=0.523$）依然显著为正（显著性水平为5%），同时交叉项（CAR×Family）的系数（$\beta_2=0.247$）也在5%的水平下显著为正，说明企业的家族治理模式会使得定向增发过程中的市场反馈效应得到加强。为进一步对这一结论进行验证，本研究将家族企业子样本单独抽离出来进行了式（4-4）下的检验，结果见表5-11的第（3）列。市场反馈信息（CAR）的系数（$\beta_1=2.960$）依然显著为正（显著性水平为1%），这一结果验证了家族企业进行定向增发过程中市场反馈效应的存在。

5.5.2　公司治理结构对市场反馈效应的影响（定向增发的实施结果）

本节主要对家族企业的两权分离度、非控股大股东的股权制衡程度和家族成员是否在企业担任要职等公司治理方面的特征对定向增发过程中市场反馈效应的影响进行分析。两权分离度对市场反馈效应的影响主要由式（4-6）来反映；股权制衡程度对市场反馈效应的影响主要由式（4-7）来反映；家族成员是否在企业担任要职对市场反馈效应的影响主要由式（4-8）来反映。回归结果见表 5-12。

表 5-12　公司治理结构对市场反馈效应的影响（定向增发的实施结果）回归结果

变量名称	家族企业 Complete (1)	家族企业 Complete (2)	家族企业 Complete (3)
Constant	0.736(1.684)	1.182(1.720)	1.097(1.718)
CAR	2.538***(0.857)	2.090*(1.037)	2.893***(0.781)
CAR×Separate	−1.122***(0.290)		
Separate	−1.606***(0.319)		
CAR×Herfindahl$_5$		4.971*(2.753)	
Herfindahl$_5$		0.473**(0.233)	
CAR×Serve			−4.810*(2.538)
Serve			0.478**(0.233)
Market	−0.207***(0.052)	−0.212***(0.052)	−0.214***(0.052)
Beta	−0.885**(0.406)	−0.985**(0.412)	−1.003**(0.412)
EBIT	−0.423(1.652)	−0.600(1.670)	−0.526(1.673)
EPS	0.391*(0.216)	0.426**(0.217)	0.427**(0.217)
Level	0.446(0.488)	0.464(0.489)	0.485(0.488)
Cover	0.044*(0.025)	0.040*(0.021)	0.039*(0.022)
Size	0.099(0.074)	0.066(0.077)	0.070(0.077)
BMR	−0.635***(0.233)	−0.665***(0.237)	−0.677***(0.237)
Liquidity	−0.038(0.075)	−0.029(0.075)	−0.031(0.075)
Growth	−0.133(0.133)	−0.136(0.134)	−0.147(0.135)
年度	已控制	已控制	已控制
行业	已控制	已控制	已控制
样本观测值	1856	1856	1856
χ^2 值	95.980	103.040	103.530
Prob > χ^2 值	0.000	0.000	0.000
豪斯曼（Hausman）检验	0.212	0.205	0.203

注：*、**和***分别表示双尾检验在 $p<0.1$、$p<0.05$ 和 $p<0.01$ 水平下显著；括号内数值表示稳健性标准误值。为了排除异常值与异方差对研究的影响，各连续变量数据均进行了 1% 水平的缩尾（winsorize）处理，结果中的标准误差都进行了公司水平的聚类处理。豪斯曼（Hausman）检验结果表示对固定效应检验的显著性水平，结果显示固定效应均不显著，故本研究采用随机效应模型。

表 5-12 中的第（1）列是式（4-6）的回归结果，因变量是定向增发的实施结果（Complete），由回归结果可以看出，市场反馈信息（CAR）的系数（β_1=2.538）在 1%的水平下仍然显著为正，但是交叉项（CAR×Separate）的系数（β_2=-1.122）却在 1%的水平下显著为负，这一结果说明家族控股股东控制权与所有权的分离会对定向增发过程中的市场反馈效应产生一定的削弱作用。第（2）列是式（4-7）的回归结果，由回归结果可以看出，市场反馈信息（CAR）的系数（β_1=2.090）显著为正（显著性水平为 10%），而且交叉项（CAR×Herfindahl$_5$）的系数（β_2=4.971）也显著为正（显著性水平为 10%），说明家族企业内部的股权制衡程度会对定向增发过程中的市场反馈效应产生一定的影响，当公司控股股东所受到的股权制衡程度比较大时，定向增发过程中的市场反馈效应就会得到加强。第（3）列是式（4-8）的回归结果，由回归结果可以看出，市场反馈信息（CAR）的系数（β_1=2.893）在 1%的水平下仍然显著为正，但是交叉项（CAR×Serve）的系数（β_2=-4.810）却在 10%的水平下显著为负，这一结果说明家族成员在企业担任要职会对定向增发过程中的市场反馈效应产生一定的削弱作用。表 5-12 的结果与前三部分的结果保持一致。

5.5.3 定向增发特征对市场反馈效应的影响（定向增发的实施结果）

本节主要对家族控股股东是否参与认购定向增发股份和定向增发的目的等定向增发特征对增发过程中市场反馈效应的影响进行分析。家族控股股东是否参与认购增发股份对市场反馈效应的影响主要由式（4-9）反映；定向增发的目的对市场反馈效应的影响主要由式（4-10）反映。为更好地说明家族企业定向增发过程中的市场反馈效应，本节对家族企业样本也进行了相应的检验。回归结果见表 5-13。

表 5-13 定向增发特征对市场反馈效应的影响（定向增发的实施结果）回归结果

变量名称	总样本 Complete (1)	家族企业 Complete (2)	总样本 Complete (3)	家族企业 Complete (4)
Constant	-1.553(1.125)	1.290(1.721)	-1.721(1.132)	-0.685(1.778)
CAR	1.602***(0.599)	2.008*(1.037)	3.269***(0.663)	2.877***(1.018)
CAR×Participate	-0.567***(0.177)	2.075*(1.024)		
Participate	0.118(0.102)	0.350**(0.152)		
CAR×Purpose			-3.971***(0.178)	-1.141***(0.293)
Purpose			-0.581***(0.178)	-0.453*(0.255)

（续）

变量名称	总样本 Complete （1）	家族企业 Complete （2）	总样本 Complete （3）	家族企业 Complete （4）
Market	−0.176***(0.036)	−0.210***(0.052)	−0.172***(0.036)	−0.212***(0.052)
Beta	−0.671***(0.256)	−0.964**(0.413)	−0.639**(0.257)	−0.993**(0.413)
EBIT	−1.230(1.002)	−0.524(1.671)	−1.249(1.003)	−0.576(1.670)
EPS	0.393***(0.140)	0.419*(0.218)	0.405***(0.141)	0.421(0.217)
Level	−0.565**(0.241)	0.485(0.491)	−0.544**(0.242)	0.475(0.489)
Cover	0.0268(0.015)	0.039(0.025)	0.028*(0.015)	0.040(0.025)
Size	0.174***(0.053)	0.061*(0.037)	0.176***(0.054)	0.066(0.077)
BMR	−0.240*(0.194)	−0.676***(0.237)	−0.264*(0.155)	−0.669***(0.237)
Liquidity	−0.073**(0.029)	−0.028(0.075)	−0.075**(0.029)	−0.028(0.075)
Growth	0.058(0.079)	−0.134(0.134)	0.039(0.079)	−0.136(0.135)
年度	已控制	已控制	已控制	已控制
行业	已控制	已控制	已控制	已控制
样本观测值	3474	1856	3474	1856
χ^2值	179.180	103.900	191.650	135.550
Prob > χ^2值	0.000	0.000	0.000	0.000
豪斯曼（Hausman）检验	0.212	0.206	0.211	0.204

注：*、**和***分别表示双尾检验在 $p<0.1$、$p<0.05$ 和 $p<0.01$ 水平下显著；括号内的数值表示稳健性标准误值。为了排除异常值与异方差对研究的影响，各连续变量数据均进行了 1%水平的缩尾（winsorize）处理，结果中的标准误差都进行了公司水平的聚类处理。豪斯曼（Hausman）检验结果表示对固定效应检验的显著性水平，结果显示固定效应均不显著，故本研究采用随机效应模型。

表 5-13 中的第（1）列是总样本在式（4-9）下的回归结果，由回归结果可以看出，市场反馈信息（CAR）的系数（$\beta_1=1.602$）在 1%的水平下显著为正，交叉项（CAR×Participate）的系数（$\beta_2=-0.567$）却在 1%的水平下显著为负，说明总体样本观测值下，在定向增发过程中市场反馈效应存在，但是控股股东参与认购定向增发股份会削弱定向增发过程中的市场反馈效应。第（2）列是家族企业样本在式（4-9）下的回归结果，由回归结果可以看出，市场反馈信息（CAR）的系数（$\beta_1=2.008$）在 10%的水平下显著为正，同时，与总样本的检验结果不同，交叉项（CAR×Participate）的系数（$\beta_2=2.075$）在 10%的水平下也显著为正，这一结果说明，在家族企业中，控股股东参与认购定向增发股份可以增强市场反馈信息对定向增发实施结果的影响。与前三部分的结果保持一致，这一结果验证了定向增发的监督作用，同时也对家族企业中控股股东的管家行为进行了

验证。表 5-13 中的第（3）列和第（4）列分别是总样本和家族企业样本在式（4-10）下的回归结果。由回归结果可以看出，市场反馈信息（CAR）的系数均为正（显著性水平均为 1%），并且交叉项（CAR×Purpose）的系数也均在 1%的水平下显著为负，这一结果说明，不管是在总样本下还是家族企业样本下，定向增发过程中的市场反馈效应均会受到定向增发目的的影响。这一结果与控股股东和管理层最终决策过程中市场反馈效应的检验结果保持一致。

5.6 市场反馈信息的有效性分析与检验

定向增发由于存在很大的政策灵活性，在理论上可以为控股股东进行财富转移等利益输送行为提供很多便利；在实践中，公司内部人的这种机会主义行为确实普遍存在，其中在定向增发前，控股股东和管理层事先进行盈余操纵以影响上市公司的股票价格的行为便是其进行利益输送的有效手段之一。理论分析部分已经表明，定向增发前上市公司对股票价格的操纵对定向增发股份的发行价格会产生很大影响，进而会使中小股东的财富发生很大变化。本节主要从两个途径对定向增发过程中市场反馈信息的有效性进行验证分析。其中一个途径便是在定向增发首次公告后，资本市场是否可以发现公司内部人在定向增发前的盈余操纵行为。上市公司的财务决策一般会对公司业绩产生或大或小的影响，那么，定向增发实施后，公司的业绩也会产生一些波动，在市场有效的情况下，如果定向增发实施后，上市公司的长期业绩大幅度下滑，那么在定向增发公告后，资本市场应该可以通过公司股票价格的波动将此信号传递给定向增发的相关决策者。也就是说，检验定向增发过程中市场反馈信息是否有效的另一个途径是，定向增发公告后的市场反馈信息是否可以反映定向增发实施后公司业绩的变化。

5.6.1 市场反馈信息与定向增发预案公告前的盈余操纵

1. 定向增发预案公告前的盈余操纵

上市公司的盈余管理程度，学术界大多采用可操纵应计利润模型进行计算。公司收益主要由两部分构成：经营现金流量和应计利润。由于经营现金流量主要依据收付实现制得来，因此，对其进行操纵的空间不大；而应计利润是依据权责发生制得来，因此，对其进行操纵的空间比较大。可操纵应计利润模型的关键就是从公司应计利润中分离出可操纵部分，用以衡量公司的盈余管理程度。可操纵应计利润模型众多，黄梅和夏新平（2009）的研究认为，修正的琼斯模型在模型的设定以及公司盈余管理的检验方面表现更佳。因此，本研究采用修正的琼斯模型来衡量上市公司在定向增发前的盈余操纵。

（1）修正的琼斯模型

首先，计算总应计利润（TA）。

$$\mathrm{TA}_{i,t} = \frac{\mathrm{NP}_{i,t}}{A_{i,t-1}} - \frac{\mathrm{CFO}_{i,t}}{A_{i,t-1}} \qquad (5\text{-}1)$$

其次，计算不可操纵应计利润（NDA）。

$$\mathrm{NDA}_{i,t} = \beta_0 + \beta_1 \frac{1}{A_{i,t-1}} + \beta_2 \frac{\Delta \mathrm{REV}_{i,t} - \Delta \mathrm{REC}_{i,t}}{A_{i,t-1}} + \beta_3 \frac{\mathrm{PPE}_{i,t}}{A_{i,t-1}} + \beta_4 \mathrm{ROA}_{i,t-1} \qquad (5\text{-}2)$$

再次，估计参数值 β。

$$\mathrm{TA}_{i,t} = b_0 + b_1 \frac{1}{A_{i,t-1}} + b_2 \frac{\Delta \mathrm{REV}_{i,t} - \Delta \mathrm{REC}_{i,t}}{A_{i,t-1}} + b_3 \frac{\mathrm{PPE}_{i,t}}{A_{i,t-1}} + b_4 \mathrm{ROA}_{i,t-1} + \varepsilon_{i,t} \qquad (5\text{-}3)$$

最后，计算可操纵应计利润（DA）。

$$\mathrm{DA}_{i,t} = \mathrm{TA}_{i,t} - \mathrm{NDA}_{i,t} \qquad (5\text{-}4)$$

式中　$\mathrm{TA}_{i,t}$——公司 i 第 t 年的总应计利润；

$\mathrm{NDA}_{i,t}$——公司 i 第 t 年的不可操纵应计利润；

$\mathrm{DA}_{i,t}$——公司 i 第 t 年的可操纵应计利润；

$\mathrm{NP}_{i,t}$——公司 i 第 t 年的净利润；

$\mathrm{CFO}_{i,t}$——公司 i 第 t 年的经营现金净流量；

$A_{i,t-1}$——公司 i 第 $t-1$ 年年末的总资产；

$\Delta \mathrm{REV}_{i,t}$——公司 i 第 t 年的营业收入变化额；

$\Delta \mathrm{REC}_{i,t}$——公司 i 第 t 年的应收账款变化额；

$\mathrm{PPE}_{i,t}$——公司 i 第 t 年年末固定资产；

$\mathrm{ROA}_{i,t-1}$——公司 i 第 $t-1$ 年年末的总资产报酬率；

$\varepsilon_{i,t}$——残差项。

式（5-2）中的 β_0、β_1、β_2、β_3 和 β_4 通过式（5-3）估得到，其估计值分别为 b_0、b_1、b_2、b_3 和 b_4。

（2）盈余操纵的存在性分析

表 5-14 列示了修正的琼斯模型回归系数的总体描述性统计结果。表中结果显示，F 检验统计量值均在 1% 的水平下显著，说明本研究所使用的分年度修正的琼斯模型在整体

上是显著的。调整后的 R^2 比较小，总体均值为 0.127，但这一结果并不能说明模型的拟合优度不好，因为修正的琼斯模型中的"总应计利润"是一个比较综合的项目，它与所选择的自变量之间存在比较复杂的关系。公司主营业务收入的变化可能会引起应收账款等借方科目的增加，但同时也可能会引起应付账款等贷方科目的增加，这种结果就会导致公司总应计利润的减少。这两种反方向的作用会相互抵消，就会对自变量对因变量的解释能力产生一定的影响。这种作用就会导致比较低的 R^2 值，因此，模型中比较低的 R^2 值属正常现象。

表 5-14　修正的琼斯模型回归系数的总体描述性统计结果

参　数	均　值	标　准　差	最　小　值	中　位　数	最　大　值
β_0	0.003	0.013	−0.019	0.001	0.019
β_1	8.160	9.119	−2.444	6.233	2.450
β_2	0.064	0.039	0.016	0.064	0.127
β_3	−0.121	0.033	−0.167	−0.125	−0.079
β_4	0.003	0.002	0.001	0.003	0.005
调整 R^2	0.127	0.031	0.069	0.133	0.165
F	11.843***	9.484	3.420	8.500	34.220

注：*、**和***分别表示双尾检验在 $p<0.1$、$p<0.05$ 和 $p<0.01$ 水平下显著。

根据表 5-14 中修正的琼斯模型的参数估计结果，可以计算出样本期间进行定向增发公告上市公司的年度可操纵应计利润。表 5-15 列示了样本公司在定向增发前两年（$t=-2$）、定向增发前一年（$t=-1$）及定向增发当年（$t=0$）三个年度可操纵应计利润的时间序列分布结果。表 5-15 中的数据结果均进行了公司上年末总资产的标准化处理。

表 5-15　定向增发公司盈余操纵时间序列分布及零均值检验结果

年　度	样　本　量	DA 均值	标　准　差	t 检验 统计量	t 检验 p 值
$t=-2$	3474	−0.0029	0.0019	−1.555*	0.060
$t=-1$	3474	−0.0065	0.0017	−3.855***	0.000
$t=0$	3474	0.0022	0.0016	1.339*	0.090

注：*、**和***分别表示双尾检验在 $p<0.1$、$p<0.05$ 和 $p<0.01$ 水平下显著。

上市公司在定向增发前是否存在盈余操纵行为，可以通过对公司的可操纵应计利润进行零均值检验来实现。表 5-15 列示了检验结果。由表中结果可以发现，在 $t=-2$、$t=-1$ 和 $t=0$ 三期内的样本均值分别为−0.0029、−0.0065 和 0.0022，并且分别在 10%的水平下、1%的水平下和 10%的水平下显著。这一结果说明，样本公司在定向增发的前两年及前一年均存在负向的盈余操纵行为，在定向增发当年存在正向的盈余操纵行为。另外，对比三个年度可操纵应计利润的均值绝对值可以发现，定向增发前一年的盈余操纵程度最大，而在定向增发当年上市公司的盈余操纵程度降至最低。

通过对样本公司在定向增发前进行盈余操纵的时间序列分布的分析可以发现，上市公司在定向增发前以及当年均存在盈余操纵行为。但是，这一分析只是对定向增发上市公司的盈余操纵行为进行的纵向分析，而无法判断资本市场在获得上市公司定向增发的相关公告信息后，是否可以发现上市公司的盈余操纵行为。因此，有必要对市场反馈消极样本与市场反馈积极样本公司的盈余操纵行为进行对比分析。表 5-16 列示了市场反馈消极样本与市场反馈积极样本在 $t=-2$、$t=-1$ 和 $t=0$ 三期内可操纵应计利润均值和中位数的比较及其统计检验结果。从表中结果可以看出，在 $t=-2$ 年，市场反馈消极样本与市场反馈积极样本的可操纵应计利润差异小于 0，其均值差异和中位数差异分别为 -0.0099 和 -0.0077，并且 t 检验在 1% 的水平下显著，Z 检验在 10% 的水平下显著；在 $t=-1$ 年，市场反馈消极样本与市场反馈积极样本的可操纵应计利润差异也小于 0，其均值差异和中位数差异分别为 -0.0078 和 -0.0013，并且 t 检验在 5% 的水平下显著，Z 检验在 10% 的水平下显著。这两种结果说明，在定向增发的前两年以及前一年，上市公司存在向下的盈余操纵行为，并且资本市场对上市公司的这一操纵行为具有发现功能：上市公司负向的盈余操纵程度越大，定向增发公告后，市场反馈越消极。在 $t=0$ 年，市场反馈消极样本与市场反馈积极样本的可操纵应计利润差异大于 0，其均值差异和中位数差异分别为 0.0105 和 0.0056，并且 t 检验在 1% 的水平下显著，Z 检验在 5% 的水平下显著。这一结果说明，在定向增发公告后，面对市场的消极反应，公司内部人会做出向上的盈余调整。这一结果在验证定向增发过程中上市公司盈余操纵行为存在性的同时，在一定程度上也验证了市场反馈效应的存在性，而且定向增发过程中，市场反馈信息在一定程度上是有效的。

表 5-16 市场反馈消极样本与市场反馈积极样本盈余操纵程度差异结果

年度	样本量	DA 均值差异	标准差	t 检验 统计量	p 值	DA 中位数差异	Z 检验 统计量	p 值
$t=-2$	3474	-0.0099	0.0040	-2.504***	0.006	-0.0077	-1.954*	0.051
$t=-1$	3474	-0.0078	0.0035	-2.216**	0.013	-0.0013	-1.661*	0.097
$t=0$	3474	0.0105	0.0034	3.030***	0.001	0.0056	2.229**	0.026

注：*、**和***表示双尾检验在 $p<0.1$、$p<0.05$ 和 $p<0.01$ 水平下显著。差异是指市场反馈消极（CAR<0）样本与市场反馈积极（CAR>0）样本之间的差异。均值差异检验采用 t 检验，中位数差异检验采用非参数秩和 Z 检验。

2. 定向增发预案公告前公司股票的累计超额收益率

《管理办法》规定，定向增发的股票发行价格不得低于定价基准日前 20 个交易日股票交易均价的 90%。因此，定向增发前的股票价格就成为定向增发价格制定的依据，这就给公司控股股东等内部人有意压低股价的行为提供了动机。由于累计超额收益率可以反映上市公司股票价格在特定时期内因为某一特定事件而发生的相对正常情况所发生的变化，因此，本研究选择定向增发预案公告前 200 天的累计超额收益率作为衡量公司内部人在定向增发前是否存在股价操纵行为的指标。为更加直观地检验资本市场反馈信息的有效性，本研究把定向增发公告后市场反馈消极样本与市场反馈积极样本在[-200，-1]窗口期内的累计超额收益率的差异进行检验。如果差异显著小于 0，则可以说明对于市场反馈消极的定向增发样本，其在定向增发公告前存在更大程度的股价操纵行为。

表 5-17 列示了窗口期[-200，-1]内的累计超额收益率（CAR）在市场反馈消极样本与市场反馈积极样本之间的差异检验结果。对于市场反馈消极样本，在定向增发公告前[-200，-1]期间股票的累计超额收益率均值为-0.021，并且在 1%的水平下显著异于 0；对于市场反馈积极样本，在定向增发公告前[-200，-1]期间股票的累计超额收益率均值为 0.064，两者之间的差异为-0.085，并且在 1%的水平下通过了 t 检验。这一结果说明相对于市场反馈积极样本，对于市场反馈比较消极的定向增发样本而言，其在定向增发公告前存在更大程度的股价操纵行为，并且是负向的股价操纵。中值差异非参数秩和 Z 检验的结果与均值差异 t 检验的结果保持一致。表 5-17 的检验结果证实了定向增发公告前公司内部人股价操纵行为的存在性与股价操纵方向，并且在定向增发公告后资本市场通过对相关公开信息的分析处理，能够识别上市公司的这种股价操纵行为，并且通过股票价格的波动给予消极回应，说明从这个角度来讲，资本市场对定向增发公告的反馈信息是有效的。

表 5-17　市场反馈消极样本与市场反馈积极样本 CAR[-200，-1]的差异结果

市场反馈	均值	标准差	零均值检验 t 值	均值差异检验 t 值	中位数	Z 检验统计量
CAR<0	-0.021	0.015	-1.3268***	(-0.085)	-0.020	(-0.033)
CAR>0	0.064	0.010	6.2637*	-4.712***	0.013	-2.427**

注：*、**和***表示双尾检验在 $p<0.1$、$p<0.05$ 和 $p<0.01$ 水平下显著。差异是指市场反馈消极（CAR<0）样本与市场反馈积极（CAR>0）样本之间的差异。均值差异检验采用 t 检验，中位数差异检验采用非参数秩和 Z 检验。括号内数值分别是均值差异和中值差异。

5.6.2 市场反馈信息与定向增发实施后的公司业绩

从对定向增发过程中市场反馈效应存在性的检验结果可以看出,消极的市场反馈能够引起公司内部人(包括控股股东与管理层)的注意,并且能够降低上市公司的定向增发申请通过监管部门审核的概率。但是,对于定向增发公告后的市场反馈信息是否是有效的,本研究有必要进行进一步的分析。在 5.6.1 节,本研究已经从资本市场是否可以有效识别定向增发公告前的盈余操纵与股价操纵行为的角度,对市场反馈信息的有效性进行了分析。本节将从另一个角度,即资本市场是否可以有效预见定向增发实施后上市公司业绩变化的角度,对市场反馈信息的有效性进行分析。

本研究将上市公司定向增发实施或者终止当年的财务比率与其前一年的财务比率进行对比,来衡量上市公司进行定向增发后其财务状况或者业绩的变化情况。具体来看,本研究选择以下几个财务指标作为衡量标准:每股收益(EPS),定义为:进行定向增发的上市公司经过行业中位数调整的上年末税后利润与上年末股本总数的比值;息税前利润率(EBIT),定义为:进行定向增发的上市公司经过行业中位数调整的上年末息税前利润与上年末营业总收入的比值;净资产收益率(ROE),定义为:进行定向增发的上市公司经过行业中位数调整的上年末净利润与上年末净资产的比值。对公司财务比率的变化与定向增发公告后市场反馈信息之间的关系进行检验,计算公式如下:

$$\text{Logit}(\Delta EPS, \Delta EBIT, \Delta ROE) = \beta_0 + \beta_1 CAR + \beta_2 Level + \beta_3 Size + \beta_4 BMR + \beta_5 Liquidity + \beta_6 Growth + \beta_7 Market + \sum Year + \sum Industry + \varepsilon \quad (5-5)$$

式中 ΔEPS——上市公司进行定向增发当年与其上一年相比每股收益,如果比率增加,则取值为 1,如果比率下降,则取值为 0;

$\Delta EBIT$——上市公司进行定向增发当年与其上一年相比息税前利润率,如果比率增加,则取值为 1,如果比率下降,则取值为 0;

ΔROE——上市公司进行定向增发当年与其上一年相比净资产收益率,如果比率增加,则取值为 1,如果比率下降,则取值为 0;

CAR——定向增发预案公告日周围事件窗口的累计超额收益率,窗口期采用[-1, 1];

Level——定向增发公司上年末负债总额与上年末资产总额的比值;

Size——定向增发公司上年末总资产的自然对数;

BMR——定向增发公司上年末账面净资产与上年末股票总市值的比值;

Liquidity——定向增发公司上年末流动资产与上年末流动负债的比值;

Growth——上市公司定向增发预案公告年度近 3 年公司总资产的平均增长率;

Market——上市公司股票的市场回报率,等于定向增发预案公告日之前6个月内股票市场的买入持有回报率;

Year——虚拟变量,控制上市公司定向增发预案公告年度;

Industry——虚拟变量,控制定向增发的上市公司所处的行业。

回归检验结果报告见表5-18。根据检验结果,定向增发公告后的市场反馈信息(CAR)与EPS、EBIT、ROE的增加概率均呈显著的正相关关系,显著性水平分别为5%、1%和1%。这一结果表明,定向增发公告后的市场反馈信息在一定程度上可以反映定向增发实施或者终止后上市公司的业绩变化,这说明在定向增发过程中,资本市场对股票发行后上市公司的业绩变化具有显著的预见作用。

表5-18 市场反馈信息与定向增发实施后的公司业绩回归结果

变量名称	EPS增加(ΔEPS)	EBIT增加(ΔEBIT)	ROE增加(ΔROE)
Constant	0.615(1.006)	0.995(1.059)	1.474(1.027)
CAR	1.105**(0.437)	1.384***(0.446)	1.506***(0.446)
Level	0.234(0.318)	0.005(0.329)	−0.039(0.312)
Size	−0.030(0.047)	−0.034(0.049)	−0.091*(0.048)
BMR	0.011(0.073)	−0.138*(0.075)	0.142**(0.071)
Liquidity	−0.013(0.050)	0.017(0.054)	0.066(0.051)
Growth	−0.090***(0.033)	0.115***(0.036)	−0.137***(0.035)
Market	0.038*(0.023)	0.024(0.023)	0.031(0.023)
年度	已控制	已控制	已控制
行业	已控制	已控制	已控制
样本观测值	3474	3474	3474
χ^2值	22.67	33.48	46.93
Prob > χ^2值	0.002	0.000	0.000
Pseudo R^2	0.169	0.111	0.138

注:*、**和***分别表示双尾检验在$p<0.1$、$p<0.05$和$p<0.01$水平下显著;括号内的数值表示稳健性标准误值。为了排除异常值与异方差对研究的影响,各连续变量数据均进行了1%水平的缩尾(winsorize)处理,结果中的标准误差都进行了公司水平的聚类处理。

外部投资者的情绪往往为人所诟病,但是表5-18的回归结果却说明了外部投资者对公司相关财务决策的反应并非毫无根据,也并不仅仅是中小投资者的跟风交易。定向增发公告后公司股票价格的波动反映了外部投资者对公司定向增发实施后经营状况的一种理性预期。市场反馈越消极,越能说明定向增发对于公司而言是一个非优决策的概率越大。对定向增发后公司业绩的有效预测,说明外部投资者可以作为公司内部人行为的一种良好的外部监督机制，通过股票交易引起股价波动以引起相关决策者对公司的相关行为进行一定程度上的纠正，这对公司治理机制不足的现有状况而言，是一种有效的补充。

5.6节的检验结果充分说明了定向增发过程中的市场反馈信息是有效的。上市公司进行定向增发公告后，资本市场可以获得公司决策的相关信息，并且对这些信息进行充分的处理和分析，产生可以指引公司内部人和监管层等相关决策者决策的新信息。资本市场通过对定向增发前上市公司盈余操纵行为的识别以及定向增发实施或者终止后公司业绩变化的预测，将信息反映在公司股票价格的波动之中，并且通过此方式传达给相关决策者。这进一步说明本研究对定向增发过程中市场反馈效应的研究是合理的。

5.7 稳健性检验

为验证实证研究结论的可靠性，本研究又从家族企业的界定范围、市场反馈信息的衡量方法和变量间的内生性三个角度出发，对实证研究进行了相应的稳健性检验。

5.7.1 家族企业的界定范围

在实证研究部分，本研究对家族企业做了如下定义：如果公司的终极控制人是一个或者数个具有关联关系的家族或者自然人，则将其定义为家族企业。受现存家族企业相关研究的启发，在本部分的稳健性检验中，本研究又采用了另外两种方式对家族企业进行判断：固定控制权临界值方法与浮动控制权临界值方法。

1. 固定控制权临界值方法

现存关于家族企业的大部分研究，多采用家族股东的终极控制权标准是否超过某个固定临界值对家族企业进行界定，应用比较广泛的固定临界值为5%（Villalonga 和 Amit，2006；Anderson，Reeb 和 Zhao，2012；McGuire，Dow 和 Ibrahim，2012）、10%（La Porta，Lopez-de-Silanes 和 Shleifer，1999；Maury，2006）和 20%（La Porta，Lopez-de-Silanes 和 Shleifer，1999；Faccio 和 Lang，2002）。由于深受孔子文化和"家长制"思想的影响（Gao，Li 和 Huang，2017），与国外大部分公司相比，我国企业的股权集中度相对比较高，因而，采用 20%作为控制权临界点判断企业是否由家族股东控制。因此，企业需满足以下两个条件，才能将其归类为家族企业：①公司的终极控制人是家族或者自然人；②家族股东直接和间接控制权之和超过20%。这样，经过判断和筛选，最后本研究识别出1466个定向增发公告来自家族企业。

2. 浮动控制权临界值方法

固定值的控制权界定标准在考虑公司的所有权分布情况时会有所欠缺。例如，对于股权相对比较集中的企业来说，5%的界定标准可能会过低；但是，对于持股比较分散的企业来说，20%的界定标准可能会过高。因此，参考Yeh、Lee和Woidtke（2001）的方法，本研究对企业的控制权界定水平进行了计算，计算公式如下：

$$C^* = Z_\alpha \sqrt{\frac{\pi H}{1 + Z_\alpha^2 \pi}} \qquad (5\text{-}6)$$

式中　C^*——控制权临界值水平；

Z_α——正态分布中，满足条件$P(z \leqslant Z)=\alpha$的z值；

α——股东在股东大会上赢得投票权的概率；

π——股东行使投票权的概率；

H——代表股权集中度的Herfindahl$_{10}$指数。

本研究利用公司前十大股东的持股比例计算Herfindahl$_{10}$指数，具体如下：

$$H = \sum_{i=1}^{k} P_i^2 \qquad (5\text{-}7)$$

式中　P_i——第i大股东的持股比例。

由于本研究主要关注家族对企业的绝对控制，因此，本研究设定$\alpha=0.999$与$\pi=1$。股东赢得投票权的概率越大，所需要的所有权集中度就越高。这样，企业需满足以下两个条件，才能归类为家族企业：①终极控制人是家族或者自然人；②家族直接和间接控制权之和超过控制权临界值（由式（5-6）计算而来）。据此，根据不同的所有权分布情况，每个公司都有一个特定的控制权临界水平。本研究计算的控制权临界水平的均值是23.79%，即在本研究所选择的样本观测值内，一个家族只需要23.79%的控制权水平就能对一个企业达到绝对控制。这样，经过判断和筛选，最后本研究识别出1693个定向增发公告来自家族企业。

表5-19和表5-20分别报告了利用固定控制权临界值水平与浮动控制权临界值水平对家族企业进行重新界定后，定向增发过程中市场反馈效应存在性的检验结果。由检验结果可以看出，对于表5-19中的回归（2）、回归（4）、回归（6）和回归（8）以及表5-20

第5章 实证检验结果

表 5-19 根据固定控制权临界值判断的家族企业市场反馈效应的回归分析结果

变量名称	总样本 Complete (1)	家族企业 Complete (2)	总样本 Issue (3)	家族企业 Issue (4)	总样本 Pass_CSRC (5)	家族企业 Pass_CSRC (6)	总样本 Pass_shareholder (7)	家族企业 Pass_shareholder (8)
Constant	-0.932(1.181)	-1.998(2.301)	3.432**(1.617)	-2.307(3.247)	-4.559**(2.337)	-1.934(4.565)	-0.641(1.791)	3.415(3.367)
CAR	1.767***(0.566)	0.664**(0.315)	1.539*(0.822)	0.806(0.421)	2.138**(1.046)	1.515**(0.815)	1.732**(0.828)	1.481*(0.829)
CAR×Family	0.615***(0.229)		0.833***(0.332)		-2.348**(1.168)			
Family	0.159*(0.074)		0.116*(0.066)		0.770***(0.353)		0.507*(0.253)	
Market	-0.199***(0.048)	-0.088(0.084)	-0.300***(0.067)	-0.166(0.115)	-0.108(0.090)	0.042(0.159)	-0.043(0.066)	0.016(0.115)
Beta	-0.608**(0.256)	-0.538(0.424)	-1.103***(0.354)	-1.143(0.595)	-0.465(0.475)	-0.911(0.800)	-0.665**(0.269)	0.726(0.643)
EBIT	0.347*(0.200)	1.377**(0.769)	0.810***(0.249)	2.412(2.449)	0.931***(0.388)	-1.750(3.332)	0.252*(0.146)	-6.123**(2.530)
EPS	1.187***(0.258)	1.095***(0.429)	1.198***(0.347)	0.402(0.580)	1.264***(0.520)	1.469*(0.852)	0.899***(0.397)	2.019***(0.681)
Level	-0.764***(0.269)	-0.971***(0.472)	-0.517(0.402)	-0.434(0.745)	-0.032(0.497)	1.421(1.110)	-0.880**(0.354)	-2.072***(0.606)
over	0.018***(0.008)	0.031**(0.012)	0.005(0.010)	0.032**(0.016)	0.033***(0.016)	0.011(0.023)	0.027**(0.013)	0.042**(0.020)
Size	0.155***(0.055)	0.193**(0.110)	0.039(0.074)	0.303**(0.155)	0.322***(0.108)	0.172(0.220)	0.153*(0.083)	-0.080(0.160)
BMR	-0.225(0.156)	-0.236(0.284)	-0.120(0.214)	-0.402(0.394)	-0.062(0.284)	-0.090(0.545)	-0.403(0.232)	0.319(0.417)
Liquidity	-0.252***(0.087)	-0.283**(0.144)	-0.396***(0.120)	-0.386**(0.208)	0.110(0.165)	0.471**(0.279)	-0.129(0.132)	-0.431**(0.210)
Growth	-0.059(0.052)	-0.009(0.082)	-0.069(0.071)	-0.005(0.111)	-0.083(0.098)	-0.083(0.157)	-0.005(0.082)	0.043(0.128)
样本观测值	3474	1466	2737	1202	2355	1047	2544	1114
χ^2 值	187.480	77.800	127.800	62.470	70.060	37.890	101.260	67.980
Prob > χ^2 值	0.000	0.000	0.000	0.004	0.002	0.003	0.000	0.001

注：*、**和***分别表示双尾检验在 $p<0.1$、$p<0.05$ 和 $p<0.01$ 水平下显著；括号内的数值表示稳健性标准误差。为了排除异常值与异方差对研究的影响，各连续变量数据均进行了 1% 水平的缩尾（winsorize）处理，结果中的标准差都进行了公司水平的聚类处理。

家族企业定向增发中的市场反馈效应研究

表 5-20 根据浮动控制权临界值判断的家族企业市场反馈效应的回归分析结果

变量名称	总样本 Complete (9)	家族企业 Complete (10)	总样本 Issue (11)	家族企业 Issue (12)	总样本 Pass_CSRC (13)	家族企业 Pass_CSRC (14)	总样本 Pass_shareholder (15)	家族企业 Pass_shareholder (16)
Constant	−0.560(1.189)	−2.955(2.140)	4.090***(1.633)	−2.352(2.950)	−4.357*(2.356)	−4.858(4.239)	−0.405(1.805)	2.295(3.164)
CAR	2.332***(0.605)	0.637**(0.295)	2.256***(0.894)	0.677*(0.389)	2.893***(1.119)	1.119*(0.636)	1.884**(0.879)	1.565**(0.812)
CAR×Family	1.341**(0.559)		0.756***(0.332)		0.934**(0.390)		−2.270*(1.185)	
Family	0.095(0.120)		0.022(0.161)		0.377**(0.201)		−0.683***(0.269)	
Market	−0.198***(0.048)	−0.134*(0.080)	−0.299***(0.067)	−0.238**(0.110)	−0.103**(0.090)	0.008(0.156)	−0.042(0.066)	0.008(0.109)
Beta	−0.599***(0.257)	−0.529(0.395)	−1.095***(0.355)	−1.393**(0.544)	−0.701**(0.287)	−0.411(0.735)	0.089(0.391)	0.821(0.600)
EBIT	2.006***(1.017)	1.538***(0.756)	1.028***(0.241)	0.700(0.355)	0.934***(0.390)	0.881**(0.474)	−0.996(1.497)	0.681***(0.341)
EPS	1.190***(0.258)	1.229***(0.409)	1.203***(0.347)	0.783**(0.347)	1.268**(0.521)	1.424*(0.807)	0.894***(0.398)	1.829***(0.647)
Level	−0.799***(0.269)	−1.125***(0.420)	−0.846***(0.250)	−0.722(0.623)	−0.076(0.498)	0.748(0.850)	−0.892**(0.354)	−1.947***(0.552)
Cover	0.018**(0.008)	0.027**(0.011)	0.005(0.010)	0.022**(0.012)	0.033**(0.016)	0.020(0.022)	0.027**(0.013)	0.036*(0.019)
Size	0.142***(0.055)	0.247***(0.102)	0.014(0.074)	0.336***(0.140)	0.315***(0.108)	0.298(0.203)	0.145*(0.083)	−0.029(0.151)
BMR	−0.228**(0.117)	−0.278(0.262)	−0.129(0.215)	−0.456(0.355)	−0.036(0.286)	0.124(0.497)	−0.412*(0.233)	0.026(0.386)
Liquidity	−0.256***(0.087)	−0.293**(0.135)	−0.403***(0.120)	−0.407**(0.190)	0.103(0.166)	0.439*(0.255)	−0.135(0.132)	−0.451**(0.203)
Growth	−0.049(0.052)	−0.041(0.077)	−0.052(0.071)	−0.042(0.102)	−0.080(0.099)	−0.122(0.147)	0.001(0.082)	0.037(0.121)
样本观测值	3474	1693	2737	1363	2355	1231	2544	1289
χ^2值	191.28	96.81	130.06	67.92	71.34	37.89	101.54	65.39
Prob > χ^2值	0.000	0.000	0.000	0.001	0.002	0.002	0.000	0.003

注：*、**和***分别表示双尾检验在 $p<0.1$、$p<0.05$ 和 $p<0.01$ 水平下显著；括号内的数值表示稳健性标准误差。为了排除异常值与异方差对研究的影响，各连续变量数据均进行了 1%水平的缩尾（winsorize）处理，结果中的标准误差都进行了公司水平的聚类处理。

中的回归（10）、回归（12）、回归（14）和回归（16）而言，市场反馈信息（CAR）与因变量均呈显著的正相关关系，表明对家族企业进行重新界定后，定向增发各决策阶段的市场反馈效应依然存在。在回归（1）和回归（9）、回归（3）和回归（11）、回归（5）和回归（13）中，交叉项（CAR×Family）的系数均依然与因变量呈显著的正相关关系，这一结果表明，在管理层的最终决策以及监管部门的审核决策过程中，家族参与企业管理会提升决策者接受市场反馈信息的概率。但是，在回归（7）和回归（15）中，交叉项（CAR×Family）却与因变量（Pass_shareholder）呈显著的负相关关系，这一结果表明，家族参与企业管理会降低定向增发预案通过公司股东大会表决的概率。总体来说，表5-19与表5-20中的稳健性检验结果与前文实证部分的分析保持一致，这里不再一一赘述。

5.7.2 市场反馈信息的衡量

在实证检验部分，本研究采用市场模型对定向增发公告的市场反馈信息进行了衡量，在此部分，本研究对市场反馈信息（CAR）的计算又采用市场调整法进行了计算。从国内外的相关文献来看，CAR的计算经历了从风险调整法到市场调整法的过渡。早期主要使用风险调整法对CAR进行衡量，这种衡量方式的盛行可能与当时CAPM的主导地位有关。随着经验异象（Anomalies）（比如规模效应等）对系统风险系数β提出的质疑，越来越多的文献研究采用市场调整法对CAR进行衡量。即假设公司股票i在第t天的收益率为R_{it}，市场指数在相同时间段内的收益率为R_{mt}，则在这段时期内股票i相对于大盘的超额收益率为

$$AR_{it} = R_{it} - R_{mt} \tag{5-8}$$

式中 R_{it}——公司的股票i在第t天的收益率；

R_{mt}——事件期内第t日市场组合的平均回报率，采用国泰安数据库（CSMAR）中的"考虑现金红利的综合日市场回报率"；

AR_{it}——特定时间段内公司股票i相对于大盘的超额收益率。

那么，定向增发公告后的累计超额收益率，即市场反馈信息CAR_i则为

$$CAR_i = \sum_{t=t_1}^{t=t_2} AR_{it} \tag{5-9}$$

式中 AR_{it}——特定时间段内公司股票i相对于大盘的超额收益率；

CAR_i——定向增发公告后的累计超额收益率，即市场反馈信息。

与上文保持一致，本研究将定向增发预案公布当天周围1个交易日作为衡量公告日市场反馈信息的事件期窗口，即事件期窗口选择为[-1, 1]。进行市场反馈信息（CAR）变量替代后的检验结果见表5-21。

家族企业定向增发中的市场反馈效应研究

表 5-21 根据市场调整法计算市场反馈信息的稳健性分析结果

变量名称	总样本 Complete (1)	总样本 Complete (2)	总样本 Issue (3)	总样本 Issue (4)	总样本 Pass_CSRC (5)	总样本 Pass_CSRC (6)	总样本 Pass_shareholder (7)	总样本 Pass_shareholder (8)
Constant	-0.560(1.165)	0.107(1.182)	4.694***(1.607)	5.399***(1.633)	-4.088*(2.305)	-3.251(2.345)	-1.413(1.747)	-0.918(1.774)
CAR	0.574**(0.228)	1.412***(0.207)	0.724**(0.329)	1.274(0.669)	0.886***(0.387)	0.614*(0.373)	0.627*(0.372)	0.658***(0.269)
CAR×Family		1.336**(0.548)		0.611(0.333)		-0.293(0.400)		-1.306(0.712)
Family		0.112(0.119)		0.129(0.161)		0.357(0.367)		-1.317***(0.273)
Market	-0.200***(0.048)	-0.199***(0.048)	-0.309***(0.067)	-0.307***(0.068)	-0.106(0.089)	-0.099(0.089)	-0.039(0.065)	-0.037(0.065)
Beta	-0.595**(0.258)	-0.593**(0.258)	-1.281***(0.359)	-1.269**(0.360)	-0.446*(0.475)	-0.458(0.478)	0.307(0.389)	0.316(0.390)
EBIT	2.103***(1.011)	1.830***(1.022)	2.177*(1.105)	1.691***(0.283)	0.728**(0.368)	-2.078*(1.910)	-0.935(1.462)	-0.746(1.482)
EPS	1.166***(0.257)	1.165***(0.258)	1.251***(0.349)	1.261***(0.351)	1.257**(0.519)	1.253**(0.521)	0.772*(0.393)	0.780*(0.395)
Level	-0.755***(0.270)	-0.753***(0.271)	-0.689*(0.408)	-0.681*(0.410)	-0.065(0.498)	-0.052(0.498)	-0.627*(0.351)	-0.632*(0.352)
Cover	0.019***(0.008)	0.019***(0.008)	0.005(0.010)	0.005(0.010)	0.033***(0.016)	0.034***(0.016)	0.029***(0.013)	0.029***(0.013)
Size	0.146***(0.054)	0.115**(0.055)	0.240(0.278)	-0.048(0.075)	0.306***(0.107)	0.267***(0.108)	0.211***(0.082)	0.190***(0.083)
BMR	-0.215***(0.105)	-0.219(0.156)	-0.854***(0.249)	-0.0618(0.215)	-0.082(0.282)	-0.079(0.284)	-0.457***(0.228)	-0.459***(0.229)
Liquidity	-0.247***(0.087)	-0.241***(0.087)	-0.389***(0.120)	-0.384***(0.121)	0.116(0.165)	0.117(0.166)	-0.138(0.130)	-0.136(0.131)
Growth	-0.053(0.052)	-0.030(0.052)	-0.026(0.070)	-0.002(0.072)	-0.066(0.097)	-0.037(0.099)	-0.047(0.081)	-0.033(0.082)
样本观测值	3474	3474	2737	2737	2355	2355	2544	2544
χ^2 值	179.75	190.65	139.33	144.39	67.46	70.39	117.91	120.12
Prob > χ^2 值	0.000	0.000	0.000	0.000	0.002	0.002	0.000	0.000

注：*、**和***分别表示双尾检验在 $p<0.1$、$p<0.05$ 和 $p<0.01$ 水平下显著；括号内的数值表示稳健性标准误差值。为了排除异常值与异方差对研究的影响，各连续变量数据均进行了 1% 水平的缩尾（winsorize）处理，结果中的标准误差都进行了公司水平的聚类处理。

由表 5-21 中的结果可以看出，在回归（1）、回归（3）、回归（5）和回归（7）中，市场反馈信息（CAR）依然与因变量呈显著的正相关关系，这一结果说明市场反馈信息的衡量方式改变以后，定向增发中的市场反馈效应依然存在。并且，在回归（2）、回归（4）和回归（8）中，交叉项（CAR×Family）与因变量之间的关系也与实证分析部分保持一致。但是，在表 5-7 的回归结果中，交叉项（CAR×Family）与因变量呈显著的正相关关系，说明企业的家族治理模式会促进定向增发预案通过监管部门的核准；而在表 5-21 的回归（6）中，交叉项（CAR×Family）的系数虽然为负，但是并不显著。这一结果说明，企业的家族治理模式对监管部门核准过程中市场反馈效应的影响可能会因市场反馈信息衡量方式的不同而发生变化。但是，总体来说，本节的稳健性检验结果与前文的实证分析部分保持一致，说明本研究的研究结果具有比较强的稳健性。

5.7.3 两阶段 Probit 回归模型

如前文所述，虽然实证分析结果验证了本研究的假设，但是模型可能存在内生性问题。诸多研究表明，市场反馈信息（CAR）会受到定向增发的目的、公司股权结构、公司营利性、公司资本结构以及市场环境等诸多因素的影响。因此，为控制变量的内生性，本研究采用两阶段 Probit 回归模型对实证结果进行了稳健性检验。在第一阶段中，根据以往文献的研究，本研究选取了影响市场反馈信息（CAR）的变量，将市场反馈信息（CAR）对各个因素进行回归得出拟合值，并且将其拟合值带入第二阶段的 Probit 回归模型之中。值得说明的是，第一阶段中的解释变量要包含第二阶段中的控制变量，因而第一阶段中的部分解释变量与第二阶段中的控制变量可能相同。两阶段 Probit 回归模型如下。

第一阶段模型：

$$CAR = \beta_0 + \beta_1 BOwship + \beta_2 Herfindahl_5 + \beta_3 Participate + \beta_4 Purpose + \beta_5 Fraction + \beta_6 Controls + \sum Year + \sum Industry + \varepsilon \quad (5\text{-}10)$$

第二阶段模型：

$$\begin{aligned} &Probit(Pass\_shareholder, Pass\_CSRC, Issue, Complete) \\ &= \beta_0 + \beta_1 Pr\_CAR + \beta_2 Family + \beta_3 CAR \times Family + \beta_4 Controls + \sum Year + \sum Industry + \varepsilon \end{aligned} \quad (5\text{-}11)$$

式中　Controls——控制变量，主要包括 Market、Beta、EBIT、EPS、Level、Cover、Size、BMR、Liquidity 和 Growth；

BOwship——公司控股股东的持股比例；

Fraction——定向增发的比例，即定向增发股份数量/定向增发后公司股份的总数量；

Pr_CAR——第一阶段回归模型式（5-10）中 CAR 的拟合值。

式（5-10）与式（5-11）中的其他变量与实证部分相同，具体定义方法见表 4-4。表 5-22 列示了采用两阶段 Probit 回归模型控制变量内生性之后，定向增发公告后的市场反馈信息与定向增发各阶段决策结果之间的关系以及企业的家族治理模式对两者之间关系的影响。从第一阶段的回归（1）结果来看，各变量与市场反馈信息（CAR）之间的关系都比较显著，例如，变量 $Herfindahl_5$ 的系数显著为正（显著性水平为 1%），说明上市公司的股权制衡程度越大，市场反馈越积极；变量 Fraction 的系数显著为正（显著性水平为 1%），说明定向增发股份比例越大，市场反馈越积极，这是因为资本市场一般会把公司的定向增发看作公司价值被低估的信号，因此，定向增发的比例越大，越能说明公司价值被低估的程度。由第二阶段的各个回归结果可以看出，市场反馈信息（CAR）与因变量之间均呈显著的正相关关系，这一结果说明了定向增发过程中市场反馈效应的存在性。在回归（3）、回归（5）和回归（7）的结果中，交叉项（CAR×Family）的系数均与因变量之间呈显著的正相关关系，说明整体而言，企业的家族治理模式会促进市场反馈信息对定向增发结果的影响，这种促进作用在监管部门的审核决策以及管理者的最终决策过程中比较显著。但是，在回归（9）的结果中，交叉项（CAR×Family）的系数却显著为负（显著性水平为 10%），这一结果说明在股东大会的决策过程中，企业的家族治理模式反而会抑制公司股东对市场反馈信息的接受程度。表 5-22 中两阶段 Probit 回归模型的稳健性检验结果与前文的实证分析结果保持一致，说明本研究的研究结果与结论具有较强的稳健性，在此不再一一展开叙述。

第 5 章 实证检验结果

表 5-22 控制内生性后的市场反馈效应回归分析结果

变量名称	第一阶段回归	第二阶段回归							
	CAR	Complete	Complete	Issue	Issue	Pass_CSRC	Pass_CSRC	Pass_shareholder	Pass_shareholde
	(1)	(2)	(3)	(4)	(5)	(6)	(7)	(8)	(9)
Constant	0.251***(0.039)	-1.722**(0.777)	-1.875**(0.778)	0.618(1.003)	0.354(1.027)	-3.350***(1.233)	-3.530***(1.203)	-0.456(1.002)	-0.375(1.031)
Pr_CAR		3.706***(1.168)	5.444***(1.686)	4.743***(1.204)	6.657***(1.679)	3.406**(1.688)	5.274**(2.390)	0.674*(0.384)	0.667*(0.385)
CAR×Family			0.847***(0.304)		1.028**(0.431)		0.984*(0.558)		-0.260*(0.149)
Family			0.429***(0.150)		0.452***(0.153)		0.451**(0.210)		-0.213(0.147)
BOwship	-0.142***(0.047)								
Herfindahl₅	0.178***(0.063)								
Participate	-0.003(0.004)								
Purpose	-0.044***(0.004)								
Fraction	0.324***(0.071)								
Market	0.003**(0.001)	-0.010***(0.029)	-0.010***(0.029)	-0.142***(0.038)	-0.137***(0.038)	-0.048(0.045)	-0.048(0.044)	-0.024(0.034)	-0.024(0.034)
Beta	0.017*(0.010)	-0.361**(0.151)	-0.361***(0.150)	-0.610***(0.188)	-0.591***(0.185)	-0.346*(0.196)	-0.287(0.231)	-0.436***(0.152)	-0.438***(0.150)

家族企业定向增发中的市场反馈效应研究

（续）

变量名称	第一阶段回归	第二阶段回归							
	CAR	Complete	Complete	Issue	Issue	Pass_CSRC	Pass_CSRC	Pass_shareholder	Pass_shareholder
	(1)	(2)	(3)	(4)	(5)	(6)	(7)	(8)	(9)
EBIT	0.120***(0.039)	1.044*(0.612)	1.024*(0.612)	0.564***(0.173)	0.672*(0.382)	0.506***(0.188)	0.628*(0.356)	0.855*(0.470)	0.823*(0.471)
EPS	0.030***(0.009)	0.765***(0.150)	0.755***(0.148)	0.735***(0.185)	0.739***(0.181)	0.696***(0.248)	0.680***(0.243)	0.423**(0.203)	0.417**(0.205)
Level	−0.025**(0.011)	−0.400**(0.162)	−0.428***(0.159)	−0.298*(0.158)	−0.262(0.216)	−0.391***(0.139)	−0.364*(0.191)	−0.519***(0.182)	−0.500***(0.183)
Cover	0.026(0.031)	0.963**(0.453)	0.943**(0.451)	0.108(0.535)	0.269*(0.149)	0.017**(0.008)	0.016**(0.008)	0.015**(0.006)	0.014**(0.006)
Size	−0.007***(0.002)	0.112***(0.032)	0.112***(0.031)	0.285*(0.154)	0.042(0.038)	0.178***(0.052)	0.179***(0.051)	0.088**(0.042)	0.086**(0.043)
BMR	−0.023***(0.006)	−0.563***(0.147)	−0.524***(0.156)	−0.048(0.117)	−0.017(0.116)	−0.049(0.145)	−0.008(0.147)	−0.219*(0.117)	−0.229*(0.117)
Liquidity	0.010***(0.003)	−0.155***(0.051)	−0.151***(0.051)	−0.221***(0.065)	−0.209***(0.064)	0.049(0.084)	0.045(0.083)	−0.067(0.067)	−0.066(0.067)
Growth	0.036*(0.021)	0.029**(0.012)	−0.036(0.030)	−0.041(0.037)	−0.052(0.037)	−0.026(0.048)	−0.039(0.048)	−0.001(0.039)	0.002(0.040)
χ^2 值		217.58	238.04	156.09	176.45	81.39	91.45	112.69	115.05
Prob > χ^2 值		0.000	0.000	0.000	0.000	0.000	0.000	0.000	0.000
样本观测值	3474	3474	3474	2737	2737	2355	2355	2544	2544

注：*、**和***表示双尾检验 $p<0.1$、$p<0.05$ 和 $p<0.01$ 下显著；括号内数值为稳健性标准误差。各连续变量进行了1%水平的缩尾（winsorize）处理，标准误差都进行了公司层面的聚类处理。

5.8 本章小结

本章在前文所述理论分析与实证研究设计的基础之上，综合运用描述性统计分析、均值 t 检验、相关性分析、Logistic 回归分析等假设检验方法，采用 2007—2015 年的共计 3474 个定向增发公告样本观测值，从内部股东大会与董事会以及外部监管部门等途径出发，对定向增发过程中各阶段决策者对待市场反馈信息的态度进行了考察分析，从而揭示了在我国特殊的制度背景与资本市场环境下，外部投资者对上市公司定向增发进程的高度关注及其可能产生的公司治理作用，同时分析了定向增发不同环节决策者行为的影响因素。本部分的实证检验结果表明，定向增发各阶段决策过程中，市场反馈效应是存在的，意即定向增发公告后的市场反馈信息对各阶段的决策结果均会产生一定影响，并且在监管机构与管理层的最终决策过程中，企业的家族治理模式会强化定向增发过程中的市场反馈效应。但是，在股东大会的决策过程中，企业的家族治理模式会对市场反馈效应产生一定的弱化作用。进一步的检验结果表明，家族企业控股股东与管理层是否接受市场反馈信息会受到公司治理结构与定向增发特征的影响：家族控股股东控制权与所有权的分离以及家族成员在上市公司担任要职会降低公司内部人（包括控股股东与管理层）接受市场反馈信息的概率；非控股股东的股权制衡会提升公司内部人（包括控股股东与管理层）接受市场反馈信息的概率；控股股东参与认购定向增发股份会提升公司内部人（包括控股股东与管理层）接受市场反馈信息的概率；定向增发以购买资产为目的会降低公司内部人（包括控股股东与管理层）接受市场反馈信息的概率。这些实证结果说明，总体来说，家族参与企业管理降低委托代理等问题所带来的正面效应超过了其所带来的"机会主义行为"等负面效应，有利于公司价值的提升；在公司的日常经营过程中，家族企业内部人并不是以简单的代理者身份或者管家身份进行各项决策，而更多的是两者的结合。

本研究进一步从两个途径对定向增发过程中市场反馈信息的有效性进行了验证分析：①定向增发预案首次公告后，资本市场是否可以发现公司内部人在定向增发前对股票价格的操纵行为；②定向增发公告后的市场反馈信息是否可以反映定向增发实施后公司业绩的变化。检验结果表明，资本市场可以识别公司内部人在定向增发之前以及定向增发过程中的盈余操纵行为，并且能够对定向增发实施后公司业绩的变化起到一定的预见作用。资本市场通过对公司股票的交易引起股票价格的波动，将信息通过股价波动的

家族企业定向增发中的市场反馈效应研究

方式传递给相关决策者。这一结果说明，定向增发过程中的市场反馈信息是有效的。

本章最后采用家族企业范围的重新界定、市场反馈信息的重新衡量以及两阶段 Probit 回归模型的方式对实证分析结果进行了一定的稳健性检验，检验结果同样验证了实证结果部分，表明本章的实证研究结论具有比较强的稳健性。

研究假设检验结果汇总见表 5-23。

表 5-23 研究假设检验结果汇总

类 别	研究假设内容	检 验 结 果
Panel A：市场反馈效应存在性的假设		
H1a	与非家族企业相比，家族参与企业管理会降低公司内部人（包括控股股东与管理层）接受市场反馈信息的概率	（控股股东）通过、（管理层）未通过
H1b	与非家族企业相比，家族参与企业管理会提升公司内部人（包括控股股东与管理层）接受市场反馈信息的概率	（控股股东）未通过、（管理层）通过
H2	与非家族企业相比，家族参与企业管理会提升监管部门接受市场反馈信息的概率	通过
Panel B：公司治理结构对市场反馈效应的影响假设		
H3	家族企业内部人（包括控股股东与管理层）接受市场反馈信息的概率会随着家族控股股东控制权与所有权分离程度的提高而降低	通过
H4	家族企业内部人（包括控股股东与管理层）接受市场反馈信息的概率会随着非控股股东股权制衡程度的增加而提升	（控股股东与管理层）均通过
H5a	家族成员在上市公司担任要职会提升家族企业内部人（包括控股股东与管理层）接受市场反馈信息的概率	未通过
H5b	家族成员在上市公司担任要职会降低家族企业内部人（包括控股股东与管理层）接受市场反馈信息的概率	（控股股东与管理层）均通过
Panel C：定向增发特征对市场反馈效应的影响假设		
H6a	与控股股东不参与认购定向增发股份相比，控股股东参与认购定向增发股份会降低家族企业内部人（包括控股股东与管理层）接受市场反馈信息的概率	未通过
H6b	与控股股东不参与认购定向增发股份相比，控股股东参与认购定向增发股份会提升家族企业内部人（包括控股股东与管理层）接受市场反馈信息的概率	（控股股东与管理层）均通过
H7	与以项目融资为目的相比，定向增发以购买资产为目的会降低家族企业内部人（包括控股股东与管理层）接受市场反馈信息的概率	（控股股东与管理层）均通过

第 6 章 结果讨论

本研究在对家族企业控股股东行为分析的基础上,分别从委托代理理论、管家理论、资源基础理论和社会情感财富理论等相关理论的角度出发,对定向增发过程中各个阶段决策者的最终决策与定向增发公告后的市场反馈信息之间的关系进行了研究。首先,从双向信息流的角度出发,检验了我国上市公司定向增发过程中市场反馈效应的存在性,并且在监管机构与管理层的最终决策过程中,企业的家族治理模式会强化定向增发过程中的市场反馈效应,但是在股东大会的决策过程中,企业的家族治理模式却会对市场反馈效应产生一定的弱化作用;其次,从公司治理结构对市场反馈效应影响作用的角度检验了家族企业内部人的行为特征,实证检验结果验证了家族企业中的委托代理问题主要存在于家族控股股东与外部中小股东之间;再次,从定向增发特征对市场反馈效应影响作用的角度对家族企业内部人的行为特征进行了检验;最后,从定向增发公告前的盈余操纵和定向增发实施后公司业绩的变化两个角度对市场反馈信息的有效性进行了检验,发现资本市场对上市公司的盈余操纵行为能够有效识别,并且能够有效预见定向增发实施后公司业绩的变化,实证检验结果验证了定向增发过程中市场反馈信息的有效性。因此,实证检验结果支持了本研究所提出的理论框架和研究假设。本章根据实证检验结果,讨论各个因素之间的内在关系。

6.1 定向增发各阶段决策结果与市场反馈信息之间的关系

2006 年 5 月 8 日,证监会发布《上市公司证券发行管理办法》,对非公开发行股票的条件和发行程序进行了明确规定。《管理办法》的颁布与实施是定向增发作为合法的再融资方式登上资本市场舞台的标志。自此以后,定向增发逐步成为我国上市公司进行股权再融资的主流,并且同公开增发和配股一起,成为我国上市公司股权再融资的主要渠道。

家族企业定向增发中的市场反馈效应研究

定向增发从公告到最终实施主要经历以下几个流程：董事会制定定向增发预案、股东大会对定向增发预案进行表决、监管部门对上市公司的定向增发申请进行审核以及董事会对定向增发方案进行最终决策。也就是说，在定向增发的这几个阶段中，其中任意一个对定向增发预案持否定态度，定向增发方案就只能终止。

我国经济的快速发展给企业带来了很大的发展空间，同时对其资金供应能力也带来了很大的挑战。由于信息不对称，民营中小企业获得银行贷款的难度较大（Berger 和 Udell，2002；Chakraborty 和 Hu，2006；Uchida 和 Udell，2012）。由于会计报表不规范、缺乏抵押品等原因，这些企业往往被认为风险大、收益低，多年来一直被融资问题所困扰（朱武祥和魏炜，2009）。由于门槛低和信息披露要求低等特点，定向增发为中小企业的融资提供了便利。由于家族企业一般由一个家族或者数个具有密切关系的家族所控制，他们具有较强的控制权倾向和风险规避倾向，因此，家族企业在进行再融资选择时会偏好通过定向增发来保持家族的绝对控制地位（Wu，Chua 和 Chrisman，2007）。而根据本研究对 2007—2015 年间不同性质企业定向增发的实施情况统计发现，家族企业中对定向增发预案的撤销比率很高，因此，探究定向增发预案的撤销原因以及企业的产权性质对定向增发决策结果的影响就显得尤为必要。

表 5-4、表 5-7 和表 5-8 的实证检验结果表明，股东大会对定向增发预案的表决结果、证监会等监管部门对定向增发预案的审核结果以及董事会对定向增发的最终决策结果都会受到定向增发预案公告后市场反馈信息的影响，而且企业的家族治理模式会增强市场反馈信息对监管部门的审核结果和董事会最终决策结果的影响，与此同时，却会减弱市场反馈信息对股东大会决策结果的影响。而当将家族企业样本单独进行考察时，实证结果表明，定向增发过程中的市场反馈效应依然存在。

在股权比较分散的情况下，公司治理的问题主要集中在经理人与公司股东之间的代理问题上，相应的公司治理结构包括董事会和外部经理人市场等；而当股权相对比较集中时，公司大股东和机构投资者就可以成为监督经理人的一种有效机制。但是，股权比较集中又会引发新的问题，即公司大股东缺乏必要的监督和制约时，其对中小股东利益的"掏空"行为就会成为新的公司治理问题。而此时，资本市场作为公司的一种外部治理机制，就会对公司内部人的行为形成重要的约束。资本市场会通过对公司股票的交易引起公司股票价格波动的方式来反映外部投资者对公司特定决策的未来预期。股票价格的上涨表明外部投资者对定向增发后公司未来业绩的增长持积极态度，而股票价格的下跌则表明外部投资者认为公司的定向增发决策可能会损害他们的利益。因此，从保护公司价值的角度出发，相关决策者会聆听资本市场的声音。而企业的家族治理模式会对股东大会决策过程中市场反馈效应有一定的削弱作用，则说明由于家族企业是整个家族的资产，在企业有融资需求而又不愿意影响其对企业的控制时，定向增发就成为家族企业进行再融资时的最佳选择。因此，从维护对企业的控制权倾向和自身的风险规避倾向角度出发，与非家族企业相比，家族企业股东大会在进行决策时，对市场反馈信息倾向于持忽视态度。

6.2 公司治理结构对市场反馈效应的影响

本研究的假设 H3、假设 H4、假设 H5a 和假设 H5b 描述了家族企业的公司治理结构对定向增发过程中市场反馈效应的影响。从实证检验结果来看，家族控股股东控制权与所有权的分离以及家族成员在上市公司担任要职均会降低家族企业内部人（包括控股股东与管理层）接受市场反馈信息的概率，而非控股股东的股权制衡会提升家族企业内部人（包括控股股东与管理层）接受市场反馈信息的概率。这些结果验证了家族企业中存在的控股股东与中小股东之间的委托代理问题以及家族控股股东对企业保持家族持续控制的情感禀赋。由于家族企业往往是创始人多年努力打拼的成果，企业发展壮大的过程饱含着创始人家族拼搏奋斗的辛勤汗水，因此，对企业保持家族持续控制的情感禀赋往往会随着时间的推移以及企业的成长发展而变得越发浓厚，使得家族股东形成对企业深厚的情感壁垒（吴炳德和陈凌，2014），因此，家族股东也就不愿意失去对企业的这种情感禀赋（Kellermanns 和 Chrisman 等，2012；吴炳德和陈凌，2014），这就使得资本市场的反馈信息对内部人决策的影响会比较小。从研究假设上来看，假设 H3、假设 H4 和假设 H5b 得到了验证，假设 H5a 没有得到验证。

可以看出，本研究的假设 H3 和假设 H4 是从公司大股东与中小股东之间的委托代理问题的角度提出的，所得实证结果也支持了两个假设。Bozec 和 Laurin（2008）指出，控制权与现金流权的分离为公司控股股东侵占中小股东的利益提供了动机。当家族控股股东通过金字塔结构或者交叉持股等间接控制方式对企业实现绝对控制时，其侵占的收益要远远大于其按照所有权应该付出的成本，收益与成本的失衡使控股股东容易侵占中小股东的利益。朱红军、何贤杰和陈信元（2008），Yeh、Lee 和 Woidtke（2001），Maury（2006）也有类似的观点。此时，迫于家族控股股东的控制权压力，企业管理层（无论管理层来自家族内部还是外部职业经理人市场）很可能会与控股股东合谋，做出不利于外部中小股东利益的决策。而且，陈红和杨凌霄（2012）的研究指出，家族企业中特有的金字塔股权结构会加大控股股东进行利益侵占的隐蔽性。本研究的这一结论与 Claessens、Djankov 和 Fan 等（2003），Villalonga 和 Amit（2006），Anderson、Reeb 和 Zhao（2012），以及 Li、Gao 和 Sun（2015）的研究观点保持一致。

而抑制控股股东利益侵占行为的一个有效机制就是公司的股权制衡。Maury 和 Pajuste（2005），Berkman、Cole 和 Fu（2009），Jiang 和 Peng（2011），以及 Luo、Wan 和 Cai（2012）的研究都指出，多个大股东的制衡机制在公司治理中可以起到非常重要的作用，大股东之间的控制权竞争可以在一定程度上减弱控股股东对中小股东的剥夺。而本研究对假设 H4 的实证检验结果也验证了这一观点。在家族企业中，由于非家族大股东一般是持有较多股份并且具有一定专业知识的机构投资者，他们有能力和动力对家族控股股东和管理层的行为进行监督（Cai、Luo 和 Wan，2012；Gao、Li 和 Huang，2017）。国内研究者李增泉、孙铮和王志伟（2004），刘星和刘伟（2007），罗进辉、万迪昉和蔡地（2008），以及刘白兰和邹建华（2009）也从不同的角度对此类问题展开了论述，都得出了公司治理方面的类似结论。田昆儒和王晓亮（2013）的研究发现，上市公司进行定向增发后，股权制衡程度会显著增强。因此，股权制衡在定向增发的整个过程以及定向增发实施之后，都会对公司控股股东的行为产生一定的制约作用。

本研究的假设 H5b 是从家族股东对企业的社会情感财富的角度提出的，所得实证结果也支持了此假设。根据社会情感财富理论，对社会情感财富的追求和对企业财务利益的获取是家族企业生存的两个重要目标，它们共同构成了家族企业完整的目标体系。Berrone、Cruz 和 Gomez-Mejia（2012）认为，当两个目标存在冲突时，家族企业往往会更加注重保护社会情感财富不受损害，即使这种行为有可能会对企业财务目标的实现产生不利影响。定向增发往往面向有限的投资者，这恰恰可以帮助家族控股股东实现将企业控制权保留在家族内部的目标。因此，从这个方面来讲，定向增发公告后的市场反馈信息对内部人决策的影响会比较小。

6.3 定向增发特征对市场反馈效应的影响

本研究的假设 H6a、假设 H6b 和假设 H7 描述了定向增发特征对定向增发过程中市

第6章 结果讨论

场反馈效应的影响。从实证检验结果来看，控股股东参与认购定向增发股份会提升家族企业内部人（包括控股股东与管理层）接受市场反馈信息的概率，这一实证结果验证了管家理论与社会情感财富理论。而当定向增发以购买资产为目的时，家族企业内部人（包括控股股东与管理层）接受市场反馈信息的概率就会降低，这一结论验证了存在于家族控股股东与中小股东之间的委托代理问题。从研究假设来看，假设H6b和假设H7得到了验证，假设H6a没有得到验证。

Wruck（1989）的研究认为，上市公司向控股股东进行定向增发后，控股股东的所有权比例会有所增加，由于此时控股股东对中小股东进行利益侵占所付出的成本会成比例增加，因此，控股股东做出利益输送行为的可能性会有所降低。另外，根据监督假说，参与认购定向增发股份的投资者（包括控股股东和机构投资者），他们比外部中小股东具有更大的信息获取优势和资本支付能力，而且，由于此时控股股东的利益与公司的利益绑定更加紧密，他们有更大的动力对管理层的行为进行监督。因此，从这个角度来讲，当控股股东参与认购定向增发股份时，企业管理层受到的监督会增强，这样，其决策就会更多地从企业价值最大化角度出发，就会倾向于聆听来自资本市场的反馈声音。

根据目的的不同，定向增发可以分为两类：以项目融资为目的的定向增发和以购买资产为目的的定向增发。为促使控股股东向上市公司注入优质资产以提高上市公司的质量，我国证监会、商务部以及财政部等相关部门出台了一系列鼓励性的政策法规，2006年《管理办法》的颁布更是大大提高了控股股东和上市公司进行资产注入的积极性。然而，很多研究发现，公司内部人控制、"一股独大"的股权结构以及尚不健全的法律法规体系为控股股东通过向上市公司注入名不符实的资产来侵占中小股东利益的行为提供了条件和动机。当上市公司通过定向增发的方式购买控股股东的资产时，控股股东为了实现自身利益的最大化，就有能力和动机通过各种途径来压低定向增发价格或者虚增资产的估值，达到以同等价值的资产来换取更多公司股份的目的。柳建华、魏明海和郑国坚（2008），黄建欢和尹筑嘉（2008），张祥建和郭岚（2008），尹筑嘉、文凤华和杨晓光（2010），以及章卫东和李海川（2010）的研究均认为，控股股东对上市公司的资产注入可能是一种利益侵占行为。因此，当定向增发以购买控股股东的资产为目的时，即使资本市场可以识别控股股东的利益输送行为，以股票价格波动的方式将信息传递给公司决策者，控股股东和与控股股东合谋的管理层也有可能选择直接忽视市场的反馈信息，因为此时他们以自身利益而非公司价值最大化为目的。

6.4 市场反馈信息的有效性

为检验定向增发过程中市场反馈信息的有效性，本研究的实证部分从两个途径出发对其进行了检验：①在定向增发首次公告后，资本市场是否可以识别公司内部人在定向增发前的盈余操纵行为；②在定向增发实施或者终止后，定向增发公告后的市场反馈信息是否可以反映公司业绩的变化。

对盈余操纵行为识别的检验结果（见表 5-15~表 5-17）说明，上市公司在定向增发的前两年以及前一年存在负向的盈余操纵行为，在定向增发当年存在正向的盈余操纵行为。另外，通过对比三个年度可操纵应计利润的均值绝对值，本研究发现，定向增发前一年的盈余操纵程度最大，而在定向增发当年上市公司的盈余操纵程度降至最低。这一结果表明，在定向增发公告后，面对外部投资者的消极反应，公司内部人会做出向上的盈余调整。这一结果在验证定向增发过程中上市公司盈余操纵行为存在性的同时，在一定程度上也验证了市场反馈效应的存在性，而且在定向增发过程中，市场反馈信息在识别定向增发前上市公司的盈余操纵行为方面是有效的。

对定向增发实施后公司业绩变化预见的检验结果（见表 5-18）说明，定向增发公告后公司股票价格的波动反映了外部投资者对公司定向增发实施后经营状况的一种理性预期。市场反馈越消极，说明定向增发对于公司而言是一个非优决策的概率就越大。对定向增发后公司业绩的有效预测，可以说明外部投资者可以作为公司内部人行为的一种良好的外部监督机制，通过股票交易引起股价波动以引起相关决策者对公司的相关行为进行一定程度的纠正，对公司治理机制不足的现有状况而言，是一种有效的补充。

本研究对市场反馈信息有效性的检验结果充分说明了定向增发过程中的市场反馈信息是有效的。资本市场通过对定向增发前上市公司盈余操纵行为的识别以及定向增发实施或者终止后公司业绩变化的预测，将信息反映在公司股票价格的波动之中，并且通过此方式传达给相关决策者。这表明上市公司进行定向增发公告后，资本市场可以通过对获得的相关信息的处理和分析，产生可以指引内部人以及监管层等相关决策者决策的新信息。

第 7 章 结论与展望

在文献综述和理论分析的基础上，本研究对我国上市公司定向增发过程中的市场反馈效应以及市场反馈信息的有效性进行了详细的研究设计和实证检验。本章对上述研究结论进行归纳总结，并且阐明本研究的主要创新点，在此基础上，分析说明本研究的局限性和未来的研究展望。

7.1 主要研究结论

委托代理问题是现代公司治理研究的核心，反映在决策问题上，则是公司内部人的相关决策能否使企业价值最大化。这个过程需要相关决策者能够有效利用尽可能多的资源，以做出有利于企业价值提升的最佳决策。当然，这些资源也包括信息资源，而公司的股票价格是最能够反映股东财富的指标。因此，很多研究者已经将视角转向如何利用公司股票价格的信息做出最佳投资决策上，然而很少有研究将市场的反馈信息与公司的融资决策联系起来。并且，传统观念认为信息流是单向的，即信息总是从公司流向资本市场，资本市场获得的信息总是公司内部人所拥有信息的子集。其实不然，相关决策者也可以利用市场的反馈信息对其最初决策进行调整，也就是说，公司的相关决策者也可以选择接受全部或者部分资本市场的反馈信息。近几年来，定向增发为中小企业尤其是家族企业的融资提供了很大的便利，越来越多的家族企业通过定向增发进行再融资。现有对家族企业的研究大多集中于欧洲、美国等西方国家以及东亚等国家，对我国家族企业的关注主要集中在其投资决策以及代际传承领域。由于我国大部分家族企业尚处于创始人掌管阶段，因此，我国家族企业特殊的公司治理结构很可能会使得公司内部人的行为不同于非家族企业及其他国家和地区。因此，本研究对家族企业进行定向增发过程中，不同阶段决策者能否有效利用市场的反馈信息问题进行了考察研究。

家族企业定向增发中的市场反馈效应研究

本研究首先对国内外研究者对市场反馈效应、家族企业和定向增发的相关研究文献进行了回顾和梳理,并且分别从家族企业是有效的组织形态还是会有损于企业价值的存在、定向增发是控股股东对上市公司进行利益支持的渠道还是进行利益输送的工具等几个方面对家族企业和定向增发的研究情况进行了详细的述评;其次,通过对相关理论的归纳和分析,提出了本研究的研究假设;再次,运用事件研究法、相关性分析、均值差异 t 检验和 Logistic 回归分析等假设检验方法,以及中位数 Z 检验和两阶段 Probit 回归模型等稳健性检验方法,对本研究所提的研究假设进行了实证检验,验证了定向增发过程中市场反馈效应的存在性,并实证发现市场反馈效应会受到公司治理结构和定向增发特征的影响。现将本研究的主要结论归纳如下:

1)资本市场对定向增发公告的反馈信息会影响不同阶段决策者的决策结果,总体来说,企业的家族治理模式会提升决策者接受市场反馈信息的概率。

根据有效市场假说(The Efficient Market Hypothesis,EMH),资本市场拥有优于任何机构或者个人的强有力的信息处理能力。当上市公司对其决策进行公告后,外部投资者就可以通过公开渠道获得上市公司决策的相关公告信息,进而会对所获得的信息进行分析处理,从而生产出大量新信息,并且通过对公司股票的交易以引起股价波动的方式,将这些新信息反映在公司的股票价格中,传达给公司的相关决策者。公司决策者进而会通过改变其最初决策或者实施新决策等行为,接受资本市场所传递的全部或者部分反馈信息,这一过程即为市场反馈效应。本研究的实证结果表明,在定向增发过程中,无论是股东大会对定向增发预案的表决、监管部门对定向增发申请的审核结果,还是董事会对定向增发的最终决策结果,都会受到定向增发公告后市场反馈信息的影响。

虽然国内外学术界关于家族企业的研究仍未对家族参与企业管理是否有利于企业价值的提升达成一致,但是,本研究的实证结果在总体上支持了企业的家族治理模式会提升决策者接受市场反馈信息的概率。这一结果在一定程度上表明了,总体而言,家族企业是一种效率存在,至少在定向增发过程中表现如此。

2)家族企业决策者对待市场反馈信息的态度会根据公司治理结构和定向增发特征的不同而有所差异。

总体来说,家族参与企业管理降低委托代理等问题所带来的正面效应超过了其所带来的"机会主义行为"等负面效应,有利于公司价值的提升。但是,本研究进一步的实证结果表明,家族企业决策者对待市场反馈信息的态度会根据公司治理结构和定向增发特征的不同而有所差异。具体来说，家族企业内部人接受市场反馈信息的概率会随着家族控股股东控制权与所有权分离度的提高而降低，随家族成员在公司担任要职而降低，随非控股股东对控股股东的股权制衡程度的提高而提升。这些结果验证了家族企业中存在于控股股东与中小股东之间的委托代理问题以及家族控股股东对企业保持家族持续控制的情感禀赋。由于家族股东一般会把企业看作可以代代相传的资产，因此，对企业保持家族持续控制的情感禀赋往往会随着时间的推移以及企业的成长发展而变得越发浓厚，从而使得家族股东形成对企业深厚的情感壁垒。而家族企业出于不稀释家族的控制权利益或者避免遭受更加严格的监管的目的，往往会选择通过定向增发进行再融资，定向增发的过程恰恰体现了家族控股股东的利益诉求，这就使得资本市场的反馈信息对内部人决策的影响会比较小。而家族实现对企业绝对控制的金字塔结构等间接控制方式是以其经济效率降低为代价的。但是，当控股股东受到来自非家族大股东的比较强的监督时，其决策就不能单单从家族利益的角度出发，而会更多地考虑股东财富的提升，因此，非控股股东的股权制衡会提升家族企业内部人接受市场反馈信息的概率。控股股东参与认购定向增发股份会提升家族企业内部人接受市场反馈信息的概率，而当定向增发以购买资产为目的时，家族企业内部人接受市场反馈信息的概率就会降低。前者验证了管家理论与社会情感财富理论，后者验证了存在于家族控股股东与中小股东之间的委托代理问题。本研究的实证结果表明，在公司的日常经营过程中，家族企业内部人并不是以简单的代理者身份或者管家身份进行各项决策，而更多的是两者的结合。

3）定向增发公告后的市场反馈信息是有效的，资本市场既可以识别公司内部人在定向增发前的盈余操纵行为，也可以预见定向增发带来的经济后果。

本研究对市场反馈信息的有效性检验结果充分说明了定向增发过程中的市场反馈信息是有效的。资本市场能够对定向增发前上市公司的盈余操纵行为进行有效识别，对定向增发实施后公司业绩的变化进行有效预测，并且通过公司股价的波动将信息传递给决策者。定向增发公告后公司股票价格的波动可以反映外部投资者对定向增发实施后的公司业绩变化的一种理性预期。市场反馈越消极，说明定向增发对于公司而言越有可能是一个非优决策。对定向增发后公司业绩的有效预测，可以说明外部投资者可以作为公司内部人行为的一种良好的外部监督机制，通过股票价格的波动引起决策者对公司的相关行为进行一定程度的纠正，可以有效补充公司现有治理机制的不足。

7.2 主要创新点

本研究采用规范研究与实证检验相结合的方法，从市场反馈效应的视角对上市公司定向增发的终止概率进行了深入研究，并对市场反馈信息的有效性进行了检验。与以往相关研究文献相比，本研究的主要创新之处可以归纳为以下几个方面：

1）本研究创新性地将市场反馈效应纳入定向增发的研究框架中，验证了定向增发公告后的市场反馈信息对其后续决策过程的影响，丰富和拓展了定向增发的相关研究成果。

以往研究仅聚焦于定向增发决策结果所带来的经济后果以及对定向增发决策结果本身进行分析，而忽略了定向增发的决策过程。本研究重点关注定向增发决策过程的影响因素，构建了市场反馈效应模型。研究发现，股东大会对定向增发预案的表决结果、证监会等监管部门对定向增发预案的审核结果以及管理层对定向增发的最终决策结果均会受到定向增发预案公告后市场反馈信息的影响。而且，管理层对定向增发的决策过程并非静态，而是会基于市场条件动态变化，对其最初决策进行调整。

一方面，该研究成果从理论上为上市公司定向增发方面的研究提供了新的视角；另一方面，该研究成果为实践中频频出现的定向增发预案的撤销现象提供了理论依据，并且为监管部门加强对定向增发的监管提供了政策依据。

2）本研究突破了已有文献重视信息流单向性的特点，从信息流双向性的角度探讨了资本市场与家族控股上市公司定向增发决策之间的信息传导机制，研究发现定向增发公告后的市场反馈信息会影响定向增发后续决策者的决策过程。

本研究进一步从资本市场是否可以有效识别定向增发公告前的盈余操纵行为以及是否可以有效预见定向增发实施后公司业绩的变化两个角度对市场反馈信息的有效性进行了检验，研究表明，定向增发公告后的市场反馈信息可以反映公司微观层面的信息内涵，对上市公司定向增发前的盈余操纵行为以及定向增发实施后公司业绩的变化分别具有一定的识别和预见作用。

一方面，该研究成果从理论上深化了资本市场与上市公司之间的信息传导机制，证实了定向增发过程中市场反馈效应的存在性，弥补了市场反馈信息对上市公司决策过程影响的研究空白；另一方面，该研究所验证的定向增发公告后市场反馈信息的有效性，为促进资本市场的发展以及家族控股上市公司决策效率的提高提供了操作依据。

3）本研究探索性地研究了家族企业内部人（家族控股股东和管理层）在定向增发过程中的决策行为特征。本研究在委托代理理论和管家理论的基础上，又引入了资源基础理论和社会情感财富理论。研究发现，在家族企业中，家族控股股东控制权与所有权的分离、家族成员在管理层担任要职以及定向增发以购买资产为目的均会降低内部人接受市场反馈信息的概率，而非控股股东的股权制衡以及控股股东参与认购定向增发股份会提升内部人接受市场反馈信息的概率。

本研究认为，从企业的角度来讲，家族控股股东和管理层既不是以纯粹的代理者身份进行决策，也不是以管家身份进行决策，而更多的是两者的结合。家族股东是家族财富的真正管家，在不影响家族控制权的前提下，他们的决策才会以企业价值最大化为目标。

一方面，该研究成果从家族企业内部人定向增发决策行为的角度拓展了传统理论对家族企业现象的解释力度，对理论与实证方面存在的家族股东和管理层的代理者身份还是管家身份的争议提供了动态的判断依据；另一方面，该研究成果为优化我国家族企业的控制权配置提供了一定的理论支持。

7.3 政策建议

本研究的结论表明，在我国的制度环境下，资本市场对定向增发公告的反馈信息是有效的。总体而言，在定向增发各阶段的决策过程中，决策者会接受市场的反馈信息，而且企业的家族治理模式会增强定向增发过程中的市场反馈效应。但是，在家族企业中，家族控股股东控制权与所有权的分离以及家族成员在上市公司担任要职均会降低内部人接受市场反馈信息的概率，而非控股股东的股权制衡会提升内部人接受市场反馈信息的概率。根据本研究的主要结论，提出以下几点政策建议：

1）优化企业的控制权配置，促进家族企业的良好成长。家族股东往往以管理者与决策者的角色在家族企业中担任要职，他们的行为是企业成长的关键。本研究的实证结果表明，家族企业内部人接受市场反馈信息的概率随着家族控股股东控制权与所有权分离度的提高而降低，也会在家族成员担任公司要职时降低。在我国，虽然家族企业的股权相对比较集中，但是控股股东通过金字塔和交叉持股等间接持股方式实现对企业绝对控制的情况也很常见，这种持股方式会造成控制权与所有权的高度分离，从而可以为控股股东可能存在的以企业价值为代价实现家族利益的行为提供条件和动机。因此，随着家族企业的发展与成长，应鼓励外部投资者和外部职业经理人逐渐进入家族企业，以减少家族控股股东对企业的控制力。家族控股股东可以合理运用其他方式，比如社会网络关系等，来达到对董事会和经理层的监督，进而实现对家族企业所有权与控制权的合理配置，从而促进家族企业治理效率的提高，促进家族企业的良好健康发展，为企业的长期传承打下良好的基础。

2）积极培育机构投资者，增加机构投资者持股，促进资本市场的成熟发展。机构投资者不仅能够缓解公司内部与外部的信息不对称程度，而且也是公司治理机制完善的重要标志。本研究的实证结果表明，非控股股东的股权制衡会提升内部人接受市场反馈信息的概率。对于我国上市公司，尤其是家族企业可能存在的控股股东利用定向增发对中小股东的利益侵占行为，机构投资者能够发挥其监督和治理职能。但是，与西方成熟的资本市场相比，近几年我国资本市场机构投资者虽然已经获得可观发展，但整体规模仍然偏小，而且各类机构投资者的投资具有投机性，呈现出持股期限短、交易频繁的特征。因此，积极培育机构投资者，扩大机构投资者的规模，为提高机构投资者的持股比例创造良好的市场条件，可以促进其监督和治理职能的发挥。对于股权高度集中的家族企业来说，机构投资者的公司治理职能就显得尤为重要。由于从理论上讲，机构投资者具有理性投资的特点，与其他类型的投资者相比，在上市公司的内部治理机制中更有利于发挥监督和制衡作用。因此，这对于弱化控股股东的利益侵占动机，从而实现对中小股东利益的保护，具有一定的资源优势。

3）通过定向增发特征来判断企业的优劣。定向增发虽然在我国资本市场由来已久，但是，一开始定向增发是作为特定的功能，比如公司实现重组或者整体上市等，并不是一种规范的再融资渠道。2006年我国证监会建立了比较规范的定向增发制度，定向增发才得以推广。本研究的结论表明，虽然许多公众投资者、机构投资者或者战略投资者等不能直接参与认购定向增发股份，但是，他们可以通过已获取的信息来判断定向增发给上市公司带来的价值及影响：在家族控股股东参与认购股份的定向增发中，控股股东可能有动机给投资者带来未来股东财富的增值，意味着上市公司具有一定的投资价值。

7.4 局限性和研究展望

虽然本研究达到了预期的研究目标，并获得了一些重要的理论成果，但受制于一些

第 7 章 结论与展望

主客观因素，本研究仍然存在一定的局限性和不足之处，具体包括以下几个方面：

1）本研究在对市场反馈信息对定向增发各阶段决策者最终决策的影响进行考察时，将定向增发的预案公告作为资本市场首次获得定向增发相关信息的时间点。实际上，一些研究已经指出，在定向增发预案公告前，由于公司内部控制的不规范，上市公司可能会存在一定的信息提前泄露现象。相关信息的提前泄露会使得资本市场在定向增发公告后反应不足。而且，在定向增发过程中，由于从定向增发预案公告到最终的定向增发实施，可能会经历一年以上的时间，这期间有可能会有一些新信息出现，使得相关决策者的决策受到一定影响。但是，由于信息泄露和新信息出现的时间点以及信息浮现程度无法准确衡量，本研究难以对相关资料进行搜集，因此也无法对此因素进行综合考虑。

2）虽然本研究对家族控股股东以及管理层在定向增发决策过程中的行为特征进行了分析，但是并未对家族成员内部存在的个体差异进行论述。虽然家族成员被亲情契约天然地绑定在一起，但是他们依然保持个体的独立，具有"对外一致、对内差异"的特征。而且，由于目前我国很多家族逐步进入"传承期"，因此，接班人之间的竞争关系也是影响公司决策的一个重要因素。但是，此样本难以通过上市公司的公开数据获得。因此，受主客观条件的限制，本研究并未考虑此因素。

3）本研究只关注上市公司进行定向增发的选择结果和定向增发过程中控股股东的利益输送行为，并未对上市公司选择通过定向增发进行再融资的其他原因进行深入挖掘。上市公司之所以选择定向增发，有可能是由于其从传统融资渠道获得资金的难度比较大，也可能是由于公司业绩不理想或者存在信息不对称，或者上市公司可以通过其他渠道获得资金，但考虑到融资成本，而最终选择定向增发。因此，未来研究可以考虑将上市公司选择定向增发的原因进行深入挖掘。

4）本研究主要关注我国家族上市公司，研究公司治理结构和定向增发特征对市场反馈效应的影响。通常，家族上市公司与国有控制的上市公司在面临的利益目标、融资约束等方面具有显著差异，因此，两者面临的委托代理问题也不尽相同。国有性质的上市公司，除了追求利润目标之外，面临的政治目标也比较多，融资约束比较小；而家族上市公司，面临的融资约束比较大，因此，其进行定向增发的动机会存在差异。由于本研究的结论是以家族上市公司为研究对象而得出的，因此，在国有上市公司中，其内部人的决策结果与市场反馈信息之间的关系有待进一步研究。

参考文献

[1] BERGER A N, UDELL G F. Small business credit availability and relationship lending: the importance of bank organizational structure [J]. Economic Journal, 2002, 112(2): 32-53.

[2] CHAKRABORTY A, HU C X. Lending relationships in line-of-credit and nonline-of-credit loans: evidence from collateral use in small business [J]. Journal of Financial Intermediation, 2006, 15(1): 86-107.

[3] 朱武祥，魏炜. 从资本结构到交易结构：探究企业金融微观结构[J]. 金融研究，2009（4）：195-206.

[4] UCHIDA H, UDELL G F, YAMORI N. Loan officers and relationship lending to SMEs [J]. Journal of Financial Intermediation, 2012, 21(1): 97-122.

[5] CRONQVIST H, NILSSON M. The choice between rights offerings and private equity placements [J]. Journal of Financial Economics, 2005, 78(2): 375-407.

[6] 章卫东. 定向增发新股、投资者类别与公司股价短期表现的实证研究[J]. 管理世界，2008(4)：179-180.

[7] 沈艺峰，杨晶，李培功. 网络舆论的公司治理影响机制研究：基于定向增发的经验证据[J]. 南开管理评论，2013, 16(3): 80-88.

[8] CHEN H C, SHU P G, CHIANG S J. The choice between bookbuilding and fixed-price offering: evidence from SEOs in Taiwan [J]. Journal of International Financial Markets, Institutions and Money, 2011, 21(1): 24-48.

[9] WU Y. The choice of equity-selling mechanisms [J]. Journal of Financial Economics, 2004, 74(1): 93-119.

[10] WOIDTKE T. Agents watching agents? evidence from pension fund ownership and firm value [J]. Journal of Financial Economics, 2002, 63(1): 99-131.

[11] BAEK J, KANG J, LEE I. Business groups and tunneling: evidence from private securities offerings by Korean chaebols [J]. Journal of Finance, 2006, 61(5): 2415-2449.

[12] 章卫东，李德忠. 定向增发新股折扣率的影响因素及其与公司短期股价关系的实证研究：来自中国上市公司的经验证据[J]. 会计研究，2008(9): 73-80.

[13] 郑琦. 定向增发对象对发行定价影响的实证研究[J]. 证券市场导报，2008(4): 33-36.

[14] 徐寿福，徐龙炳. 大股东机会主义与定向增发折价：兼析制度变迁的影响[J]. 上海财经大学学报，

2011, 13(4): 82-89.

[15] 王俊飚，刘明，王志诚. 机构投资者持股对新股增发折价影响的实证研究[J]. 管理世界，2012(10): 172-173.

[16] 王志强，张玮婷，林丽芳. 上市公司定向增发中的利益输送行为研究[J]. 南开管理评论，2010(3): 109-116.

[17] 吴育辉，魏志华，吴世农. 时机选择、停牌操控与控股股东掏空：来自中国上市公司定向增发的证据[J]. 厦门大学学报(哲学社会科学版)，2013(1): 46-55.

[18] 谢琳，唐松莲，尹宇明. 内幕交易、股价操纵和大股东侵占效应：基于全流通时代定向增发事件研究[J]. 科技管理研究，2011(3): 240-246.

[19] DECHOW P M, SKINNER D J. Earnings management: reconciling the views of accounting academics, practitioners, and regulators [J]. Accounting Horizons, 2000, 14(2): 235-250.

[20] HE D, YANG D, GUAN L. Earnings management and the performance of seasoned private equity placements [J]. Managerial Auditing Journal, 2010, 25(6): 569-590.

[21] 朱红军，何贤杰，陈信元. 定向增发"盛宴"背后的利益输送：现象、理论根源与制度成因[J]. 管理世界，2008(6): 136-147; 188.

[22] 章卫东. 定向增发新股与盈余管理：来自中国证券市场的经验证据[J]. 管理世界，2010(1): 54-63.

[23] 章卫东，邹斌，廖义刚. 定向增发股份解锁后机构投资者减持行为与盈余管理：来自我国上市公司定向增发新股解锁的经验数据[J]. 会计研究，2011(12): 63-69.

[24] 王晓亮，俞静. 定向增发、盈余管理与股票流动性[J]. 财经问题研究，2016(1): 64-71.

[25] 李文兴，张梦媛. 定向增发背后的利益协同与利益输送：基于北京银行的案例研究[J]. 管理现代化，2012(1): 59-61.

[26] 周县华，吕长江. 股权分置改革、高股利分配与投资者利益保护：基于驰宏锌锗的案例研究[J]. 会计研究，2008(8): 59-68.

[27] CHEN D H, JIAN M, XU M. Dividends for tunneling in a regulated economy: the case of China [J]. Pacific-Basin Finance Journal, 2009, 17(2): 209-223.

[28] 刘孟晖. 内部人终极控制及其现金股利行为研究：来自中国上市公司的经验证据[J]. 中国工业经济，2011(12): 122-132.

[29] HUANG J J, SHEN Y F, SUN Q. Nonnegotiable shares, controlling shareholders, and dividend payments in China [J]. Journal of Corporate Finance, 2011, 17(1): 122-133.

[30] 刘峰，贺建刚，魏明海. 控制权、业绩与利益输送：基于五粮液的案例研究[J]. 管理世界，2004(8): 102-110.

[31] 强国令. 半强制分红政策、逆向选择与股利掏空[J]. 投资研究，2014(10): 118-131.

[32] 于静，陈工孟，孙彬. 股权分置改革改善现金股利掠夺效应的有效性[J]. 软科学，2010, 24(8): 24-29.

[33] 赵玉芳，余志勇，夏新平，等. 定向增发、现金分红与利益输送[J]. 金融研究，2011(11): 153-166.

[34] 赵玉芳，夏新平，刘小元. 定向增发、资金占用与利益输送：来自中国上市公司的经验证据[J]. 投

资研究，2012(12): 60-70.

[35] 黄建中. 警惕定向增发中的关联交易[J]. 新财经，2006(6): 55-55.

[36] 柳建华, 魏明海, 郑国坚. 大股东控制下的关联投资："效率促进"抑或"转移资源"[J]. 管理世界, 2008(3): 133-141.

[37] 黄建欢, 尹筑嘉. 非公开发行、资产注入和股东利益均衡：理论与实证[J]. 证券市场导报, 2008(5): 26-32.

[38] 张祥建, 郭岚. 资产注入、大股东寻租行为与资本配置效率[J]. 金融研究, 2008(2): 98-112.

[39] 尹筑嘉, 文凤华, 杨晓光. 上市公司非公开发行资产注入行为的股东利益研究[J]. 管理评论, 2010, 22(7): 17-26.

[40] 章卫东, 李海川. 定向增发新股、资产注入类型与上市公司绩效的关系：来自中国证券市场的经验证据[J]. 会计研究, 2010(3): 60-66; 99.

[41] FRIEDMAN E, JOHNSON S, MITTON T. Propping and tunneling [J]. Journal of Comparative Economics, 2003, 31(4): 732-750.

[42] 李增泉, 余谦, 王晓坤. 掏空、支持与并购重组：来自我国上市公司的经验证据[J]. 经济研究, 2005(1): 95-105.

[43] PENG W Q, WEI K C J, YANG Z. Tunneling or propping: evidence from connected transactions in China [J]. Journal of Corporate Finance, 2011, 17(2): 306-325.

[44] 王志彬, 周子剑. 定向增发新股整体上市与上市公司短期股票价格的实证研究：来自中国证券市场集团公司整体上市数据的经验证明[J]. 管理世界, 2008(12): 182-183.

[45] 佟岩, 何凡. 反向收购整体上市、整体上市程度与关联交易[J]. 中国软科学, 2015(9): 117-126.

[46] 姜来, 罗党论, 赖媚媚. 掏空、支持与定向增发折价：来自我国上市公司的经验证据[J]. 山西财经大学学报, 2010(4): 46-52.

[47] 王浩, 刘碧波. 定向增发：大股东支持还是利益输送[J]. 中国工业经济, 2011(10): 119-129.

[48] 李彬, 杨洋, 潘爱玲. 定增折价率与并购溢价率：定增并购中利益输送的证据显著性研究[J]. 证券市场导报, 2015(8): 15-22.

[49] 唐宗明, 徐晋, 张祥建. 协同效应、紧箍咒效应与上市公司的资本配置效率：基于后股权分置时代大股东资产注入行为[J]. 系统管理学报, 2012, 21(4): 433-443.

[50] LA PORTA R, LOPEZ-DE-SILANES F, SHLEIFER A. Corporate ownership around the world [J]. Journal of Finance, 1999, 54(2): 471-517.

[51] CLAESSENS S, DJANKOV S, LANG L. The separation of ownership and control in East Asian corporations [J]. Journal of Financial Economics, 2000, 58(1-2): 81-112.

[52] BURKART M, PANUNZI F, SHLEIFER A. Family firms [J]. Journal of Finance, 2003, 58(5): 2167-2202.

[53] 高伟伟, 李婉丽, 黄珍. 家族企业管理者是否存在学习行为：基于定向增发的经验数据[J]. 山西财经大学学报, 2015(8): 91-101.

[54] FACCIO M, LANG L H P. The ultimate ownership of Western European corporations [J]. Journal of Financial Economics, 2002, 65(3): 365-395.

[55] ANDERSON R C, REEB D M. Founding-family ownership and firm performance: evidence from the S&P 500[J]. Journal of Finance, 2003, 58(3): 1301-1327.

[56] BERTRAND M, SCHOAR A. The role of family in family firms [J]. Journal of Economic Perspectives, 2006, 20(2): 73-96.

[57] MAURY B. Family ownership and firm performance: empirical evidence from Western European corporations[J]. Journal of Corporate Finance, 2006, 12(2): 321-341.

[58] VILLALONGA B, AMIT R H. How do family ownership, control and management affect firm value? [J]. Journal of Financial Economics, 2006, 80(2): 385-417.

[59] ANDRES C. Large shareholders and firm performance: an empirical examination of founding-family ownership [J]. Journal of Corporate Finance, 2008, 14(4): 431-445.

[60] WANG D. Founding family ownership and earnings quality [J]. Journal of Accounting Research, 2006, 44(3): 619-656.

[61] ALI A, CHEN T Y, RADHAKRISHNAN S. Corporate disclosures by family firms [J]. Journal of Accounting and Economics, 2007, 44(1-2): 238-286.

[62] FACCIO M, LANG L, YOUNG L. Dividends and expropriation [J]. American Economic Review, 2001, 91(1): 54-78.

[63] BERTRAND M, MEHTA P, MULLAINATHAN S. Ferreting out tunneling: an application to Indian business groups [J]. Quarterly Journal of Economics, 2002, 117(1): 121-148.

[64] JENSEN M C, MECKLING W H. Theory of the firm: managerial behavior, agency costs and ownership structure [J]. Journal of Financial Economics, 1976, 3(4): 305-360.

[65] MORCK R, YEUNG B. Agency problems in large family business groups [J]. Entrepreneurship Theory and Practice, 2003, 27(4): 367-382.

[66] JIANG Y, PENG M W. Are family ownership and control in large firms good, bad, or irrelevant? [J]. Asia Pacific Journal of Management, 2011, 28(1):15-39.

[67] CAI D, LUO J, WAN D. Family CEOs: do they benefit firm performance in China [J]. Asia Pacific Journal of Management, 2012, 29(4): 923-947.

[68] LIU W, YANG H, ZHANG G. Does family business excel in firm performance? an institution-based view [J]. Asia Pacific Journal of Management, 2012, 29(4): 965-987.

[69] 许静静, 吕长江. 家族企业高管性质与盈余质量：来自中国上市公司的数据[J]. 管理世界, 2011(1): 112-120.

[70] CHUA J H, CHRISMAN J J, SHARMA P. Defining the family business by behavior [J]. Entrepreneurship Theory and Practice, 1999(23):113–130.

[71] 何轩, 宋丽红, 朱沆, 等. 家族为何意欲放手？ 制度环境感知、政治地位与中国家族企业的传承

意愿[J]. 管理世界，2014(2): 90-101; 110; 188.

[72] STEIN J C. Takeover threats and managerial myopia [J]. Journal of Political Economy, 1988, 96(1): 61-80.

[73] STEIN J C. Efficient capital markets, inefficient firms: a model of myopic corporate behavior [J]. Quarterly Journal of Economics, 1989, 104(4): 655–669.

[74] 刘学方，王重鸣，唐宁玉，等. 家族企业接班人胜任力建模：一个实证研究[J]. 管理世界，2006(5): 96-106.

[75] CHENG Q. Family firm research: a review [J]. China Journal of Accounting Research, 2014, 7(3): 149-163.

[76] 连燕玲，贺小刚，张远飞. 家族权威配置机理与功效：来自我国家族上市公司的经验证据[J]. 管理世界，2011(11): 105-117.

[77] GAO W, LI W, HUANG Z. Do family CEOs benefit investment efficiency when they face uncertainty? evidence from Chinese family firms [J]. Chinese Management Studies, 2017, 11(2): 248-269.

[78] 高伟伟，李婉丽，郭宏. 家族企业 CEO 性质、环境不确定性与资本配置效率[J]. 软科学，2017, 31(1): 53-57.

[79] NI X. Does stakeholder orientation matter for earnings management: evidence from non-shareholder constituency statutes[J]. Journal of Corporate Finance, 2020, 62: 1-25.

[80] SHLEIFER A, VISHNY R W. Large shareholders and corporate control [J]. Journal of Political Economy, 1986, 94(3): 461-488.

[81] VILLALONGA B, AMIT R. How are U.S. family firms controlled? [J]. Review of Financial Studies, 2009, 22(8): 3047-3091.

[82] CLAESSENS S, DJANKOV S, FAN J, et al. Disentangling the incentive and entrenchment effects of large shareholdings [J]. Journal of Finance, 2002, 57(6): 2741-2771.

[83] ANDERSON R C, REEB D M. Board composition: balancing family influence in S&P 500 firms [J]. Administrative Science Quarterly, 2004, 49(2): 209-237.

[84] CHEN X, CHENG Q, DAI Z. Family ownership and CEO turnovers [J]. Contemporary Accounting Research, 2013, 30 (3): 1166-1190.

[85] DAVIS J H, SCHOORMAN F D, DONALDSON L. Toward a stewardship theory of management [J]. Academy of Management Review, 1997, 22(1):20-47.

[86] WASSERMAN N. Stewards, agents, and the founder discount: executive compensation in new ventures [J]. Academy of Management Journal, 2006, 49(5): 960-976.

[87] CHRISMAN J J, CHUA J H, KELLERMANNS F W, et al. Are family managers agents or stewards? an exploratory study in privately held family firms [J]. Journal of Business Research, 2007, 60(10): 1030-1038.

[88] CORBETTA G, SALVATO C. Self-serving or self-actualizing? models of man and agency costs in

different types of family firms: a commentary on "comparing the agency costs of family and non-family firms: conceptual issues and exploratory evidence" [J]. Entrepreneurship Theory and Practice, 2004, 28(4): 355-362.

[89] CHRISMAN J J, CHUA J H, SHARMA P. Trends and directions in the development of a strategic management theory of the family firm [J]. Entrepreneurship Theory and Practice, 2005, 29(5): 555-576.

[90] SIRMON D G, HITT M A. Managing resources: linking unique resources, management, and wealth creation in family firms [J]. Entrepreneurship Theory and Practice, 2003, 27(4): 339-358.

[91] BERRONE P, CRUZ C, GOMEZ-MEJIA L R, et al. Socioemotional wealth and corporate responses to institutional pressures: do family-controlled firms pollute less? [J]. Administrative Science Quarterly, 2011, 55(1): 82-113.

[92] CARNEY M. Corporate governance and competitive advantage in family-controlled firms [J]. Entrepreneurship Theory and Practice, 2005, 29(3): 249-265.

[93] ZELLWEGER T M, KELLERMANNS F W, CHRISMAN J J, et al. Family control and family firm valuation by family CEOs: the importance of intentions for transgenerational control [J]. Organization Science, 2012, 23(3): 851-868.

[94] CONNER K R. A historical comparison of resource-based theory and five schools of thought within industrial organization economics: do we have a new theory of the firm [J]. Journal of Management, 1991, 17(1): 121-154.

[95] COATES T T, MCDERMOTT C M. An exploratory analysis of new competencies: a resource based view perspective [J]. Journal of Operations Management, 2002, 20(5): 435-450.

[96] TEECE D J, PISANO G, SHUEN A. Dynamic capabilities and strategic management [J]. Strategic Management Journal, 2015, 18(18): 509-533.

[97] SCHMIDT C G, KAI F, SCHALTENBRAND B. The supply chain position paradox: green practices and firm performance [J]. Journal of Supply Chain Management, 2017, 53(1): 3-25.

[98] BHARADWAJ S G, VARADARAJAN P R, FAHY J. Sustainable competitive advantage in service industries: a conceptual model and research propositions [J]. Journal of Marketing, 1993, 57(10): 83-99.

[99] MORGAN N A, KALEKA A, KATSIKEAS C S. Antecedents of export venture performance: a theoretical model and empirical assessment [J]. Journal of Marketing, 2013, 68(1): 90-108.

[100] GOMEZ-MEJIA L R, HAYNES K T, NUNEZ-NICKEL M, et al. Socioemotional wealth and business risks in family-controlled firms: evidence from Spanish olive oil mills [J]. Administrative Science Quarterly, 2007, 52(1): 106-137.

[101] GOMEZ-MEJIA L R, CRUZ C, BERRONE P, et al. The bind that ties: socioemotional wealth preservation in family firms [J]. Academy of Management Annals, 2011, 5(1): 653-707.

[102] CHRISMAN J J, PATEL P C. Variations in R&D investments of family and non-family firms: behavioral agency and myopic loss aversion perspectives [J]. Academy of Management Journal, 2012, 55(4):

976-997.

[103] 吴炳德, 陈凌. 社会情感财富与研发投资组合: 家族治理的影响[J]. 科学学研究, 2014, 32(8): 1233-1241.

[104] 许永斌, 惠男男. 家族企业代际传承的情感价值动因分析[J]. 会计研究, 2013(7): 77-81; 97.

[105] BERRONE P, CRUZ C, GOMEZ-MEJIA L R. Socioemotional wealth in family firms [J]. Family Business Review, 2012, 25(3): 258-279.

[106] 樊纲, 王小鲁, 朱恒鹏. 中国市场化指数: 各地区市场化相对进程2011年报告[M]. 北京: 经济科学出版社, 2011.

[107] 蔡地, 罗进辉, 唐贵瑶. 家族成员参与管理、制度环境与技术创新[J]. 科研管理, 2016, 37(4): 85-93.

[108] SIEBELS J F, KNYPHAUSEN-AUFSEβ D Z. A review of theory in family business research: the implications for corporate governance [J]. International Journal of Management Reviews, 2012, 14(3): 280-304.

[109] DAVIS J A, TAGIURI R. The influence of life stage on father-son work relationships in family companies [J]. Family Business Review, 1989, 02(1): 47-74.

[110] LITZ R A. The family business: toward definitional clarity [J]. Family Business Review, 1995, 08(2): 71-81.

[111] MAHTO R V, DAVIS P S, PEARCE J A, et al. Satisfaction with firm performance in family businesses [J]. Entrepreneurship Theory and Practice, 2010, 34(5): 985-1001.

[112] ASTRACHAN J H, KLEIN S B, SMYRNIOS K X. The F-PEC scale of family influence: a proposal for solving the family business definition problem [J]. Family Business Review, 2002, 15(1): 45-58.

[113] 储小平. 华人家族企业的界定[J]. 经济理论与经济管理, 2004(1): 49-53.

[114] 叶国灿. 论家族企业控制权的转移与内部治理结构的演变[J]. 管理世界, 2004(4): 147-148.

[115] YOO S S, SCBENKEL M T, KIM J. Examining the impact of inherited succession identity on family firm performance [J]. Journal of Small Business Management, 2014, 52(2): 246-265.

[116] JEGADEESH N, TITMAN S. Returns to buying winners and selling losers: implications for stock market efficiency [J]. Journal of Finance, 1993, 48(1): 65-91.

[117] DOW J, GORTON G. Stock market efficiency and economic efficiency: is there a connection? [J]. Journal of Finance, 1997, 52(3): 1087-1129.

[118] SUBRAHMANYAM A, TITMAN S. Feedback from stock prices to cash flows [J]. Journal of Finance, 2001, 56(6): 2389-2413.

[119] DOW J, RAHI R. Informed trading, investment, and economic welfare[J]. Journal of Business, 2003, 76(3): 439-454.

[120] BAKER M, STEIN J C, WURGLER J. When does the market matter? stock prices and the investment of equity-dependent firms[J].Quarterly Journal of Economics, 2003, 118(3): 969-1005.

[121] DYE R A, SRIDHAR S S. Resource allocation effects of price reactions to disclosures [J]. Contemporary

Accounting Research, 2002, 19(3): 385-410.

[122] LUO Y. Do insiders learn from outsiders? evidence from mergers and acquisitions [J]. Journal of Finance, 2005, 60(4): 1951-1982.

[123] DAVIS J H, ALLEN M R, HAYES H D. Is blood thicker than water? a study of stewardship perceptions in family business [J]. Entrepreneurship Theory and Practice, 2010, 34(6): 1093-1116.

[124] LI W, GAO W, SUN W. Do managers in Chinese family firms learn from the market? evidence from Chinese private placement [J]. Journal of Applied Business Research, 2015, 31(2): 471-488.

[125] JAMES H S. Owner as manager, extended horizons and the family firm [J]. International Journal of Economics of Business, 1999, 6(1): 41-56.

[126] 陈德球, 杨佳欣, 董志勇. 家族控制、职业化经营与公司治理效率: 来自CEO变更的经验数据[J]. 南开管理评论, 2013, 16(4): 55-67.

[127] 陈建林. 家族控制与民营企业债务融资: 促进效应还是阻碍效应? [J]. 财经研究, 2013, 39(7): 27-37.

[128] ZELLWEGER T M, NASON R S, NORDQVIST M, et al. Why do family firms strive for non-financial goals? an organizational identity perspective [J]. Entrepreneurship Theory and Practice, 2013, 37(2): 229-248.

[129] 陈凌, 陈华丽. 家族涉入、社会情感财富与企业慈善捐赠行为: 基于全国私营企业调查的实证研究 [J]. 管理世界, 2014(8): 90-101; 188.

[130] 陈凌, 王昊. 家族涉入、政治联系与制度环境: 以中国民营企业为例[J]. 管理世界, 2013(10): 130-141.

[131] BERLE A A, MEANS G C. The modern corporation and private property [M]. New York: Harcourt, Brace and World Inc., 1931.

[132] JOHNSON S, LA PORTA R, LOPEZ-DE-SILANES F, et al. Tunneling [J]. American Economic Review, 2000, 90(2): 22-27.

[133] DYCK A, ZINGALES L. Private benefits of control: an international comparison [J]. Journal of Finance, 2004, 59(2):537-600.

[134] TOSI H L, BROWNLEE A L, SILVA P, et al. An empirical exploration of decision-making under agency controls and stewardship structure [J]. Journal of Management Studies, 2003, 40(8): 2053–2071.

[135] EDDLESTON K A, KELLERMANNS F W. Destructive and productive family relationships: a stewardship theory perspective [J]. Journal of Business Venturing, 2007, 22(4): 545-565.

[136] EDDLESTON K A, KELLERMANNS F W, SARATHY R. Resource configuration in family firms: linking resources, strategic planning and environmental dynamism to performance [J]. Journal of Management Studies, 2008, 45(1): 26-50.

[137] MILLER D, BRETON-MILLER I L, SCHOLNICK B. Stewardship vs. stagnation: an empirical comparison of small family and non-family businesses [J]. Journal of Management Studies, 2008, 45(1): 51-78.

[138] ZAHRA S A, HAYTON J C, NEUBAUM D O, et al. Culture of family commitment and strategic

flexibility: the moderating effect of stewardship [J]. Entrepreneurship Theory and Practice, 2008, 32(6): 1035-1054.

[139] EDDLESTON K A, KELLERMANNS F W, ZELLWEGER T M. Exploring the entrepreneurial behavior of family firms: does the stewardship perspective explain differences? [J]. Entrepreneurship Theory and Practice, 2012, 36(2): 347-367.

[140] KARRA N, TRACEY P, PHILLIPS N. Altruism and agency in the family firm: exploring the role of family, kinship, and ethnicity [J]. Entrepreneurship Theory and Practice, 2006, 30(6): 861-877.

[141] BRETONMILLER I L, MILLER D, LESTER R H. Stewardship or agency? a social embeddedness reconciliation of conduct and performance in public family businesses [J]. Organization Science, 2011, 22(3): 704-721.

[142] COLLIS D J, MONTGOMERY C A. Competing on resource strategy in the 1990s [J]. Harvard Business Review, 1995, 73(4): 118-128.

[143] BELGHITAR Y , CLARK E , SAEED A . Political connections and corporate financial decision making[J]. Review of Quantitative Finance and Accounting, 2019, 53(4):1099-1133.

[144] HABBERSHON T G, WILLIAMS M L. A resource-based framework for assessing the strategic advantages of family firms [J]. Family Business Review, 1999, 12(1): 1-25.

[145] HOFFMAN J, HOELSCHER M, SORENSON R. Achieving sustained competitive advantage: a family capital theory [J]. Family Business Review, 2006, 19(2): 135-145.

[146] PEARSON A W, CARR J C, SHAW J C. Toward a theory of familiness: a social capital perspective [J]. Entrepreneurship Theory and Practice, 2008, 32(6): 949-969.

[147] TSAI W, GHOSHAL S. Social capital and value creation: the role of intrafirm networks [J]. Academy of Management Journal, 1998, 41(4): 464-476.

[148] PERRY-SMITH J E, SHALLEY C E. The social side of creativity: a static and dynamic social network perspective [J]. Academy of Management Review, 2002, 28(1): 89-106.

[149] MAURER I, EBERS M. Dynamics of social capital and their performance implications: lessons from biotechnology start-ups [J]. Administrative Science Quarterly, 2006, 51(2): 262-292.

[150] GOPALAKRISHNAN S, SCILLITOE J L, SANTORO M D. Tapping deep pockets: the role of resources and social capital on financial capital acquisition by biotechnology firms in biotech-pharma alliances [J]. Journal of Management Studies, 2008, 45(8): 1354-1376.

[151] LIAO J, WELSCH H. Roles of social capital in venture creation: key dimensions and research implications [J].Journal of Small Business Management, 2005, 43(4): 345-362.

[152] PAYNE G T, MOORE C B, GRIFFIS S E, et al. Multilevel challenges and opportunities in social capital research [J]. Journal of Management, 2011, 37(2): 491-520.

[153] GEDAJLOVIC E, HONIG B, MOORE C B, et al. Social capital and entrepreneurship: a schema and research agenda [J]. Entrepreneurship Theory and Practice, 2013, 37(3): 455-478.

[154] SHARMA P. Commentary: familiness: capital stocks and flows between family and business [J]. Entrepreneurship Theory and Practice, 2008, 32(6): 971-977.

[155] BAGWELL S. Transnational family networks and ethnic minority business development: the case of Vietnamese nail-shops in the UK [J]. International Journal of Entrepreneurial Behavior and Research, 2008, 14(6): 377-394.

[156] 陈士慧, 吴炳德, 巩键, 等. 家族凝聚力与战略先动性[J]. 科研管理, 2016, 37(5): 94-102.

[157] 陈柳, 刘志彪. 转型期核心员工的离职创业行为与家族制企业[J]. 南开管理评论, 2009, 12(1): 110-117.

[158] PATEL P C, CHRISMAN J J. Risk abatement as a strategy for R&D investments in family firms [J]. Strategic Management Journal, 2014, 35(4): 617-627.

[159] BERRONE P, CRUZ C, GOMEZ-MEJIA L R, et al. Socioemotional wealth and corporate responses to institutional pressures: do family-controlled firms pollute less? [J]. Administrative Science Quarterly, 2010, 55(1): 82-113.

[160] WRUCK K H. Equity ownership concentration and firm value: evidence from private equity financings [J]. Journal of Financial Economics, 1989, 23(4): 3-28.

[161] 陈信元, 朱红军, 何贤杰. 利益输送、信息不对称与定向增发折价[C]. 中国会计学刊创刊会议论文集, 2007.

[162] BARCLAY M J, HOLDERNESS C G, SHEEHAN D P. Private placements and managerial entrenchment [J]. Journal of Corporate Finance, 2007, 13(4): 461-484.

[163] MYERS S C, MAJLUF N S. Corporate financing and investment decisions when firms have information that investors do not have [J]. Journal of Financial Economics, 1984, 13(2): 187-221.

[164] HERTZEL M, SMITH R L. Market discounts and shareholder gains for placing equity privately [J]. Journal of Finance, 1993, 48(2): 459-485.

[165] SILBER W L. Discounts on restricted stock: the impact of illiquidity on stock prices [J]. Financial Analysts Journal, 1991, 47(4): 60-64.

[166] MAYNES E, PANDES J A. The wealth effects of reducing private placement resale restrictions [J]. European Financial Management, 2011, 17(3): 500-531.

[167] HERTZEL M, LEMMON M, LINCK J S, et al. Long-run performance following private placements of equity [J]. Journal of Finance, 2002, 57(6): 2595-2617.

[168] 张鸣, 郭思永. 大股东控制下的定向增发和财富转移：来自中国上市公司的经验证据[J]. 会计研究, 2009(5): 80-88; 99.

[169] KRISHNAMURTHY S, SPINDT P, SUBRAMANIAM V, et al. Does investor identity matter in equity issues? evidence from private placements [J]. Journal of Financial Intermediation, 2005, 14(2): 210-238.

[170] CHEN A S, CHENG L Y, CHENG K F, et al. Earnings management, market discounts and the performance of private equity placements [J]. Journal of Banking & Finance, 2010, 34(8): 1922-1932.

[171] GOMES A, PHILLIPS G. Why do public firms issue private and public securities? [J]. Journal of Financial Intermediation, 2012, 21(4): 619-658.

[172] WRUCK K H, WU Y L. Relationships, corporate governance, and performance: evidence from private placements of common stock [J]. Journal of Corporate Finance, 2008, 15(1): 30-47.

[173] 曾劲松. 上市公司定向增发定价的影响因素研究[J]. 中央财经大学学报，2009(5): 28-31.

[174] 张力上，黄冕. 我国A股市场定向增发定价的实证研究[J]. 财经科学，2009(9): 34-41.

[175] 徐斌，俞静. 究竟是大股东利益输送抑或投资者乐观情绪推高了定向增发折扣：来自中国证券市场的证据[J]. 财贸经济，2010(4): 40-46.

[176] 卢闯，李志华. 投资者情绪对定向增发折价的影响研究[J]. 中国软科学，2011(7): 155-164.

[177] 陈政. 非公开发行折价、大小股东利益冲突与协同[J]. 证券市场导报，2008(8): 28-35.

[178] CHOU D W, GOMBOLA M, LIU F Y. Earnings management and long-run stock performance following private equity placements [J]. Review of Quantitative Finance and Accounting, 2010, 34(2): 225-245.

[179] KOOLI M. Does earnings management explain the performance of Canadian private placements of equity? [J]. Journal of Private Equity, 2009, 12(2): 86-94.

[180] 郑琦. 定向增发公司盈余管理研究[J]. 上海金融学院学报，2009(3): 53-58.

[181] 肖作平，苏忠秦. 现金股利是"掏空"的工具还是掩饰"掏空"的面具：来自中国上市公司的经验证据[J]. 管理工程学报，2012, 26(2): 77-84.

[182] 吴辉. 上市公司定向增发的利益输送研究[J]. 北京工商大学学报(社会科学版)，2009, 24(2): 49-55.

[183] BAE K H, KANG J K, KIM J M. Tunneling or value added? evidence from mergers by Korean business groups [J]. Journal of Finance, 2002, 57(6): 2695-2740.

[184] JOH S W. Corporate governance and firm profitability: evidence from Korea before the economic crisis [J]. Journal of Financial Economics, 2003, 68(2): 287-322.

[185] CHEUNG Y, RAU P R, STOURAITIS A. Tunneling, propping, and expropriation: evidence from connected party transactions in Hong Kong [J]. Journal of Financial Economics, 2006, 82(2): 343-386.

[186] KATO K, SCHALLHEIM J S. Private equity financings in Japan and corporate grouping (keiretsu) [J]. Pacific-Basin Finance Journal, 1993, 1(3): 287-307.

[187] TAN R S K, CHNG P L, TONG Y H. Private placements and rights issues in Singapore [J]. Pacific-Basin Finance Journal, 2002, 10(1): 29-54.

[188] 黄梅，夏新平. 操纵性应计利润模型检测盈余管理能力的实证分析[J]. 南开管理评论，2009, 12(5): 136-143.

[189] 刘力，王汀汀，王震. 中国A股上市公司增发公告的负价格效应及其二元股权结构解释[J]. 金融研究，2003(8): 60-71.

[190] KAHNEMAN D, TVERSKY A. Prospect theory: an analysis of decision under risk [J]. Econometrica, 1979, 47(2): 263-291.

[191] 徐寿福. 上市公司定向增发公告效应及其影响因素研究[J]. 证券市场导报，2010(5): 65-72.

[192] 耿建新, 吕跃金, 邹小平. 我国上市公司定向增发的长期业绩实证研究[J]. 审计与经济研究, 2011, 26(6): 52-58.

[193] 邓路, 王化成, 李思飞. 上市公司定向增发长期市场表现：过度乐观还是反应不足?[J]. 中国软科学, 2011(6): 167-177.

[194] 章卫东, 赵安琪. 定向增发新股长期股东财富效应的实证研究：来自中国上市公司定向增发新股的经验证据[J]. 上海经济研究, 2012(1): 42-52.

[195] CHEN S S, HO K W, LEE C F, et al. Wealth effects of private equity placements: evidence from Singapore [J]. Financial Review, 2002, 37(2): 165-183.

[196] 魏立江, 纳超洪. 定向增发预案公告市场反应及其影响因素研究：基于深圳证券交易所上市公司数据的分析[J]. 审计与经济研究, 2008, 23(5): 86-90.

[197] 吴刘杰, 姜源. 资本新规下上市银行再融资模式比较研究：基于公告效应分析[J]. 投资研究, 2013(4): 3-16.

[198] 陈阳. 股改后非公开发行超额收益率的实证分析[J]. 财经界, 2007(4): 296-297.

[199] 郭思永. 缘何大股东会认购定向增发股份?[J]. 证券市场导报, 2013(4): 55-61.

[200] 俞静, 徐斌. 发行对象、市场行情与定向增发折扣[J]. 中国会计评论, 2009(4): 419-438.

[201] 李子白, 余鹏. A股市场增发的股价反应及因素分析[J]. 厦门大学学报(哲学社会科学版), 2009(1): 52-59.

[202] ALLI K L, THOMPSON II D J. The wealth effects of private stock placements under regulation D [J]. Financial Review, 1993, 28(3): 329-350.

[203] LOUGHRAN T, RITTER J R. The operating performance of firms conducting seasoned equity offerings [J]. Journal of Finance, 1997, 52 (5): 1823-1850.

[204] GRAHAM J R, HARVEY C R. The theory and practice of corporate finance: evidence from the field [J]. Journal of Financial Economics, 2001, 60(2-3): 187-243.

[205] ZOU H, XIAO J Z. The financing behaviour of listed Chinese firms [J]. British Accounting Review, 2006, 38(3): 239-258.

[206] KIM W, WEISBACH M S. Motivations for public equity offers: an international perspective [J]. Journal of Financial Economics, 2008, 87(2): 281-307.

[207] BO H, HUANG Z, WANG C. Understanding seasoned equity offerings of Chinese firms [J]. Journal of Banking & Finance, 2011, 35(5): 1143-1157.

[208] 董珊珊, 杜威, 张天西. 上市公司股权再融资影响因素研究：来自中国资本市场的经验证据[J]. 投资研究, 2015(8): 99-114.

[209] BAKER M, WURGLER J. The equity share in new issues and aggregate stock returns [J]. Journal of Finance, 2000, 55(5): 2219-2257.

[210] HENDERSON B J, JEGADEESH N, WEISBACH M S. World markets for raising new capital [J]. Journal of Financial Economics, 2006, 82(1): 63-101.

[211] MARCIUKAITYTE D, SZEWCZYK S H, VARMA R. Investor overoptimism and private equity placements [J]. Journal of Financial Research, 2005, 28(4): 591-608.

[212] 何丽梅, 蔡宁. 我国上市公司定向增发长期股价效应的实证研究[J]. 北京工商大学学报(社会科学版), 2009, 24(6): 59-65.

[213] 田昆儒, 王晓亮. 定向增发、盈余管理与长期股票收益[J]. 财贸研究, 2014(5): 147-156.

[214] 邹斌, 章卫东, 周冬华, 等. 定向增发与公开增发新股融资股东财富效应的实证研究[J]. 经济评论, 2011(6): 81-87.

[215] KAU J B, LINCK J S, RUBIN P H. Do managers listen to the market? [J]. Journal of Corporate Finance, 2008, 14(4): 347-362.

[216] AKTAS N, DE BODT E, ROLL R. Learning, hubris and corporate serial acquisitions [J]. Journal of Corporate Finance, 2009, 15(5): 543-561.

[217] AKTAS N, DE BODT E, ROLL R. Serial acquirer bidding: an empirical test of the learning hypothesis [J]. Journal of Corporate Finance, 2011, 17(1): 18-32.

[218] DYE R, SRIDHAR S. Strategy-directing disclosures [D]. Evanston: Northwestern University, 2000.

[219] FERREIRA D, FERREIRA M A, RAPOSO C C. Board structure and price informativeness [J]. Journal of Financial Economics, 2011, 99(3): 523-545.

[220] YU J. Stock price informativeness and corporate governance: an international study [J]. International Review of Finance, 2011, 11(4): 477-514.

[221] HE W, LI D, SHEN J, et al. Large foreign ownership and stock price informativeness around the world [J]. Journal of International Money & Finance, 2013, 36(36): 211-230.

[222] FOUCAULT T, GEHRIG T. Stock price informativeness, cross-listings, and investment decisions [J]. Journal of Financial Economics, 2006, 88(1): 146-168.

[223] BAI J, PHILIPPON T, SAVOV A. Have financial markets become more informative? [J]. Journal of Financial Economics, 2016, 122(3): 625-654.

[224] DURNEV A, MORCK R, YEUNG B. Value-enhancing capital budgeting and firm-specific stock return variation [J]. Journal of Finance, 2004, 59(1): 65-105.

[225] CHEN Q, GOLDSTEIN I, JIANG W. Price informativeness and investment sensitivity to stock price [J]. Review of Financial Studies, 2007, 20(3): 619-650.

[226] GOLDSTEIN I, GUEMBEL A. Manipulation and the allocational role of prices [J]. Review of Economic Studies, 2010, 75(1): 133-164.

[227] ANDRES C, CUMMING D, KARABIBER T, et al. Do markets anticipate capital structure decisions? feedback effects in equity liquidity [J]. Journal of Corporate Finance, 2014, 27(4): 133-156.

[228] Li W, Gao W, Sun W. Market feedback and managers' decisions in private placement- evidence from Chinese family firms [J]. Journal of Applied Business Research, 2016, 32(4): 1049-1062.

[229] JENNINGS R H, MAZZEO M A. Stock price movements around acquisition announcements and

management's response [J]. Journal of Business, 1991, 64(2): 139-163.

[230] BLANCHARD O, RHEE C, SUMMERS L. The stock market, profit and investment [J]. Quarterly Journal of Economics, 1993, 108(1): 115-136.

[231] EDMANS A, JAYARAMAN S, SCHNEEMEIER J. The source of information in prices and investment-price sensitivity [J]. Journal of Financial Economics, 2017, 126(1):74-96.

[232] PAUL D L. Board composition and corrective action: evidence from corporate responses to bad acquisition Bids [J]. Journal of Financial and Quantitative Analysis, 2007, 42(3): 759-783.

[233] KOLASINSKI A C, Li X. Can strong boards and trading their own firm's stock help CEOs make better decisions? evidence from acquisitions by overconfident CEOs [J]. Journal of Financial and Quantitative Analysis, 2013, 48(4): 1173-1206.

[234] FOUCAULT T, FRESARD L. Learning from peers' stock prices and corporate investment [J]. Journal of Financial Economics, 2014, 111(3): 554-577.

[235] BETTON S, ECKBO B E, THOMPSON R, et al. Merger negotiations with stock market feedback [J]. Journal of Finance, 2014, 69(4): 1705-1745.

[236] STEPHENS C P, WEISBACH M S. Actual share reacquisitions in open-market repurchase programs [J]. Journal of Finance, 1998, 53(1): 313-333.

[237] GIAMMARINO R, HEINKEL R, HOLLIFIELD B, et al. Corporate decisions, information and prices: do managers move prices or do prices move managers? [J]. Financial Economics, 2004, 33(1): 83-110.

[238] CESARI A D, HUANG-MEIER W. Dividend changes and stock price informativeness [J]. Journal of Corporate Finance, 2015, 35: 1-17.

[239] SUN Y. Do customers learn from stock prices? [D]. Austin: The University of Texas at Austin, 2017.

[240] LELAND H E. Insider trading: should it be prohibited? [J]. Journal of Political Economy, 1992, 100(4): 859-887.

[241] EDMANS A, GOLDSTEIN I, WEI J. The real effects of financial markets: the impact of prices on takeovers [J]. Journal of Finance, 2012, 67(3): 933-971.

[242] BAKKE T E, WHITED T M. Which firms follow the market? an analysis of corporate investment decisions [J]. Review of Financial Studies, 2010, 23(5): 1941-1980.

[243] BOND P, GOLDSTEIN I, PRESCOTT E S. Market-based corrective actions [J]. Review of Financial Studies, 2010, 23(2): 781-820.

[244] 白彦壮, 杜俊涛. IPO 抑价与新股非系统风险研究: 对市场反馈假说的检验[J]. 北京科技大学学报(社会科学版), 2005, 21(2): 70-74.

[245] 游家兴, 张俊生, 江伟. 制度建设、公司特质信息与股价波动的同步性: 基于 R2 研究的视角[J]. 经济学季刊, 2007, 6(1): 189-206.

[246] 邓可斌, 丁重. 资本市场对技术创新投入的反馈效应研究[J]. 证券市场导报, 2011(10): 59-66.

[247] 丁重, 邓可斌. 新会计准则与资本市场的技术创新信息反馈: 基于公司特质信息的研究[J]. 经济

管理，2011(11): 104-111.

[248] BECK T, LEVINE R, LOAYZA N. Finance and the sources of growth [J]. Journal of Financial Economics, 2000, 58(1/2): 261-300.

[249] 袁知柱，鞠晓峰. 股价信息含量测度方法、决定因素及经济后果研究综述[J]. 管理评论，2009, 21(4): 42-52.

[250] 侯永建. 股票市场的信息生产及其对公司投资的影响：理论与实证分析[D]. 上海：复旦大学，2006.

[251] 杨继伟，聂顺江. 股价信息含量与企业资本配置效率研究[J]. 管理科学，2010, 23(6): 81-90.

[252] 杨继伟. 股价信息含量与资本投资效率：基于投资现金流敏感度的视角[J]. 南开管理评论，2011, 14(5): 99-108.

[253] 于丽峰，唐涯，徐建国. 融资约束、股价信息含量与投资-股价敏感性[J]. 金融研究，2014(11): 159-174.

[254] 顾乃康，陈辉. 股票流动性、股价信息含量与企业投资决策[J]. 管理科学，2010, 23(1): 88-97.

[255] ASTRACHAN J H, SHANKER M C. Family businesses' contribution to the U.S. economy: a closer look [J]. Family Business Review, 2003, 16(3): 211-219.

[256] MORCK R, YEUNG B. Family control and the rent-seeking society [J]. Entrepreneurship Theory and Practice, 2004, 28(4): 391-409.

[257] CHEN S, CHEN X, CHENG Q. Do family firms provide more or less voluntary disclosure? [J]. Journal of Accounting Research, 2008, 46(3): 499-536.

[258] JASKIEWICZ P, BLOCK J H, COMBS J G, et al. The effects of founder and family ownership on hired CEOs' incentives and firm performance [J]. Entrepreneurship Theory and Practice, 2015(5): 43-44.

[259] LANSBERG I, PERROW E L, ROGOLSKY S. Family business as an emerging field [J]. Family Business Review, 1988, 1(1): 1-8.

[260] ANDERSON R C, REEB D M, ZHAO W. Family-controlled firms and informed trading: evidence from short sales [J]. Journal of Finance, 2012, 67(1): 351-385.

[261] MCGUIRE J, DOW S, IBRAHIM B. All in the family? social performance and corporate governance in the family firm [J]. Journal of Business Research, 2012, 65(11): 1643-1650.

[262] 徐鹏，宁向东. 家族化管理会为家族企业创造价值吗：以中小板家族上市公司为例[J]. 科学学与科学技术管理，2011, 32(11): 112-120.

[263] 刘白璐，吕长江. 中国家族企业家族所有权配置效应研究[J]. 经济研究，2016(11): 140-152.

[264] KING M R, SANTOR E. Family values: ownership structure, performance and capital structure of Canadian firms [J]. Journal of Banking and Finance, 2008, 32(11): 2423-2432.

[265] HABBERSHON T G, WILLIAMS M, MACMILLAN I C. A unified systems perspective of family firm performance [J]. Journal of Business Venturing, 2003, 18(4): 451-465.

[266] PENG M W, JIANG Y. Institutions behind family ownership and control in large firms [J]. Journal of Management Studies, 2010, 47(2): 253-273.

[267] KOTLAR J, MASSIS A D, FANG H, et al. Strategic reference points in family firms [J]. Small Business

Economics, 2014, 43(3): 597-619.

[268] KLEIN S B. Family businesses in Germany: significance and structure [J]. Family Business Review, 2000, 13(3): 157-182.

[269] CHRISMAN J J, CHUA J H, PEARSON A W, et al. Family involvement, family influence, and family-centered non-economic goals in small firms [J]. Entrepreneurship Theory and Practice, 2012, 36(2): 267-293.

[270] GIOVANNINI R. Corporate governance, family ownership and performance [J]. Journal of Management & Governance, 2010, 14(2): 145-166.

[271] ZELLWEGER T M, EDDLESTON K A, KELLERMANNS F W. Exploring the concept of familiness: introducing family firm identity [J]. Journal of Family Business Strategy, 2010, 1(1): 54-63.

[272] KELLERMANNS F W, EDDLESTON K A, SARATHY R, et al. Innovativeness in family firms: a family influence perspective [J]. Small Business Economics, 2012, 38(1): 85-101.

[273] MAZZOLA P, SCIASCIA S, KELLERMANNS F W. Non-linear effects of family sources of power on performance [J]. Journal of Business Research, 2013, 66(4): 568-574.

[274] DANES S M, STAFFORD K, HAYNES G, et al. Family capital of family firms bridging human, social, and financial capital [J]. Family Business Review, 2009, 22(3): 199-215.

[275] CRUZ C, JUSTO R, CASTRO J O D. Does family employment enhance MSEs performance? integrating socioemotional wealth and family embeddedness perspectives [J]. Journal of Business Venturing, 2012, 27(1): 62-76.

[276] KELLERMANNS F W, EDDLESTON K A, BARNETT T, et al. An exploratory study of family member characteristics and involvement: effects on entrepreneurial behavior in the family firm [J]. Family Business Review, 2008, 21(1): 1-14.

[277] MOLLY V, LAVEREN E, DELOOF M. Family business succession and its impact on financial structure and performance [J]. Family Business Review, 2010, 23(2): 131-147.

[278] NIEHM L S, SWINNEY J, MILLER N J. Community social responsibility and its consequences for family business performance [J]. Journal of Small Business Management, 2008, 46(3): 331-350.

[279] BASCO R, RODRIGUEZ M J P. Ideal types of family business management: horizontal fit between family and business decisions and the relationship with family business performance [J]. Journal of Family Business Strategy, 2011, 2(3): 151-165.

[280] DANES S M, STAFFORD K, LOY T C. Family business performance: the effects of gender and management [J]. Journal of Business Research, 2007, 60(10): 1058-1069.

[281] SORENSON R L, GOODPASTER K E, HEDBERG P R, et al. The family point of view, family social capital, and firm performance an exploratory test [J]. Family Business Review, 2009, 22(3): 239-253.

[282] MINICHILLI A, CORBETTA G, MACMILLAN I C. Top management teams in family-controlled companies: 'familiness', 'faultlines', and their impact on financial performance [J]. Journal of

Management Studies, 2010, 47(2): 205-222.

[283] MILLER D, BRETON-MILLER I L. Governance, social identity, and entrepreneurial orientation in closely held public companies [J]. Entrepreneurship Theory and Practice, 2011, 35(5): 1051-1076.

[284] RANDOY T, DIBRELL C, CRAIG J B. Founding family leadership and industry profitability [J]. Small Business Economics, 2009, 32(4): 397-407.

[285] TSAO C W, CHEN S J, LIN C S, et al. Founding-family ownership and firm performance [J]. Family Business Review, 2009, 22(4): 319-332.

[286] 苏启林, 朱文. 上市公司家族控制与企业价值[J]. 经济研究, 2003(8): 36-45; 91.

[287] 谷祺, 邓德强, 路倩. 现金流权与控制权分离下的公司价值: 基于我国家族上市公司的实证研究[J]. 会计研究, 2006(4): 30-36; 94.

[288] 马忠, 吴翔宇. 金字塔结构对自愿性信息披露程度的影响: 来自家族控股上市公司的经验数据[J]. 会计研究, 2007(1): 44-50; 92; 93.

[289] 赵宜一, 吕长江. 亲缘还是利益: 家族企业亲缘关系对薪酬契约的影响[J]. 会计研究, 2015(8): 32-40; 96.

[290] 魏春燕, 陈磊. 家族企业 CEO 更换过程中的利他主义行为: 基于资产减值的研究[J]. 管理世界, 2015(3): 137-150.

[291] FAHED-SREIH J, DJOUNDOURIAN S. Determinants of longevity and success in lebanese family businesses: an exploratory study [J]. Family Business Review, 2006, 19(3): 225-234.

[292] MARSHALL J P, SORENSON R, BRIGHAM K, et al. The paradox for the family firm CEO: owner age relationship to succession-related processes and plans [J]. Journal of Business Venturing, 2006, 21(3): 348-368.

[293] RUIZ G M, SESSAREGO A R, GUZMANSANZA R L. A research about of family firm definition [J]. Ssrn Electronic Journal, 2010.

[294] HAMELIN A. Influence of family ownership on small business growth: evidence from French SMEs [J]. Small Business Economics, 2013, 41(3): 563-579.

[295] CHUNG H M. The role of family management and family ownership in diversification: the case of family business groups [J]. Asia Pacific Journal of Management, 2013, 30(3): 871-891.

[296] SCHEPERS J, VOORDECKERS W, STEIJVERS T, et al. The entrepreneurial orientation-performance relationship in private family firms: the moderating role of socioemotional wealth [J]. Small Business Economics, 2014, 43(1): 39-55.

[297] SCHULZE W S, LUBATKIN M H, DINO R N, et al. Agency relationships in family firms: theory and evidence [J]. Organization Science, 2001, 12(2): 99-116.

[298] MILLER J S, WISEMAN R M, GOMEZ-MEJIA L R. The fit between CEO compensation design and firm risk [J]. Academy of Management Journal, 2002, 45(4): 745-756.

[299] 王明琳, 周生春. 控制性家族类型、双重三层委托代理问题与企业价值[J]. 管理世界, 2006(8): 83-93.

[300] CRANE P R. Phylogenetic analysis of seed plants and the origin of angiosperms [J]. Annals of the Missouri Botanical Garden, 1985, 72(4): 716-793.

[301] CHRISMAN J J, CHUA J H, LITZ R A. Comparing the agency costs of family and non-family firms: conceptual issues and exploratory evidence [J]. Entrepreneurship Theory and Practice, 2004, 28(4): 335-354.

[302] LUBATKIN M H, SCHULZE W S, LING Y, et al. The effects of parental altruism on the governance of family-managed firms [J]. Journal of Organizational Behavior, 2005, 26(3): 313-330.

[303] CUCCULELLI M, MICUCCI G. Family succession and firm performance: evidence from Italian family firms [J]. Journal of Corporate Finance, 2008, 14(1): 17-31.

[304] 贺小刚, 李婧, 张远飞, 等. 创业家族的共同治理有效还是无效: 基于中国家族上市公司的实证研究[J]. 管理评论, 2016, 28(6): 150-161.

[305] SORENSON R L. Conflict management strategies used in successful family businesses [J]. Family Business Review, 1999, 12(2): 133-146.

[306] 王明琳, 周生春. 家族企业内部冲突及其管理问题探讨[J]. 外国经济与管理, 2009, 31(2): 58-64.

[307] BARBERA F, MOORES K. Firm ownership and productivity: a study of family and non-family SMEs [J]. Small Business Economics, 2013, 40(4): 953-976.

[308] WU Z, CHUA J H, CHRISMAN J J. Effects of family ownership and management on small business equity financing [J]. Journal of Business Venturing, 2007, 22(6): 875-895.

[309] ANDERSON R, DURU A, REEB D. Founders, heirs, and corporate opacity in the United States [J]. Journal of Financial Economics, 2009, 92(2): 205-222.

[310] KING M R, SANTOR E. Family values: ownership structure, performance and capital structure of Canadian firms [J]. Journal of Banking & Finance, 2008, 32(11): 2423-2432.

[311] XU N, YUAN Q, JIANG X, et al. Founder's political connections, second generation involvement, and family firm performance: evidence from China [J]. Journal of Corporate Finance, 2015, 33(4): 243-259.

[312] BENNEDSEN M, NIELSEN K M, PEREZ-GONZALEZ F, et al. Inside the family firm: the role of families in succession decisions and performance [J]. Quarterly Journal of Economics, 2007, 122(2): 647-691.

[313] BERTRAND M, JOHNSON S, SAMPHANTHARAK K, et al. Mixing family with business: a study of Thai business groups and the families behind them [J]. Journal of Financial Economics, 2008, 88(3): 466-498.

[314] CAO J, CUMMING D, WANG X. One-child policy and family firms in China [J]. Journal of Corporate Finance, 2015, 33: 317-329.

[315] CAO L, XIA X, WANG Y. Market timing with security offering regulations: evidence from private placements of Chinese listed firms [J]. Emerging Markets Finance and Trade, 2013, 49(2): 91-106.

[316] 李翠仿, 王钰, 史淋. 定向增发、利益输送与资本市场监管[J]. 财会通讯, 2014(12): 55-57.

[317] HUANG Y, UCHIDA K, ZHA D. Market timing of seasoned equity offerings with long regulative process [J]. Journal of Corporate Finance, 2016, 39: 278-294.

[318] 李培功, 沈艺峰. 媒体的公司治理作用: 中国的经验证据[J]. 经济研究, 2010(4): 14-27.

[319] DYCK A, MORSE A, ZINGALES L. Who blows the whistle on corporate fraud [J]. Journal of Finance, 2010, 65(6): 2213-2254.

[320] 杨德明, 赵璨. 媒体监督、媒体治理与高管薪酬[J]. 经济研究, 2012(6): 116-126.

[321] 张建君, 张志学. 中国民营企业家的政治战略[J]. 管理世界, 2005(7): 94-105.

[322] SHLEIFER A, VISHNY R. A survey of corporate governance [J]. Journal of Finance, 1997, 52(2): 737-783.

[323] YEH Y, LEE T, WOIDTKE T. Family control and corporate governance: evidence from Taiwan [J]. International Review of Finance, 2001, 2(1-2): 21-48.

[324] BOZEC Y, LAURIN C. Large shareholder entrenchment and performance: empirical evidence from Canada [J]. Journal of Business Finance & Accounting, 2008, 35(1-2): 25-49.

[325] 陈红, 杨凌霄. 金字塔股权结构、股权制衡与终极股东侵占[J]. 投资研究, 2012(3): 101-113.

[326] MAURY B, PAJUSTE A. Multiple large shareholders and firm value [J]. Journal of Banking & Finance, 2005, 29(7): 1813-1834.

[327] BERKMAN H, COLE R A, FU L J. Expropriation through loan guarantees to related parties: evidence from China [J]. Journal of Banking & Finance, 2009, 33(1): 141-156.

[328] LUO J, WAN D, CAI D. The private benefits of control in Chinese listed firms: do cash flow rights always reduce controlling shareholders' tunneling? [J]. Asia Pacific Journal of Management, 2012, 29(2): 499-518.

[329] 李增泉, 孙铮, 王志伟. "掏空"与所有权安排: 来自我国上市公司大股东资金占用的经验证据[J]. 会计研究, 2004(12): 3-13.

[330] 刘星, 刘伟. 监督, 抑或共谋: 我国上市公司股权结构与公司价值的关系研究[J]. 会计研究, 2007(6): 68-75.

[331] 罗进辉, 万迪昉, 蔡地. 大股东治理与管理者过度投资行为研究: 来自中国上市公司的经验证据[J]. 证券市场导报, 2008(12): 44-50.

[332] 刘白兰, 邹建华. 关联交易、代理冲突与中小投资者保护[J]. 证券市场导报, 2009(6): 55-63.

[333] 田昆儒, 王晓亮. 定向增发、股权结构与股票流动性变化[J]. 审计与经济研究, 2013, 28(5): 60-69.

[334] TSUI J S L, JAGGI B, GUL F A. CEO domination, growth opportunities, and their impact on audit fees [J]. Journal of Accounting Auditing & Finance, 2001, 16(3): 189-208.

[335] 刘慧龙, 吴联生, 王亚平. 国有企业改制、董事会独立性与投资效率[J]. 金融研究, 2012(9): 127-140.

[336] 王元芳, 马连福. 国有企业党组织能降低代理成本吗: 基于"内部人控制"的视角[J]. 管理评论, 2014(10): 138-151.

[337] 雷光勇, 刘慧龙. 市场化进程、最终控制人性质与现金股利行为: 来自中国 A 股公司的经验数据[J]. 管

理世界，2007(7): 120-128; 172.

[338] 侯宇，王玉涛. 控制权转移、投资者保护和股权集中度：基于控制权转移的新证据[J]. 金融研究，2010(3): 167-182.

[339] 陈晓红，尹哲，吴旭雷. "金字塔结构"、家族控制与企业价值：基于沪深股市的实证分析[J]. 南开管理评论，2007, 10(5): 47-54.

[340] BAKER M, WURGLER J. Market timing and capital structure [J]. Journal of Finance, 2002, 57(1): 1-32.

[341] 刘端，陈健，陈收. 市场时机对融资工具选择的影响[J]. 系统工程，2005(8): 62-67.

[342] CHEN H, DAI N, SCHATZBERG J D. The choice of equity selling mechanism: PIPEs versus SEOs [J]. Journal of Corporate Finance, 2010, 16(1): 104-119.

[343] GOMES A, PHILLIPS G. Why do public firms issue private and public securities? [J]. Journal of Financial Intermediation, 2012, 21(4): 619-658.

[344] 王亚平，杨云红，毛小元. 上市公司选择股票增发的时间吗：中国市场股权融资之谜的一种解释[J]. 金融研究，2006(12): 103-115.

[345] HOVAKIMIAN A. The role of target leverage in security issues and repurchases [J]. Journal of Business, 2004, 77(4): 1041-1072.

[346] LEMMON M L, LINS K V. Ownership structure, corporate governance, and firm value: evidence from the East Asian financial crisis [J]. Journal of Finance, 2003, 58(4): 1445-1468.

[347] D'MELLO R, TAWATNUNTACHAI O, YAMAN D. Does the sequence of seasoned equity offerings matter? [J]. Financial Management, 2003, 32(4): 59-86.

[348] 孙东升，陈昊，徐素萍. 经济下行压力下地方政府融资平台违约率的估算[J]. 经济与管理研究，2015, 36(6): 97-103.

[349] HIMMELBERG C P, HUBBARD R G, PALIA D. Understanding the determinants of managerial ownership and the link between ownership and performance [J]. Journal of Financial Economics, 1999, 53(3): 353-384.

[350] 何贤杰，朱红军. 利益输送、信息不对称与定向增发折价[J]. 中国会计评论，2009(3): 283-298.

[351] LA PORTA R, LOPEZ-DE-SILANES F, SHLEIFER A, et al. Investor protection and corporate governance [J]. Journal of Financial Economics, 2000, 58(1–2): 3-27.